PETER KÖPF
ZANA RAMADANI
Woke

PETER KÖPF
ZANA RAMADANI

WOKE

WIE EINE MORALISIERENDE MINDERHEIT UNSERE DEMOKRATIE BEDROHT

QUADRIGA

Die Bastei Lübbe AG verfolgt eine nachhaltige Buchproduktion. Wir verwenden Papiere aus nachhaltiger Forstwirtschaft und verzichten darauf, Bücher einzeln in Folie zu verpacken. Wir stellen unsere Bücher in Deutschland und Europa (EU) her und arbeiten mit den Druckereien kontinuierlich an einer positiven Ökobilanz.

MIX
Papier | Fördert gute Waldnutzung
FSC® C014496
FSC www.fsc.org

Originalausgabe

Umschlaggestaltung: zero-media.net, München
Satz: hanseatenSatz-bremen, Bremen
Gesetzt aus der Minion Pro
Druck und Verarbeitung: GGP Media GmbH, Pößneck

Printed in Germany
ISBN 978-3-86995-133-1

5 4 3

Sie finden uns im Internet unter quadriga-verlag.de
Bitte beachten Sie auch: lesejury.de

INHALT

Einleitung

1. Wer sind die Woken, und was wollen sie?

Achtung, Triggerwarnung!
Dieses Buch analysiert tiefe Gräben in unserer Gesellschaft. Es geht um Glaube, Liebe, Hoffnung, um Körper und Seele, Sexualität und Identität, Macht und Moral, Gewalt und Gegengewalt, Täter und Opfer, Recht und Rechthaberei. Die Lektüre kann an Diskriminierungserfahrungen erinnern, unerwünschte Gefühle wecken und Flashbacks sowie negative Reaktionen auslösen. Seien Sie bitte wach und achtsam, sollte dies bei Ihnen der Fall sein.

Mit der revolutionären Strategie »Marsch durch die Institutionen« trat vor mehr als fünfzig Jahren eine fortschrittliche Generation von Linken an, um die – nicht allein, aber auch – von alten Nazis gebaute konservative und provinzielle Bonner Republik umzubauen. Diese Avantgarde wollte eine andere Republik, sie strebte eine soziale und solidarische, eine gerechtere Gesellschaft an. Bald unterstützte die Mehrheit der Deutschen dieses Anliegen.

Heute marschiert eine Bewegung auf, die sich ebenfalls für Avantgarde hält. Sie nennen sich »woke«, erwacht, aufgewacht, aufgeweckt, um nicht zu sagen: erleuchtet – jedenfalls halten sie sich für wissend und klüger als die Masse. Sie kämpfen gegen Rassismus und Sexismus, für das Klima und für die Rechte von allerlei Minderheiten, die sie als benachteiligt ansehen. Wer wäre schon *für* Rassismus, *für* Sexismus und *für* Klimawandel?

Aber die Pläne der Woken für Veränderungen begeistern die Mehrheit nicht. Im Gegenteil: Die Mehrheit fühlt sich von einer ungeduldigen, lauten, in Teilen radikalen Minderheit bevormundet.

Dabei wollen »woke« Menschen doch nur das Beste für uns alle, sie »stehen für Schwächere ein, beschäftigen sich mit deren Problemen und helfen ihnen im Idealfall sogar, diese zu überwinden«. So definiert das Goethe-Institut den Begriff. Woke sei, »wer diese Dinge sieht und etwas dagegen tut«. Ganz anders die anderen: »In der konservativen Bubble gilt ›woke‹ als Schimpfwort für politisch eher links eingestellte Menschen.« Das aus Steuermitteln alimentierte staatliche Kulturinstitut, das im Ausland ein umfassendes Deutschlandbild vermitteln soll, teilt der ganzen Welt mit, dass woke Menschen unter Konservativen als »snowflakes« (Schneeflocken) bezeichnet werden, »also als hypersensibel oder empfindlich, sowie als selbstgerechte Menschen, die anderen nur helfen, um sich selbst besser zu fühlen«. So etwas sei nicht neu, heißt es. »Schon 2015 wurden Menschen in Deutschland als ›Gutmenschen‹ beschimpft, die sich für Geflüchtete einsetzten.«[1] Womit die unwoken Schlafmützen, die große Masse, in der rechten Schmuddelecke abgelegt wären.

Vonseiten der Wissenschaft haben die Literatursoziologin Carolin Amlinger und der Soziologe Oliver Nachtwey diese »libertären Autoritären« als Menschen klassifiziert, die »ihre individuelle Freiheit absolut setzen. … Sie werten jene ab, die ein anderes Verständnis von Freiheit vertreten.«[2] Dieser Vorwurf kann allerdings auch gegen die Woken erhoben werden, sie sind das Antidot der Rechten, der Pegida-Wutbürger, der Querdenker. Beide betrachten sich offenbar als erwacht. Was den Rechten die Snowflakes sind, ihre verweichlichten Gegner, nennen die Woken – weniger lyrisch und gänzlich uninspiriert – »der alte weiße Mann«, der »Nazi«, und auch die »TERF«. Man versteht sich.

Die Autorin Sophie Passmann sieht es so: »Dieser alte weiße Mann gehört zu der am wenigsten diskriminierten Gruppe in der westlichen Zivilgesellschaft, es gibt keine Tür, die ihm verschlossen bleibt«, schreibt sie in ihrem Buch *Alte weiße Männer*. Dagegen: »Es gibt immer Türen, die bleiben dir verschlossen, wenn du eine Frau bist, wenn du jung bist oder schwarz bist.«[3]

Von wem genau ist die Rede, wenn das denunziatorische Wort vom »alten weißen Mann« fällt? Gemeint sind die Ewiggestrigen und Privilegierten, die für den Klimawandel verantwortlich sind, die Rassisten und Sexisten. Kurz: die Täter. Deren Verdienste um das Wohlergehen der Europäer und Nordamerikaner, um die Zivilisation, die Segnungen des technischen Fortschritts und des Wirtschaftswachstums, für Demokratie und Rechtsstaat werden übergangen. (Die Autorin Hilkje Hänel nennt solche Überlegungen »Himpathie«, übermäßige Sympathie für privilegierte Männer, die für die ganze »sexistische Kackscheiße« verantwortlich sind.)

Als hätten die Generationen der Alten und der Boomer geschlafen! Die Debatte um Rassismus und Sexismus haben nicht die Woken eröffnet, sie ist jahrzehntealt. Als die heutigen Rentner jung waren, stank der Rhein, der Ruhrpott kannte keinen blauen Himmel, es regnete sauer, und der Wald starb damals auch schon. Dagegen traten Hunderttausende auf »Latschdemos« an – auch gegen Atomkraftwerke und für den Frieden. Die Erleuchteten halten das nicht für möglich, sie bezweifeln, dass ihre Widersacher für Flüchtlinge und Klimaschutz, gegen Sexismus und Rassismus eintreten könnten. Deshalb glauben sie, diese Unwissenden auf den richtigen Weg bringen zu müssen – oder zu zwingen. Das Recht nehmen sie sich, weil sie »die Dinge sehen«. Aber was sehen sie?

Opfer und Täter in einer ungerechten Welt

Woke kommen »aus Berufswelten mit hohem kulturellem Kapital, aber eher prekärem Einkommen«, lästert der Soziologe und Journalist Gerald Wagner in der *Frankfurter Allgemeinen Sonntagszeitung* (*FAS*).[4] Heißt wohl: Studienabbrecherinnen und Langzeitstudenten, Sozialpädagoginnen und Influencerinnen, Aktivisten und feministische Autorinnen, arme Schlucker und künftige Erben. Gemeinsam ist ihnen: Sie verachten die Mehrheit, die vielen Menschen, die beharren, weil sie noch nicht »geschnallt« haben (wie es im vorigen Jahrhundert hieß), worauf es ankommt.

Die Woken sehen eine Welt voller Gewalt. Die Gewalt richtet sich gegen allerlei Minderheiten, verletzt auf vielfältige Weise und traumatisiert die Opfer. Man wird schnell zum Opfer in der gegenwärtigen Welt. »Unangenehme Erfahrungen werden als Verletzung der eigenen Psyche interpretiert, vor denen man geschützt werden muss und die der Heilung bedürfen«, schreibt die Philosophin Maria-Sibylla Lotter in der Wochenzeitung *Die Zeit*. »Menschen verstehen sich in einem viel höheren Maße als früher als Opfer, die wähnen, ihr Leben mit seinen auch negativen Seiten nicht mehr selbständig, also ohne therapeutische Hilfe, gestalten zu können, sondern dazu auf die Medizin, die Psychologie oder staatliche Hilfeleistungen angewiesen zu sein.«[5]

Lotter stellt eine »Aufblähung der Begriffe für Vulnerabilität« und die »Aufblähung des Begriffs Gewalt« fest. Die Inflation der Gewalt beginnt spätestens mit Kritik an den Ansichten der Woken. »Wer etwa Islamwissenschaftlerinnen oder Politologen, die sich kritisch mit dem politischen Islam auseinandersetzen, die Ausübung epistemischer Gewalt oder eines antimuslimischen Rassismus vorwirft, macht aus einer wissenschaftlichen Debatte einen moralisch illegitimen, die Würde von Personen verletzenden Übergriff, der verboten oder verhindert werden muss«, schreibt Lotter. Damit schaffe man die Legitimation, mit Gewalt dagegen vorzugehen.

Aus Sicht der Woken richtet sich Gewalt in erster Linie gegen Menschen fremder Herkunft, anderer Hautfarbe und alternativer Geschlechtsidentität. Weiße heterosexuelle Männer, cis-Männer genannt, sind aus ihrer Sicht schuldig geboren, weil ihre Herrschaft auf Rassismus, Sexismus und Kolonialismus aufbaue. Diese Schuld können die Privilegierten höchstens durch Bußfertigkeit und Selbstgeißelung tilgen.

Um die Ungerechtigkeiten der Welt zu heilen, plädieren die Opfer und die Bußfertigen für ausgleichende Ungerechtigkeit, die Bevorzugung der bisher Benachteiligten zulasten der Täter. Während laut Grundgesetz Geschlecht, Alter, Herkunft, Hautfarbe, Religion oder Weltanschauung, sexuelle Orientierung sowie Behinderung keine Rolle mehr spielen sollten, gilt bei den Woken das genaue Gegenteil. Sie sprechen von Inklusion, betonen aber ihre Exzeptionalität und exkludieren die Hälfte der Bevölkerung, die Männer.

Es ist ein Kampf um Rechte, Privilegien, Schutz, Status, Mitsprache und Einfluss und nicht zuletzt Einkommen. Errungen werden soll das jedoch nicht durch einen Wettbewerb der Ideen, Meinungen, Theorien und Themen; heute geht es darum, die weiße uneinsichtige Mehrheitsbevölkerung aus dem Weg zu räumen, jene, die nicht als »Ally« dienen wollen, als Unterstützer. Deren Nachfolger sollen nicht durch Leistung, Eignung und Befähigung bestimmt werden, sondern sie verlangen Ergebnisgleichheit. Selbstgerechtigkeit statt Gerechtigkeit.

Ihre Absichten mögen rein sein, aber sie sind eine Kraft, die das Gute will und doch etwas Schlechtes schafft. Sobald sie mit ihren radikalen Forderungen aus ihrer Blase heraustreten, provozieren sie Widerrede, das wiederum führt bei ihnen zu Enttäuschung, Kränkung und zum Gefühl, ausgeschlossen, nicht geliebt, verletzt, erniedrigt und benachteiligt, sprich: neuer Gewalt ausgesetzt zu sein. Und wie bei den Aluhüten führt das zu Wut, die sich zuvörderst in den sogenannten sozialen Medien entlädt, aber nicht nur dort.

Positiv fortschrittlich ist das nicht, sondern die Woken sind – nach den Rechtsradikalen, den Rechtspopulisten und den selbsternannten Querdenkern – eine neue Risikogruppe, eine Gefahr für die Demokratie. Die Politologin Ulrike Ackermann beschreibt das so: »Die Identitätspolitik von rechts strebt ein ethisch homogenes Volk an, jene vonseiten des politischen Islams führt den Kampf gegen den ungläubigen Westen, und die von links kämpft gegen die weiße, patriarchale, kolonialistische Tätergesellschaft. Alle drei attackieren die freiheitlichen Errungenschaften der Moderne, die Aufklärung und den Universalismus der Menschenrechte und sind militant antiliberal.«[6]

Der Neusprech der moralisierenden Minderheit

Warum wir den Weg für gefährlich halten, den diese aggressive, radikale Minderheit eingeschlagen hat, darum geht es in diesem Buch. Es geht um die große Mehrheit der Demokraten, die sich zwischen ein bisschen links und ein wenig rechts einordnen, in der Mitte also. Sie sehen sich einem wachsenden Druck der moralisierenden Minderheit ausgesetzt. Das beginnt bei der Sprache und den Menschen, die Angst vor dem modernen Pranger haben, weil sie Wörter wie »Politikschaffende« *(Tagesschau)* und das Nazi- und DDR-Wort »Kulturschaffende« nicht aussprechen wollen, das Dolf Sternberger, Gerhard Storz und W. E. Süskind in das Wörterbuch des Unmenschen aufgenommen haben. Es geht um Menschen, die auch »Doktorierende und Postdoktorierende« (NZZ), Freund*innenschaft und Einwohnendenmeldeamt nicht aufs Blatt und den glottalen Plosiv nicht übers Zäpfchen bekommen; die Pflanzen nicht als »Superheldinnen« (Droemer Verlag), den Fußballverein Hertha BSC nicht als Gastgeberin bezeichnen wollen. Die Rede ist von Menschen, die nicht als »Herren-Kund*innen« (H&M) angesprochen werden möchten und an der biologischen Lehre von den zwei Geschlechtern festhalten (aber wissen, dass es Menschen gibt, die sich nicht dem Geschlecht zugehörig fühlen, das in ihrer Geburtsurkunde steht – und das auch absolut okay finden).

Das alles soll geschehen aus Rücksicht auf Minderheiten und angeblich Benachteiligte. Für die Woken ist Gendersprache »diskriminierungsfrei«, womit festgelegt ist, dass diskriminiert, wer deren Sprachdiktat nicht folgt.

Noch heißt es nur bei Harald Schmidt und nur zum Spaß »familienbasierte Kriminalität«, wenn »Clan-Kriminalität« gemeint ist, und »Ernst Person of Color«, wenn es um den einst gefeierten Mainzer Karnevalssänger Ernst Neger geht.[7] Müssen wir bald neue Begriffe für Vaterland und Muttersprache suchen? Wieso sollten wir den Begriff Mutter nicht mehr verwenden und Frauen als »menstruierende Personen« bezeichnen? Was wir keinesfalls wünschen: Männer sollten niemals als »Menschen mit Hoden« bezeichnet werden.

Ohne Zweifel auf dem leuchtenden Pfad in ein moralisches Morgen

Ausgestattet mit leidenschaftlicher Lust und zweifelhaften »Argumenten« wähnt sich die Elite der Erwachten auf dem leuchtenden Pfad in ein moralisches Morgen. Ihr Einsatz für Minderheiten könnte als Altruismus gelten, wäre dem nicht die anmaßende Bevormundung im Weg, mit der es sich so wohlig überlegen fühlen lässt, wenn – nur ein Beispiel – kleinwüchsigen Clowns im Zirkus geholfen werden soll, die sich gar nicht helfen lassen wollen, jedenfalls nicht von privilegierten, jungen, weißen, reichen Menschen (m/w/d) mit einer penetranten päpstlichen Attitüde von Unfehlbarkeit.

Was Aktivistinnen und Alarmisten, Querulantinnen und Rechthaber für eine egalitäre Politik halten, ist eine elitäre. Sie glauben, an ihren Thesen werde die Welt genesen. Wobei eine Antithese verboten ist, ihre Thesen bereits die Synthese sind. Legitime Einwände werden mit der Woke-Karte bestraft, die jede weitere Diskussion unterbindet. Die Freiheit von Andersdenkenden? Ein Postulat, das sich überlebt hat. Kann weg. Muss weg.

Für den an der Stanford University lehrenden Literaturwissenschaftler Adrian Daub ist der Diskurs um Cancel Culture und Wokeness »panisch, hysterisch, er hetzt von einer Erregung zur nächsten«. Hysterisch sind für Daub die tauben Nüsse, die aus seiner Sicht durch Potemkinsche Dörfer reiten, die »Panik-Macher:innen«, »Cancel-Culture-Kassandras« und das »Ameisenvolk der Einzelgänger«. Dennoch durfte er Cancel Culture auf 370 Seiten mit allerlei Attributen versehen: ein »Gespenst«, »ein Meme«, die Berichte über Cancel Culture seien »mickrige Anekdoten«, »hyperventilierende Berichte«, »gereizte Reaktionen«, eine »Performance der Unneugier«, »Mitblöken«, ein »Sturm im digitalen Wasserglas« und noch vieles mehr. Daub meint, dass die Mehrheit der Bevölkerung die »Streits über ›Privilegien‹, ›Wokeness‹ und ›Gender‹« schrullig findet. Das stimmt allerdings. Aber schrullig findet die Mehrheit die Debatte, weil das, was an den Hochschulen zuerst geschieht, tatsächlich zum »Anmachholz für den späteren gesellschaftlichen Flächenbrand« werden könnte. Längst geschieht das auch jenseits der Universitäten, unübersehbar, was vielleicht ein in Stanford lehrender Deutscher nicht zu sehen vermag.[8]

Wir werden zeigen, dass Cancel Culture und Wokeness, aus den USA kommend, auch Europa verändern; wie die linke Identitätspolitik bereits in diese Gesellschaft hineinwirkt und die Regeln für alle verändern will, wie sie durch allgegenwärtige Berichterstattung in den Alltag mäandert. Wer wüsste heute nicht, was mit »gendern« gemeint ist. Aber wer weiß schon, welche Folgen ein neues Selbstbestimmungsgesetz nach sich ziehen könnte, wie falsch verstandene Diversität in der Kultur und der Filmbranche wirkt, in der Wissenschaft, in der Wirtschaft und in den Parteien? Wir werden es zeigen.

Nirgends in Europa haben Apologeten diese Unkultur aus den USA so beflissen und radikal aufgenommen wie in Deutschland. Kalte Kompromisslosigkeit ist an der Tagesordnung, eine unerträgliche Unfähigkeit zu individuellem Denken. Und die Gegner reagieren mehr und mehr mit Selbstzensur – aus Angst. Wir haben mit zahlreichen Menschen gesprochen, die beruflich mit Erwachten zu tun haben. Klagen über deren Dreistigkeit gab es viele. Nur wenige waren bereit, sich auch namentlich zu bekennen. Das ist bedauerlich.

Glücklicherweise bieten die Woken genügend Plattformen, auf denen sie sich erklären. Und dort zeigt sich: Sie suchen nicht mehr nach Wahrheit, sie haben sie schon inhaliert. Sie werben nicht um Verständnis und wollen nicht überzeugen, sie akzeptieren keine Kompromisse, sondern sie wollen die Mehrheit bezwingen.

Anmaßend finden sie es, wenn einer der Silberrücken es frech wagt, von Rassismus gegen seinesgleichen zu sprechen, von Generalverdacht, von Vorverurteilung, von Verunglimpfung, wenn er verantwortlich gemacht wird für Faschismus, Autoverkehr, Klimawandel, finanzielle Ausbeutung, Glühbirne (Strom) und Rassismus, kurz: für »a man's world« (James Brown, aber in Wahrheit Betty Jean Newsome). Er sei sich seiner Privilegien nicht bewusst, heißt es dann. Was also soll es da noch zu diskutieren geben?

Der alte weiße Mann ist längst erledigt, schon rufen neue

Ziele, mitgemeint ist längst auch die alte weiße Frau. Schon werden Lesben in Beugehaft genommen, schon sehen sich Schwarzer-Feministinnen von schwarzen Feministinnen (»Black feminism«) attackiert. Bald werden sich weitere Teile des sogenannten Regenbogens bekämpfen. Auch Menschen mit Migrationshintergrund können in Ungnade fallen, sofern sie sich bei den »Nazis« anbiedern. Überall tun sich wegen der Radikalität der Woken Risse auf, tiefe Spaltungen.

Gutes Canceln, schlechtes Canceln

Der französische Soziologe Didier Eribon aus Reims hat eindringlich beschrieben, dass und warum auch einem aufstrebenden Arbeitersohn manche Tür verschlossen bleibt, selbst wenn er es schafft, der Provinz zu entfliehen. Was also, wenn ein alt gewordener weißer Arbeitersohn es weder in ein Parlament geschafft hat noch in den Vorstand eines Unternehmens? Wenn er obdachlos wird? Ist er dann selbst schuld an seinem Scheitern? Wieso gelten alle, die weißer Hautfarbe sind, automatisch des Rassismus und der Unterdrückung schuldig? Ist diese Behauptung nicht auch Rassismus?

Für die Woken nicht. Und so canceln sie nun selbst – und halten das für einen Akt legitimer Notwehr, gar ausgleichender Gerechtigkeit. Weil Ururgroßmutter nicht wählen durfte, soll deren Ururenkel nun die Klappe halten. Die Rechthaber wollen stören, aber was sie stört, muss weg. Mit ihrem fatalen Fundamentalismus schießen die selbsternannten und selbstlegitimierten Weltenretter über das Ziel hinaus – und diskreditieren damit sich und ihre Ansichten nicht nur gegenüber den »Dummköpfen« und »Ewiggestrigen«, sondern auch gegenüber jenen, die das Anliegen insgesamt für berechtigt halten, aber durch die Radikalität verstört sind. Es geht nur noch um die

Frage: Auf welcher Seite stehst du? Bist du für oder gegen mich? Es gibt nur noch schwarz oder weiß. Kein Raum mehr für ernsthafte Debatten, kein Platz mehr für Kompromisse.

Darüber wollen, darüber müssen wir reden, statt vorauseilend zu gehorchen und uns selbst zu zensieren. Darüber müssen wir reden, auch wenn ein paar Beflissene davor warnen, damit die Rechtsaußenpartei zu stärken. Die Macht der sogenannten Alternativen, die das ganz sicher nicht sind, wächst nur, wenn die Menschen keine wirklichen Alternativen haben, weil wir uns nicht trauen. Wenn wir die Menschen mit den Woken alleinlassen.

Linke Wokeness treibt die Mehrheit nach rechts

Dieses Buch ist geschrieben von einer muslimisch-migrantischen Feministin, Mitgründerin der deutschen Sektion von Femen, Veganerin, Flüchtlingskind und Autorin (darunter ein Buch über *Sexismus* und #Metoo), und einem Journalisten, geboren in einer Arbeiterfamilie in Schwaben (Hinter den Hügeln, HDH), Kriegsdienstverweigerer, Politikwissenschaftler, Autor zahlreicher politischer und zeithistorischer Sachbücher (darunter eines über *Goebbels-Propagandisten in der westdeutschen Nachkriegspresse* und ein kritischer Bericht über die AfD: *Inside AfD*, zusammen mit Franziska Schreiber). Sie störten sich mit wachsendem Widerwillen an denen, die sich links und fortschrittlich wähnen.

Ganz so wie Barack Obama, der schon 2019 die Anmaßung, die Hybris der selbsternannten radikalen Weltverbesserer aufs Korn nahm. Er riet Studenten, sich von der »Idee von Reinheit« zu befreien, sie sollten nicht glauben, sie seien nicht kompromittierbar und stets woke. Er habe unter bestimmten jungen Leuten das Gefühl, sie meinten, es genüge, »so wertend wie möglich über andere Menschen« zu urteilen. Nach einem Tweet oder einem Hashtag, mit dem sie jemanden bloßstellten, der etwas nicht richtig gemacht oder das falsche Verb verwendet habe, lehnten sie sich zufrieden zurück und fühlten sich ziemlich gut. »Das ist kein Aktivismus«, sagte Obama. »Das bringt keine Veränderung. Wenn Sie nur Steine werfen, werden Sie wahrscheinlich nicht sehr weit kommen.«[9]

Die Woken verstehen nicht, dass nicht die ganze Welt von ihnen gerettet werden will. Welch eine Hybris zu glauben, die autokratischen, diktatorischen, von Autoritären und vom Glauben und der Religion geleiteten Staaten der Welt warteten nur darauf, dass »wir« ihnen »unsere« Werte bringen! Wie larmoyant die Klage der Identitätsaktivisten, sie würden nicht wahrgenommen, ihre Themen vernachlässigt. Dabei besetzen ihre Themen in Medien und Politik immer mehr Raum – und verdrängen die alltäglichen Sorgen und Probleme der Masse der Menschen: Einst haben sich tatsächliche Linke um die Belange der Armen und Geplagten gekümmert – und zwar auch der weißen, alten mit 45-jähriger Arbeiterbiografie. Mangelhafte Sozialleistungen und Wohnungsnot der Aufbaugeneration (West) und der Geschlagenengeneration (Ost) interessieren die Erben der selbstgerechten Generation Anspruch jedoch nicht.

Unglücklicherweise vergessen auch die linken Parteien, die sich der Woke-Bewegung unterworfen haben, in ihrem Kulturkampf ihre eigene Klientel. Darüber hinwegzugehen ist nicht ratsam, wie Donald Trumps Wahlkampagne gegen die *political correctness* zeigte. Wenn die Woken ihren polarisierenden Druck fortsetzen, könnte es dazu kommen, dass auch in Europa die Mehrheitsgesellschaft ihr verbissenes Schweigen bricht. Wenn die Parteien sich weiter zum Büttel der Woken machen, wird die Mehrheit sich abwenden. Wenn der Bogen der Bevormundung überspannt wird, nutzt das nur den Rechten. Alle Demokraten sollten gemeinsam darauf achten, dass das keine Alternative wird.

Wokeness und Gewalt gefährden die Demokratie

Auch die Woken verletzen demokratische Grundsätze. Es beginnt dort, wo sie, finanziert aus Steuermitteln, Denunziationsplattformen einrichten; es setzt sich fort, wo sie die Grenze von der friedlichen Demonstration überschreiten. Und es wird gefährlich, wenn sie mit dem Philosophen Günther Anders sagen: »Nur Schwärmer setzen auf die Macht der Vernunft.« Zweifellos stimmen die radikalsten unter den Erwachten dem Philosophen zu, der in *Gewalt: Ja oder Nein* schrieb, allein mit gewaltlosen Mitteln »konnten gewesene Hitlers nicht und dürfen heutige Hitlers nicht bekämpft werden«. Und sind nicht alle, die dem Fortschritt heute im Weg stehen, kleine oder größere Hitlers? Wäre Gewalt also nicht gerechtfertigt? Legitim? Gewalt auszuüben aus blinder Wut und unkontrolliertem Hass, vielleicht schon bald nicht nur gegen Sachen? Zu befürchten ist das bei weiterer Radikalisierung der Woken.

Die Demokratie und ihre wichtigsten Werte sind nicht nur von außen gefährdet, etwa von aggressiven Mächten wie Putins Russland, sondern auch von den Spaltern innen: Was in den USA bereits geschehen zu sein scheint – eine tiefe politisch-kulturelle Spaltung –, kann auch mitten in Europa geschehen. Der zornige Zank einer identitären, vielfach zersplitterten und doch einig agierenden Klientelklasse eskaliert bedenklich. Keine Kommunikationskultur mehr. Kampf und Krampf an allen Fronten, Radikalisierung und Lagerbildung: Feministinnen gegen alte weiße Männer, Genderfeministinnen gegen Urfeministinnen, Jung gegen Alt, Veganerinnen gegen Fleischesser, LGBTQ-ler gegen Cisgender. Jeder gegen jeden. Je lauter, desto erfolgreicher, je ätzender, desto medien- und niederträchtiger. Überall kleine Gruppen, die sich von den anderen diskriminiert fühlen. Wer so agiert, ist immer Minderheit, fühlt sich benachteiligt und legitimiert, dagegen vorzugehen. Wie lange hält eine demokratische, offene Gesellschaft das Stakkato der schreienden Spalter noch aus? Das Schuldigsprechen? Den Hass? Die Gewalt? Das Exkludieren im Namen der Inklusion.

Verständnis und Verständigung statt Hass und Hader: Das muss doch möglich sein! Und es muss erlaubt bleiben, selbst zu denken. »Sapere aude«, schrieb Kant. »Habe Mut, dich deines eigenen Verstandes zu bedienen.« Fangen wir also an, nachzudenken – mit diesem und über dieses Buch.

Sternchenmenschen: Die Inflation der Identitäten

2. Sexismus: Wo sind Frauen (noch) benachteiligt – und weshalb?

Der Kampf der Frauen um Freiheit, Chancengleichheit und berufliche Selbstverwirklichung ist in Zentraleuropa sehr erfolgreich gewesen. In Politik und Wirtschaft gilt: Frauen kommen heute, wenn sie wollen und können, überall hin. Heute steht die Benachteiligung anderer Gruppen im Fokus. Dabei wenden sich die Woken auch gegen Frauen.

Dürfen wir es uns erlauben, eine positive Entwicklung zu feiern? Der Feminismus hat in der Mitte Europas Großes bewirkt. Ohne die Gehaltslücke und den Mangel an Frauen in Führungspositionen zu übersehen, ist das Glas mehr als halbvoll. Nicht nur böse Mädchen kommen heute in den Himmel, allen stehen heute alle Wege offen. Wenn sie wollen. Aber sie müssen nicht. Kluge Frauen: Ihr habt alle Freiheiten. Und freie Entscheidung.

Der Ausgang der Frauen aus der patriarchal verordneten Unmündigkeit begann mit dem Recht zu wählen. Vor mehr als hundert Jahren, am 19. Januar 1919, durften Frauen in ganz Deutschland erstmals an die Urnen – und gewählt werden. Die neue Freiheit ermutigte zu mehr, vor allem in den Städten. Die Frauen begnügten sich nicht mehr damit, Begleitung zu sein, sie wollten sich nicht mehr darauf beschränken, einem Robert oder einem Theodor 16 Kinder zu gebären, Suppen zu kochen und Kleider zu waschen – jedenfalls nicht ausschließlich. Während im 19. Jahrhundert noch wenige Frauen als Schneiderin, Wäscherin, in Fabriken und Privathaushalten gegen Lohn arbeiteten, wollten nach dem Zweiten Weltkrieg immer mehr Frauen selbst Geld verdienen und nicht mehr abhängig sein von einem Mann, der ihnen Haushaltsgeld überließ und dafür noch Dankbarkeit erwartete. Moderne Frauen wie Aenne Burda[10] wollten auf eigenen Beinen stehen.

Nach dem nationalsozialistischen Backlash in der Geschlechterfrage und dem Stillstand insbesondere während der frühen Adenauerzeit hieß es von 1958 und bis 1977 in § 1356 BGB: »Die Frau führt den Haushalt in eigener Verantwortung. [2] Sie ist berechtigt, erwerbstätig zu sein, soweit dies mit ihren Pflichten in Ehe und Familie vereinbar ist.« Das war – kaum zu glauben – zeitgemäß, zeitgerecht, zustimmungsfähig. Danach durften Ehefrauen, ohne um Erlaubnis bitten zu müssen, aber »auf die Belange des anderen Ehegatten und der Familie die gebotene Rücksicht« nehmend, hinter Kassen sitzen oder Kirchen und Kindergärten putzen, bei Eignung an Hochschulen studieren.

Heute ist die Chancengleichheit weitgehend erreicht, auch für »Frauen und andere ›Minderheiten‹«[11]. Längst gelingt es auch Frauen, in gehobene Bereiche der Arbeitswelt vorzudringen, sie bauen Häuser und Autos, leiten Banken und Sozialverbände, werden Bundeskanzlerin oder Nobelpreisträgerin. Es ist selbstredend ein großer Fortschritt, dass auch Frauen sich endlich »selbst verwirklichen« dürfen – und das sogar bei Arbeitszeiten, von denen die meisten Männer bis 1965 nur träumen konnten. Bis dahin schufteten sie von Montag bis Samstag 48 Stunden in der Fabrik, die Verbesserung lautete dann: 40 Wochenstunden plus Überstunden (die Wirtschaft brummte noch). Immerhin gehörte Vati dank der Gewerkschaften samstags endlich den Kindern (und der Frau).

Teilzeit? Hätte indignierte Blicke gegeben, auch von Frauen.

Der übliche Deal im 20. Jahrhundert war lange Jahrzehnte der: Der Mann ging tagsüber in die Fabrik oder ins Büro und brachte das Geld fürs Brot nach Hause; die Frau gab das Geld für Kinder, Küche und Kosmetik aus (sorry, zu schön, die Alliteration) und verdiente stundenweise etwas dazu. Die meisten waren zufrieden in dieser Welt.

Heute reicht das nicht mehr, und zwar in zweierlei Hinsicht: Erstens möchten viele Frauen »Karriere machen«; zweitens reicht einer nicht privilegierten Familie mit Kind(ern) ein Lohn oder Gehalt nicht mehr. Es ist (wem auch immer) gelungen, dafür zu sorgen, dass zwei Menschen abhängig arbeiten, um eine Familie überhaupt über die Runden zu bekommen.

Aber: Wieso wollen die Frauen plötzlich so viel arbeiten, fragen sich Männer, die nie jemand gefragt hat? Aus dem Blick geraten ist: Es waren zwar meistens Männer, die in Politik und Wirtschaft das Sagen hatten, aber sie wuschen auch Autos und kehrten Kamine, kratzten die Kohle aus dem Stollen, holten den Müll ab und durchwachten die Finsternis als Nachtwächter (heute Security). Beim ollen Marx hieß das noch Ausbeutung. Aber wer kümmert sich heute noch um Kapitalismuskritik, wenn es um Gleichberechtigung oder Chancengerechtigkeit geht? Endlich Gleichheit, Knete und Karriere statt Kinder, Küche, Kirche auch für Frauen.

Die Rede ist hier – das sei ausdrücklich erwähnt – von Staaten, die sich »zivilisiert« nennen, fortschrittlich, in denen Frauen und Männer gleiche Chancen und Rechte haben. Die Rede ist nicht von Ländern, in denen Mädchen nicht zur Schule gehen, Frauen keine Hochschule besuchen dürfen und außerhalb der eigenen Küche ein Kopftuch tragen müssen. Diesen Kampf haben die Frauen im Zentrum des alten Kontinents und in den USA längst gewonnen.

Zu verbessern gibt es selbstredend noch immer genug. Und so findet sich – nur ein Beispiel – an einem Lichtmast in der

Bernauer Straße zu Berlin ein Sticker, der für »feministischer streik jetzt« wirbt. Weshalb? »männer leisten täglich 2h 46 min unbezahlte sorgearbeit. frauen 4h 13 min.«

Trotz des Fortschritts in einem zivilisierten mitteleuropäischen Land gilt unter den ganz woken Feministinnen noch immer die einfache Parole: Männer nutzen die Frauen aus, vergewaltigen, lügen und betrügen, korrumpieren und lassen sich schmieren. DIE Männer gelten als toxisch. Das Problem bei der Chancengleichheit zwischen den beiden Geschlechtern ist doch wohl klar: Die Kerle kassieren mehr Knete, führen die fetten Firmen und lassen Mutti mit den Kindern allein.

Um bei den Bossen zu beginnen: Frauen sind selten in den Vorständen und Aufsichtsräten der börsennotierten und voll mitbestimmungspflichtigen Unternehmen zu finden, das stimmt zweifellos. Rar sind sie auch unter Firmengründern und Erfindern (warum klingt da immer ein Vorwurf mit, noch haben meistens Männer gegründet und erfunden). Es gibt auch weniger Frauen als Männer im Bundestag und unter Parteimitgliedern, in Chef-, Politik- und Wirtschaftsredaktionen – dafür clustern sie, wo über Klatsch und Klamotten geschrieben wird, über Dad Bods (Väterkörper) und Kim Kardashian. Und wenn dann eine zweifache Mutter, die ein Start-up gründen möchte, hören muss: »Wie wollen Sie den Spagat schaffen, Mutter zu sein und ein Unternehmen aufzubauen?« – dann ist doch alles klar: Das ist noch immer Sexismus und strukturelle Benachteiligung.

Geklagt wird darüber täglich, rund um die Uhr, jede Woche, jeden Monat, das ganze Jahr. Pauschal. Ohne Ansehen der Person. Entscheidend ist die Identität: weiß, Mann, Hetero. Und manchmal ist das so absurd wie unausgegoren.

Der Bremer Professorin Ines Weller etwa war schon vor 15 Jahren klar: Männer sind schuld am Klimawandel. Denn sie »essen mehr Fleisch, fahren protzige Autos und wollen ihr klimaschädigendes Verhalten nicht ändern«.[12] Nun ja, die Datenlage ist dünn, die Behauptungen der Professorin sind »nicht empirisch abgesichert«, aber Fakten für ein »Zwischenfazit« nicht erforderlich: »Es gibt Geschlechterunterschiede – und zwar in der Problemwahrnehmung der Folgen und der Bereitschaft zu Veränderungen und Lösungen.«[13]

Vielleicht haben Männer einfach einen größeren Energiebedarf?

Vielleicht fahren mehr Männer Busse, Müllfahrzeuge und Dienstwagen; vielleicht sitzen auf den Beifahrersitzen Frauen? Vielleicht verbringen Frauen mehr Zeit zu Hause, wie wird der Energieverbrauch (Heizung, Badewasser, Strom) statistisch verbucht? Fragen über Fragen. Aber vielleicht hat Ines Weller mit ihrer These auch recht. Plausibel klingt es ja, irgendwie.

ER ist auch verantwortlich dafür, dass bei Wikipedia so wenige Frauen mitschreiben, wodurch eine angeblich frauenfeindliche Plattform entstanden sein solle. Aber Wikipedia umarmt alle Menschen, die bereit sind, in ihrer Freizeit ehrenamtlich das Wissen der Welt zu sammeln.

ER ist verantwortlich für die geringere Zahl von Frauen in der Politik. Dabei dürfen alle Menschen in Parteien eintreten.

ER ist auch verantwortlich für den »frauenfeindlichen Literaturbetrieb« (Sophie Passmann),[14] den allerdings mehrheitlich Frauen in Schwung halten.

Es reitet sich gut, dieses Pferd, es verfügt über unerschöpfliche Kräfte. Aber uns ist das zu unreflektiert. Es hält Frauen in der Opferrolle und macht sympathische, achtsame, rücksichtsvolle Männer wütend. Oder, mit heutigem Achtsamkeitsvokabular: Es verletzt sie.

Gender Pay Gap: Warum Männer durchschnittlich mehr verdienen

Netflix ist, so scheint's, sehr beliebt bei jungen Rezensentinnen und Aktivistinnen für Gleichheit und Gerechtigkeit. Wer das frische Angebot des Streamingdiensts unbeschwert genießen will, übersieht womöglich, dass er sich offenbar vom Tarifvertragsdenken befreit hat. Auch wenn das Versprechen sehr woke zu klingen scheint: Um großartige Mitglieder für sein »Dream Team« zu gewinnen und zu halten, biete das Unternehmen Spitzengehälter, sagt es. Es wäge »nach bestem Gewissen ab, was das höchste Gehalt ist, das jede einzelne Arbeitskraft in einer ähnlichen Position bei vergleichbaren Unternehmen in der jeweiligen Region erhalten könnte«. Aber es ziehe auch in Betracht, »was es uns kosten würde, sie gegebenenfalls zu ersetzen«. Der »Marktwert mancher Mitarbeitenden« könne schnell steigen, »sei es aufgrund ihrer Leistung oder aufgrund eines Talentmangels in ihrem Fachbereich. Bei anderen ändert sich der Marktwert aufgrund der Marktverhältnisse von einem Jahr zum anderen möglicherweise nicht, obwohl sie großartige Arbeit leisten.«[15] Marktwert, das klingt nicht nach gleichem Lohn für gleichwertige Arbeit im Rahmen eines Tarifvertrags, es klingt nach freiem Ermessen von Vorgesetzten über den Verdienst von abhängig Beschäftigten, und es riecht nach Entgeltunterschieden und ein bisschen auch nach Willkür.

Alle Jahre wieder an einem Tag im März markiert der Equal Pay Day genannte Aktionstag symbolisch den geschlechtsspezifischen Entgeltunterschied. Die vom Bundesministerium für Familie, Senioren, Frauen und Jugend geförderte Webseite equalpayday.de meldet, dass Frauen im Jahr 2021 mit durchschnittlich 19,12 Euro brutto in der Stunde 4,08 Euro weniger verdienten als Männer (23,20 Euro). »Rechnet man den Wert von 18 Prozent in Tage um, arbeiten Frauen vom 1. Januar an 66 Tage umsonst.«[16]

Die Forderung nach »gleicher Bezahlung für gleiche Arbeit« ist zweifellos gut und richtig. Erfreulich ist, dass Friseurinnen, Kellnerinnen und Kassiererinnen dank Mindestlohn inzwischen höhere Löhne erhalten. Weshalb also liegt der Durchschnittslohn der Frauen unter dem der Männer? Die Frage ist längst beantwortet: Der Löwenanteil der Differenz, zwölf Prozent, ist Berufswahl, Qualifikation, Teilzeitarbeit, Übernahme von Führungsverantwortung geschuldet. Für die restlichen sechs bis sieben Prozent sind schlechte Gehaltsverhandlungen verantwortlich, der Wunsch nach flexiblen Arbeitszeiten und Homeoffice, Babypausen.[17] Frauen arbeiten seltener in Hochlohnbranchen und häufiger in kleineren Betrieben, häufiger im Kindergarten oder Altenheim, wo die Löhne unterdurchschnittlich sind, auch wenn sich das Bewusstsein für die Leistungen in diesem Bereich durch Corona verbessert hat. Im verarbeitenden Gewerbe, wo es bessere Löhne gibt, sind nur drei von zehn Beschäftigten Frauen.

Die amerikanische Philosophieprofessorin und Feministin Christina Hoff Sommers (*Who Stole Feminism?*) hat im November 2015 mit einem schönen Aphorismus ins Schwarze getroffen: »Du willst die Gehaltslücke schließen? Schritt 1: Wechsle dein Hauptfach von feministischer Tanztherapie zu Elektrotechnik.«[18]

Aber ist die Bewertung von Arbeit, die Bezahlung, nicht ohnehin völlig willkürlich und ungerecht? Wer legt fest, dass Kindergärtnerinnen so viel schlechter dastehen als Technische Zeichner? Dass ein Mensch mit abgeschlossenem Germanistik- oder Sozialpädagogikstudium (mehrheitlich Frauen) schlechtere Gehaltsaussichten hat als ein Ingenieur oder Informatiker (mehrheitlich Männer)? Ist es gerecht, dass Kopfarbeit meist besser vergolten wird als Handarbeit? Wer misst den Wert von

Arbeit? Und ist es in Ordnung, dass die beruflichen Entscheidungen von Menschen Folgen für den Geldbeutel haben?

Bei aller Ungerechtigkeit darüber, dass etliche »weibliche« Berufe zu den mies bezahlten gehören, müssen wir auch sehen, dass eine gesamtgesellschaftliche Ungleichheit zwischen Menschen verschiedener Schichten besteht. Das trifft Frauen und Männer gleichermaßen. Altenpflegerinnen und Krankenbrüder, Kindergärtner und allerlei Sozialarbeiterinnen müssen offenbar ihre hohe Zufriedenheit mit der Arbeit und Überzeugung von der Sinnhaftigkeit des Tuns als Teil ihres Lohns verstehen. Dagegen stehen hohe Einkünfte bei – sagen wir – Investmentbankern und Wirtschaftsprüferinnen.

Ist es nicht noch immer so, dass die Trennlinie zwischen oben und unten verläuft, zwischen Klassen? Müssten wir deshalb nicht gemeinsam für Gerechtigkeit sorgen, für alle abhängig Beschäftigten? Denn diese Fragen drängen sich doch auf: Um wessen Gehälter streiten Frauenrechtlerinnen, Professorinnen, Journalistinnen und manche angehenden Managerinnen tatsächlich? Um wessen Aufstiegschancen? Um wessen »Karrieren«?

Was haben gleiche Siegprämien bei Tennisturnieren (geschenkt, dass Frauen dafür weniger Sätze spielen müssen), geringere Gagen für männliche Models oder Jennifer Lawrence mit dem Moos der Mustermanns zu tun? Natürlich dürfen Medienfrauen und Drehbuchschreiberinnen klagen, wenn sie sich benachteiligt fühlen. Wenn sie jedoch Gästebetreuerinnen und Gebäudereiniger, Kellnerinnen und Köche, Friseurinnen (trotz lausiger Verdienstaussichten noch immer einer der beliebtesten Ausbildungsberufe unter Mädchen) und Fleischer vergessen, dürfen sie nicht mit deren Solidarität rechnen.

Junge Zuwanderer unter 30 Jahren arbeiten übrigens derzeit nicht nur bis in den März hinein »umsonst«, wie equalpayday.de für Frauen reklamiert, sondern sogar bis Ende Mai. Auch

Menschen mit Handicap sind selten da zu finden, wo es überdurchschnittlich viel Geld gibt. Muslime, Frauen wie Männer, dürfen sich ebenfalls benachteiligt fühlen und müssen in diesen Zeiten hoffen, dass es nicht noch schlimmer kommt. Es gibt also viele individuelle Ungleichheiten zu beseitigen.

Wer seine Scheuklappen absetzt und den Blick ein wenig weitet, wird erkennen, dass Friseurinnen noch länger »umsonst« arbeiten als andere Frauen. Wer auch darin Ungerechtigkeit erkennt, müsste die logische, aber radikale Forderung stellen: Einheitslohn. Zweifellos aber will eine Unternehmensberaterin auch weiterhin mehr verdienen als ein Fahrradkurier von Lieferando, eine Redakteurin mehr als die Kassiererin im Supermarkt. Und jetzt, ihr Kämpferinnen für die Opfer und gegen die Ungerechtigkeit »der Männer«, Hand aufs Herz: wieso eigentlich?

Beteiligung ist nicht nur ein Recht: Warum Männer in der Politik führen

Von Nadia Pantel, Frankreichkorrespondentin der *Süddeutschen Zeitung,* ist folgender Satz überliefert: »Vor Macron waren 27 Prozent der Abgeordneten Frauen, nach Macron waren es 39 Prozent.« Ein Grund, sich zu freuen? Mitnichten. »Nur rutschte in den bisherigen vier Jahren kaum eine politische Institution so sehr ins Abseits wie das Parlament.«[19] Da legt sich eine böse Frage auf die Zunge: Das eine wird doch nichts mit dem anderen zu tun haben?

Aber Pantel kommt es gar nicht so sehr auf die Zahlen an, »sondern wie viel Macht ihnen eingeräumt wird«. Wie wär's also, fragt die böse Zunge, mit einer Präsidentin? Doch dann fällt der Blick auf die weibliche Alternative in Paris, und angesichts von Marine Le Pen sagt der Verstand: Das wäre derzeit nicht ratsam. Es kommt doch auf die zu erwartende Politik an, nicht aufs Geschlecht.

Aber bleiben wir doch in Deutschland. Im Deutschen Bundestag sitzen derzeit 736 Abgeordnete, 478 Männer und 258 weibliche, knapp 35 Prozent. Null Diverse laut offizieller Statistik. Klarer Fall von Diskriminierung! Oder etwa nicht? Wenn Nicht-Parität eine Diskriminierung ist, dann liegt sie (jeweils gerundet) in der Bundestagsfraktion der Grünen vor (59 Prozent Frauen, 70:48), ebenso bei der Linken (54 Prozent, 21:18) – hier zulasten der Männer. Bei der SPD-Fraktion machen Frauen 42 Prozent aus (87 von 206), 25 Prozent bei FDP (23:69), 24 bei CDU/CSU (47:150) und 12 Prozent bei der AfD (9:69). Eine Diskriminierung ist das nur bedingt. Denn bei den Grünen – wir vernachlässigen hier eventuelle *-Geschlechter – sind nicht 59 Prozent der Mitglieder Frauen, sondern nur 42, in der Linken nicht 54 Prozent, sondern nur 37, in der SPD 33, in der CDU 27, in der CSU 22, in der FDP 20 und in der AfD 19 Prozent.[20] Macht im Durchschnitt deutlich unter 35 Prozent. Das heißt: Frauen sind im Bundestag relativ zu ihrem Parteiengagement überrepräsentiert. Das gilt auch für das Bundeskabinett: Nach ursprünglicher Parität und dem Austausch im Verteidigungsministerium sitzen dort neun Minister und sieben Ministerinnen.

Frauen haben, was ihre Präsenz in der Volksvertretung und in der Regierung anbelangt, keinen Grund zu mäkeln. Denn in einer Parteiendemokratie führt der Weg in den Bundestag nun mal über die Parteien. Ohne »Ochsentour« keine Kandidatur, ohne Kandidatur kein Mandat. Im Vorstand der Grünen sitzen Frauen und Männer paritätisch, in Vorstand und Präsidium der SPD sogar mehr Frauen als Männer. Selbst im 16-köpfigen Präsidium der CDU sitzen 7 Frauen – bei 27-prozentigem Mitgliederanteil. Man sieht: Bis in der Mitgliedschaft der Parteien Parität erreicht ist, sind die Chancen von engagierten Frauen auf Amt und Würden größer als für Männer.

Und wie steht's in den Niederungen der Parteien? In Sophie Passmanns Buch *Alte weiße Männer* berichtet SPD-Generalsekretär Kevin Kühnert von Ortsvereinen der SPD, in denen sich keine »sogenannte Quotenfrau« finden lässt. »Ulrike, willst du nicht noch?« Kühnert sorgt sich, dass die Ulrike sich bei dieser Ansprache nicht ernst genommen fühle. Kühnert sagt auch: »Da findest du Gemeinderäte, wo vierzig Leute drinsitzen, und da ist niemand unter fünfzig mit dabei, und da ist die Männerquote bei neunzig Prozent.« Warum ist das so? Was könnte man tun, damit sich das alles ändert? Statt diese Fragen zu diskutieren, gehen die beiden vor die Tür, um eine abschließende Zigarette zu rauchen – »als Belohnung für all den Feminismus heute«.[21] Bei den Männern im Ortsverein kommt derartiges nicht gut an. Denn sie verrichten die Arbeit für die Gemeinde im Ehrenamt, und zum Dank wird ihnen dann Kungelei vorgeworfen. So kommt das im Ortsverein an – bei den Männern.

»Die Teilnahme der Frau an den Interessen des Staates ist nicht allein ein Recht«, sagte Louise Otto-Peters, im 19. Jahrhundert Mitbegründerin und erste Vorsitzende des Allgemeinen Deutschen Frauenvereins,[22] »sie ist eine Pflicht der Frauen«. Sie hatte recht. Also, Schwestern, hinein in die Parteien, ihr müsstet euch die paritätische Repräsentanz endlich verdienen. Oder wollt ihr, dass das Volk weiter von einer Männermehrheit vertreten wird?[23]

Auf geht's. Heute geht es los, auf zur Ochsentour. Frauen, rein in die Parteien. Wir sehen euch in zehn Jahren im Bundestag, in zwanzig im Parteivorstand, und dann werden wir sehen, wer die nächste Kanzlerin wird.

Mehr Frauen an die Spitze: Wird die Welt dann besser?

Die estnische Premierministerin Kaja Kallas geht zweifellos davon aus, dass es auf der Welt weniger gewalttätig zuginge, wären mehr Frauen an der Macht. Der inzwischen ausgeschiedene britische Premier Boris Johnson stimmt zu: »Wenn Putin eine Frau wäre, so hätte er, glaube ich, nicht einen so verrückten, machohaften Krieg vom Zaun gebrochen«, sagte er im Dezember 2022. Dass der russische Diktator einen Krieg begonnen hat, ist für den Engländer ein Beispiel für »toxische Männlichkeit«.

Alice Schwarzer hat dagegen schon lange vor ihm die Wahrheit verkündet, nämlich dass Frauen nicht per se friedlich seien. Schließlich hielt auch Maggie Thatcher es für nötig, die britische Marine zu den Falklandinseln (Las Malvinas) zu schicken und einen Krieg anzuzetteln.

Heute zeigt Margarita Simonjan in Moskau, dass Goebbels nicht der größte Propagandist aller Zeiten war: »Also entweder, wir gewinnen das in der Ukraine, oder der Dritte Weltkrieg beginnt«, sagte Putins Aufpeitscherin lachend im Kanal Rossija 1. »Das Undenkbare, dass alles mit einem Atomschlag enden wird, scheint mir immer wahrscheinlicher zu werden.« Dabei lachte sie erneut.[24]

Längst dürfen Frauen in der Realität in der Bundeswehr und anderen Armeen dienen – und kommandieren. Es gibt Verteidigungsministerinnen und Außenministerinnen. Und bei der Münchner Sicherheitskonferenz 2022 weist die Statistik bei Moderation und Vortrag für fast die Hälfte Frauen aus.

Kriegerinnen gab es immer. Zarin Katharina die Große entmachtete nicht nur ihren Mann, sondern brachte mit ihrem Türkenkrieg die Krim, die südliche Ukraine und den Nordkaukasus unter ihre Knute. Vergessen wir nicht Jeanne d'Arc, die auf dem Feld half, die Belagerung der Engländer zu durchbrechen. Kriege führten auch Maria Theresia, Queen Victoria, Indira Gandhi, Golda Meir, um nur einige Amazonen zu nennen. Selbst unter den Wikingern soll es Kriegerinnen gegeben haben, und Nora von Kelmendi, die eine Frauenarmee anführte und den Oberbefehlshaber der osmanischen Armee enthauptete, gilt als größte Kriegerin der albanischen Geschichte. Auch die RAF wollen wir nicht vergessen, die gezeigt hat, dass Frauen ebenso, sogar Pfarrerstöchter, über Leichen gehen können, wenn vermeintlich höhere Ziele es verlangen.

Vermutlich überrascht es Sie zu lesen, dass »von Königinnen geführte Gemeinwesen häufiger an externen Kriegen teilnahmen als von Königen geführte«. Einen Unterschied von 27 Prozent haben zwei Politikwissenschaftler, Oeindrila Dube (University of Chicago) und S. P. Harish (McGill University), bei der Analyse von 193 Regierungen (davon 34 von Frauen geführt) in 18 Staaten der Jahre 1480 bis 1913 ermittelt. »Während alleinstehende Königinnen eher angegriffen wurden als alleinstehende Könige, griffen verheiratete Königinnen eher an als verheiratete Könige.« Offenbar seien Alleinstehende als weniger geschützte Ziele angesehen worden, so die Autoren der Studie. Dagegen »tendierten verheiratete Königinnen dazu, ihre Ehepartner zur Unterstützung ihrer Herrschaft hinzuzuziehen, was es ihnen letztendlich ermöglichte, eine aggressivere Kriegspolitik zu verfolgen«.[25]

Wir haben uns sehr daran gewöhnt, Männer für alles Schlechte auf der Welt verantwortlich zu machen. Aber seit Frauen in nennenswerter Zahl in der Verantwortung stehen, beweisen sie, dass sie alles können, was auch Männer geschafft haben – auch Schlechtes; dass sie auch scheitern können; dass auch Frauen nur Menschen sind.

Das gilt nicht zuletzt für die Wirtschaft: Die Chefin der Europäischen Zentralbank, Christine Lagarde, glaubt, dass es mit Lehman Sisters nie zur Finanzkrise gekommen wäre. Und nachdem die Pleite von Wirecard bekannt wurde, war allerorten zu hören: »Mit Frauen an der Spitze hätte es den Betrug nicht gegeben.« Aber vor Jan Marsalek gab es Elizabeth Holmes und ihr Start-up Theranos. Sie hatte Investoren um Milliarden Dollar betrogen – mit einer angeblich bahnbrechenden Methode für Bluttests, die das Gesundheitswesen zu revolutionieren versprachen. Ein Gericht verurteilte sie zu elf Jahren und drei Monaten Haft. Oder Anna Sorokin, die in New York als vermeintlich reiche Erbin vier Jahre lang die Gutgläubigkeit anderer ausnutzte und dafür ins Gefängnis musste. Netflix verfilmte ihr Leben in der Serie *Inventing Anna*. – Wer liebt Hochstapler und ihre Nachahmerinnen nicht? Die Vizepräsidentin des EU-Parlaments, Evdoxia Kaili, musste jüngst wegen Korruption zurücktreten. Die Liste ließe sich beliebig verlängern.

Was wir daraus lernen können: Wenn man sie lässt, können Frauen alles, was Männer können. Nicht nur weiße, heterosexuelle Männer in Führungspositionen begehen Fehler und Straftaten, auch Frauen können eine Bank oder ein anderes Unternehmen in den Ruin führen und sind anfällig für Korruption. Alice Schwarzer wusste das schon immer: »Frauen sind zwar weniger korrupt als Männer, aber nicht, weil wir bessere Menschen sind, sondern weil wir weniger Gelegenheit haben.«[26]

Mehr Neues wagen: Weshalb es mehr Bosse gibt als Chefinnen

Es ist leider wahr, was Dorothee Bär (CSU) in ihrer Funktion als Staatsministerin bei der Bundeskanzlerin und Beauftragte der Bundesregierung für Digitalisierung festgestellt hatte: »Wenn ich in Schulklassen danach frage, wer den Traum hat, später einmal ein Unternehmen zu gründen, meldet sich meistens kein einziges Mädchen. Es kommt vielen jungen Mädchen nicht in den Sinn, dass berufliche Selbständigkeit eine erfüllende Art sein könnte, seinen Lebensunterhalt weitgehend unabhängig und selbstbestimmt zu verdienen.«[27]

Tatsächlich sind Frauen bei Unternehmensgründungen, insbesondere in der Start-up-Szene, unterrepräsentiert, wie der von der Vereinigung Baden-Württembergische Wertpapierbörse herausgegebene »Female Founders Report 2021« bestätigt. Noch immer wagen deutlich mehr Männer als Frauen den Sprung in die Selbstständigkeit; knapp zwölf Prozent sind es 2020 bei den 784 erfassten Start-ups, genau 129 von 1081 Gründern. Bär will deshalb dafür sorgen, dass »die rechtlichen Rahmenbedingungen mit der Lebensrealität übereinstimmen«. Sie nennt: temporäres »Ruhenlassen« von Vorstands- und Geschäftsführungsmandaten bei Mutterschutz, Elternzeit, wofür schon der erste Grundstein gelegt sei. Nötig sei »ein Rechtsanspruch auf eine familien-bedingte Auszeit für Vorstands- oder Geschäftsführungsmitglieder, ohne dass diese während dieser Zeit Haftungsrisiken tragen«. Alles andere sei »nicht mehr zeitgemäß und lebensfremd«. Notfalls sei bei der Verteilung von staatlichem Wagniskapital eine Frauenquote einzuführen, »um staatliche Finanzierungsinstrumente auch an Themen wie mehr Diversität zu koppeln«.

Und wenn das nicht schnell genug hilft? Könnte es auch sein, dass Frauen schlichtweg weniger bereit sind, ein Unternehmen zu gründen? Weniger risikobereit? Dass sie mehr Wert auf sichere Einkünfte legen? Auf feste, kalkulierbare Arbeitszeiten? Und was wäre gegen ein höheres Sicherheitsdenken einzuwenden, wenn doch die Kerle schon so (oder gar zu?) risikofreudig sind?

Diese Studie leidet wie so viele andere an einem blinden Fleck, sie verschließt die Augen vor der Rolle der Frauen. Nehmen wir die Welt der Arbeit. Ja, es stimmt, da ist noch viel auszugleichen, liebe Männer – und Frauen. Erwerbstätig sind 63,7 Prozent der Männer und 54,2 Prozent der Frauen ab

15 Jahren.[28] Männer sind häufiger unter Selbstständigen und Arbeitern zu finden, Frauen unter Angestellten.[29] Etwa doppelt so viele Männer wie Frauen arbeiten Vollzeit, viermal so viele Frauen wie Männer Teilzeit.[30]

Und wer wollte auch modernen Frauen vorschreiben, wie sie zu leben haben? »Sehr viele Frauen arbeiten freiwillig und gern in Teilzeit«, stellt die österreichische Journalistin Jeannine Hierländer fest. Warum das so ist? »Weil das Familienbild in Österreich so unmodern ist? Weil sich all die Frauen in vorauseilendem Gehorsam und aus Angst, eine Rabenmutter zu sein, unwillig, aber freiwillig in die Teilzeitfalle begeben? Oder vielleicht doch, weil viele die Familien- und Hausarbeit als Alternative zu einem stressigen beruflichen Alltag bevorzugen – und es vielleicht gar nicht so schlimm finden, ihre Kinder betreuen zu müssen, sondern es vielleicht sogar gern tun. Wer kann sich anmaßen, Menschen ein Lebensmodell vorzuschreiben, das nicht ihres ist? Dahinter steht die überhebliche Idee, dass es die eine, richtige Art zu leben gibt.«[31]

Bei der Soziologin Sandra Kostner klingt das so: »In einer Gesellschaft, die Chancengleichheit so weitgehend verwirklicht hat wie die deutsche, sind Unterrepräsentationen in spezifischen Berufsfeldern, in Führungspositionen und in Parlamenten in erster Linie das Ergebnis einer unterschiedlichen Nutzung von Chancen und damit ein Spiegelbild unterschiedlicher persönlicher Präferenzen und Entscheidungen.«[32]

Dass Frauen ihre Chancen zu nutzen verstehen, verdeutlichte kürzlich die Soziologin Katja Schmidt in der *FAZ*. »Unsere Daten zeigen, dass Frauen, die in Vollzeit arbeiten, in etwa die gleichen Chancen auf eine Führungsposition haben wie in Vollzeit arbeitende Männer.« Inzwischen sind etwa sieben Prozent der Frauen und Männer, die Vollzeit arbeiten, in Führungspositionen.[33]

Manchen scheint das zu viel: »Die Förderung der Rechte von

Frauen und Mädchen sind zu weit gegangen, weil es die Chancen von Männern und Jungen bedroht«, lautet die zentrale Aussage einer Studie der Universität Göteborg aus dem Jahr 2022. Dem stimmten junge Männer in der Altersgruppe von 18 bis 29 Jahren am häufigsten zu. Sie sehen laut Forschungsgruppe ihre Karrierechancen durch die »Fortschritte bei den Frauenrechten« gemindert. Bei steigender Arbeitslosigkeit sehen sie sich einem verstärkten Wettbewerb um Arbeitsplätze ausgesetzt. Diese jungen Männer betrachten das als Ungerechtigkeit – und äußerten sich sexistischer. Interessant ist, dass diese Feststellung einer Gruppe gilt, die für fortschrittlich gehalten wird – junge Männer in wirtschaftlich entwickelten Demokratien.[34]

Offenbar interessiert es aber niemanden, ob etwas dran sein könnte am Gefühl junger Männer, benachteiligt zu sein. »Die Bedenken der jungen Männer werden gänzlich ungeprüft im vorgefertigten Kästchen ›Sexismus‹ versenkt«, stellte der emeritierte Soziologe Walter Hollstein in der *NZZ* fest. Politik und Öffentlichkeit beschäftigten sich ausschließlich mit der Frauenfrage; alle Problembereiche von Emanzipation, Befreiung und neuer Identität würden exklusiv auf das weibliche Geschlecht bezogen. Dass es niemand für wert erachte, auch eine Männerfrage zu stellen, möge ja »nach der langen Prädominanz des männlichen Geschlechts verständlich sein«, räumt Hollstein ein, aber »im konkreten Lebenszusammenhang heutiger Knaben und Männer ist es das nicht«.[35]

Und deshalb kann der Jugendpsychiater Georg Romer offenbar nicht mehr viel damit anfangen, dass »die Stellung der Frau in der Gesellschaft trotz aller Anstrengungen immer noch eine andere ist, als ein Mann zu sein«. Junge Mädchen bekämen, »egal wie sie sich aufstellen, ob sie sich für Kfz-Mechatronik und Autos interessieren oder ob sie gerne rosa Kleidchen tragen wollen, von allen Seiten im postfeministischen Zeitalter die Signale: ›Du bist ein prima Mädchen.‹« Auch er sieht »eine wachsende

Verunsicherung der heranwachsenden Jungen, die sich hinter den Stoppschildern ›Vorsicht Weichei‹ oder ›Vorsicht Macho‹ viel schwerer tun, Männerbilder zu entwickeln, die wirklich im Umfeld sozial gut akzeptiert sind. Es gibt keinen Anhalt dafür, dass die Weiblichkeit in ihrer Vielfalt ein schwereres Schicksal sein soll.«[36]

Im Vergleich zum Beginn des vorigen Jahrhunderts erfahren Frauen heute viel Unterstützung in allen Bereichen des Lebens. Jede kann alles probieren, muss es jedoch nicht. Aber die Erträge des jahrzehntelangen politischen Kampfs sind bedroht. Und schuld daran sind nicht die Männer.

3. Sex und Gender: Wann ist 'ne Frau 'ne Frau?

Das Feindbild der Woken ist längst nicht mehr der weiße Mann allein, mitgemeint ist auch die weiße Frau. Allerlei Identitätsgruppen jenseits der angeblich Privilegierten machen eigene Benachteiligungen und Rechte geltend. Schon wollen ihre Wortführer und Alliierten Ur-Feministinnen und lesbische Frauen auf Parteitagen von Grünen und SPD ausschließen. Was ist da los?

Im Sommer 2022 wollte eine junge Biologin im Rahmen der »Langen Nacht der Wissenschaften« an der Berliner Humboldt-Universität vortragen, weshalb es noch immer wahr sei, dass es unter Menschen zwei biologische Geschlechter gibt. Dass daraus eine Grundsatzdebatte um Wissenschaftsfreiheit entstehen konnte, ist dem »Arbeitskreis kritischer Jurist*innen« geschuldet. Die offenbar schon sehr selbstbewussten angehenden Staatsanwälte und Richterinnen, Anwälte und Unternehmensberaterinnen glaubten offenbar – obwohl fachfremd – über genügend Expertise zu verfügen, um behaupten zu können, der Ansatz von Marie-Luise Vollrecht sei »unwissenschaftlich«, außerdem »menschenverachtend und queer- und trans*feindlich«. Die Gruppe mobilisierte den Protest via Twitter mit den Worten: »An unserer Uni gibt es keinen Platz für Queerfeindlichkeit. Wir sehen uns auf der Straße!« Weil auch Gegendemonstranten sich ankündigten, sagte die Hochschulleiterin den Vortrag ab.

Ein unbedeutender Streit unter unbedarften Heißspornen um Nebensächlichkeiten? Mal sehen.

In der Biologie des Menschen, das war lange unbestritten, gibt es zwei Geschlechter: männlich und weiblich. Das SRY-Gen, die das männliche Geschlecht bestimmende Region auf dem Y-Chromosom, das bei Säugern die Spezifizierung der Keimdrüsen (Gonaden) zu Hoden steuert, ist nun mal nur rund der Hälfte der Bevölkerung gegeben. Aber was ist heute schon noch sicher? Nina Hagen zum Beispiel macht sich einen Spaß und sagt: »Es gibt drei Geschlechter: der, die, das.«[37] Auch der Queer-Beauftragte der Bundesregierung, Sven Lehmann, hält es für »unwissenschaftlich«, von zwei Geschlechtern auszugehen; es gebe viele Geschlechter. »Welches Geschlecht ein Mensch hat, kann kein Arzt von außen attestieren.«[38]

Und schon fliegt *planet wissen* um die Ecke und erhöht: »Bei den Wimpertierchen sind sieben Geschlechter möglich. Diese Einzeller haben unvollständige Genpaare, die bei der Fortpflanzung zerteilt und zufällig zusammengesetzt werden ... babylonische 21 Möglichkeiten der Verpartnerung ...« Außerdem gibt es noch die Blumentopfschlangen: »Da können die Weibchen Kinder bekommen auch ohne Männchen – das nennt man Jungfernzeugung.« Und Clownfische: »Da kann ein Männchen zum Weibchen werden, wenn das Weibchen der Gruppe gestorben ist.«[39] Das alles wird in heiligem Ernst mit der menschlichen Biologie in Verbindung gebracht.

Fragen wir doch Expertinnen, die dieses Kuddelmuddel aufklären können, eine Biologin und Nobelpreisträgerin: Liebe Christiane Nüsslein-Volhard, hat Herr Lehmann recht?

Hat er natürlich nicht. Der Herr Lehmann habe »vielleicht den Grundkurs in Biologie verpasst«. In einem klaren, verständlichen Interview mit der Frauenzeitschrift *Emma* gab sie Nachhilfe: »Bei allen Säugetieren gibt es zwei Geschlechter, und der Mensch ist ein Säugetier. Da gibt es das eine Geschlecht, das die Eier produziert, zwei X-Chromosomen hat. Das nennt man weiblich. Und es gibt das andere, das die Spermien produziert, ein X- und ein Y-Chromosom hat. Das nennt man männlich. Und wenn sich ein Ei mit einem Spermium vereinigt, entsteht ein neues Wesen.« Anders als beispielsweise Hermaphroditen könnten sich Säugetiere wie der Mensch nicht selbst befruchten. Das gelte auch für intersexuelle Menschen, die Merkmale beider Geschlechter aufwiesen, aber kein drittes Geschlecht seien.

Natürlich gebe es unter Menschen, fährt Nüsslein-Volhard fort, »sehr ›feminine‹ Männer und sehr ›maskuline‹ Frauen, was nicht nur mit kulturellen Faktoren, sondern unter anderem auch mit unterschiedlichen Hormonleveln zu tun hat«. Aber selbst wenn ein biologischer Mann sich als Frau fühle, sei er keine Frau: »Das ist Quatsch! Es ist Wunschdenken.« Menschen könnten ihr biologisches Geschlecht nicht ändern, sie blieben XY oder XX, lebenslang. Zwar könne man durch Testosterongaben erreichen, dass ein Mädchen eine tiefe Stimme und Bartwuchs bekomme, Hoden wüchsen davon aber nicht, Spermien würden nicht produziert. Und biologische Männer produzierten durch Hormongaben keine Eier und könnten keine Kinder gebären.[40]

So eindeutig sehen es nicht alle Wissenschaftler. »Die Gene geben lediglich wieder, welches Potenzial üblicherweise im Bauplan des Menschen ausgeschöpft wird«, meint Olaf Hiort, Leiter des Hormonzentrum für Kinder und Jugendliche des Universitätsklinikums Schleswig-Holstein in Lübeck. Für die geschlechtliche Entwicklung seien viele verschiedene Gene und Hormone zuständig, weshalb die äußeren Geschlechtsmerkmale mitunter eindeutig männlich oder weiblich aussehen könnten, obwohl die Keimdrüsen sich anders entwickelt hätten. »Die biologische Geschlechtsentwicklung ist höchst facettenreich und bislang nur in groben Zügen verstanden.«[41]

Diethard Tautz, Direktor am Max-Planck-Institut für Evolutionsbiologie in Plön, meint gar, man könne auch Hormone zu den primären Geschlechtsmerkmalen zählen. »Wenn ich aber Geschlecht darüber definiere, wie ein Mensch reagiert und sich verhält, dann sind zwei Geschlechter nur ein soziales Konstrukt.« Auch wenn die primären Geschlechtsorgane männlich oder weiblich seien, könne alles, was danach komme, eine andere Verteilung haben, also Verhaltensweisen, Strategien und Bevorzugungen. Es ergebe allerdings keinen Sinn, »dass aus Teilen der queeren community versucht wird, neue Kategorien zu erfinden«.[42]

Damit wäre das geklärt. Gehen wir also weg von der Biologie, gehen wir hin zur Selbstwahrnehmung, die vom biologischen Geschlecht abweichen kann. Kommen wir also zur Abteilung Gender, oder sagen wir: Wechseln wir von der Natur zur Kultur, von der körperlichen (Gläubige würden sagen: gottgegebenen) Grundausstattung zu dem, was ein Mensch daraus macht.

Gender sei Dank: Alle dürfen nach Lust und Laune performen

Dass für großen Streit zwei Geschlechter ausreichen, haben die Auseinandersetzungen des 20. Jahrhunderts bewiesen. Aber Menschen neigen dazu, lieber mehr als weniger von allem haben zu wollen. Das bestätigt sich, wenn wir den Blick vom biologischen Geschlecht ab- und uns dem sozialen Geschlecht zuwenden: Gender. Leider werden Sex und Gender gern vermengt, möglicherweise, um die Debatte zu verunklaren und die Menschen zu verunsichern. Mehr noch: Offenbar soll Ersteres, das biologische Geschlecht, negiert werden, ganz offensichtlich in ideologischer Absicht. Und deshalb muss in Deutschland mit Angriffen rechnen, wer öffentlich behauptet: Lesben haben keinen Penis.

Wenn wir über Gender reden, über das soziale Geschlecht, den Menschen in der Gesellschaft, dann kann man sich als etwas ganz anderes fühlen, als die Gene und der Eintrag in der Geburtsurkunde besagen. Menschen, die mit ihrem Schicksal als Mann oder Frau nicht zufrieden sind, dürfen sich eine andere Orientierung oder Identität zuschreiben; kein Mensch muss heterosexuell bleiben, nur weil der liebe Gott ihm einen Penis oder eine Vagina zugeteilt hat. Heute haben Menschen die Wahl zwischen »L«, »G«, »B«, »T«, auch »I«, »Q« (auf Deutsch: LSBTIQ, lesbisch, schwul, bisexuell, trans, inter und queer) sowie einer beliebig erweiterbaren Palette von sonstigen Gendern.

Laut dem »LGBT+ Pride 2021 Global Survey« von Ipsos bezeichnet sich rund ein Prozent der Erwachsenen als »transgender«, »non-binary/non conforming/gender-fluid« oder auf andere Weise nicht »männlich« oder »weiblich«. Unter den 1965 oder früher geborenen Menschen sind das deutlich weniger als ein Prozent, unter den zwischen 1981 und 1996 geborenen eher zwei Prozent, in der Generation Z (1997 oder später) vier Prozent. Deutschland und Schweden liegen mit drei Prozent in der Gesamtpopulation vorn, in zehn weiteren Ländern sehen sich zwei Prozent in dieser Rolle, weniger als ein Prozent in anderen zwölf Ländern.[43]

Laut der Studie »Gesundheit und Sexualität in Deutschland« (repräsentative Bevölkerungsdaten von 2018/19) gaben 96,2 Prozent der Frauen und 96,9 Prozent der Männer ihre sexuelle Identität als heterosexuell an, 0,9 Prozent der Frauen und 1,8 Prozent der Männer als homosexuell, 1,8 Prozent der Frauen und 0,9 Prozent der Männer als bisexuell (0,4 Prozent der Männer und 1,1 Prozent der Frauen gaben hier eine »andere« sexuelle Identität an).[44] Der Lesben- und Schwulenverband geht von 10.000 bis 12.000 Regenbogenfamilien aus. Die Zahlen derer, die sich »outen«, scheint zu steigen und damit auch die Zahl der nicht-heterosexuellen Menschen. Laut einer etwas neueren Erhebung von Statista sind 4 Prozent der Deutschen zwischen 18 und 69 Jahren homosexuell, 3 Prozent bisexuell.[45]

Genug der Zahlen, die ohnehin widersprüchlich sind. Das Schöne und Entscheidende in unserer westlichen Welt ist: Man darf das Sexuelle heute ausleben, nach Spaß und Laune performen, jedenfalls in toleranten Gesellschaften wie der unseren, und das nicht nur im Karneval.

Man darf als Autor, der als Dominik H. geboren wurde, als Kim de l'Horizon Literaturpreise gewinnen und behaupten, im Jahr 2666 auf Gethen geboren zu sein und »Hexerei bei Starhawk« studiert zu haben. Objektiv? Subjektiv? Innovativ.[46]

Ein 53-jähriger Bankkaufmann fährt im Rollstuhl umher, weil er sich seit zwei Jahren als eine von der Hüfte abwärts gelähmte Frau identifiziert, sie habe sich schon immer gewünscht, als Frau mit Handicap geboren worden zu sein.[47] Dürfen sich Menschen, die tatsächlich unter diesem Schicksal leiden, verspottet fühlen? Klar dürfen sie. Nur weiße Heterosexuelle dürfen sich nicht zu Afrikanern oder Japanerinnen erklären.

Und wenn Detmold, die »Kulturstadt im Teutoburger Wald«, zur Hundesteueranmeldung ein Formular herausgibt, auf dem Rasse, Name und Geschlecht anzugeben ist und zur Wahl steht: »weiblich«, »männlich«, »divers« und »keine Angaben«? Dann kann das ein Social-Media-Fake sein, und falls dem so ist, dann zumindest gut erfunden.

À chacun son plaisir also, jedem Tierchen sein Pläsierchen. Aber auch das gilt: Niemand muss. Unglücklicherweise führt das zu Problemen. Abgrenzungsproblemen.

Wokeness auch gegen weiße Frauen: Reinheitsgebote und Reinheitsfantasien

Auf TikTok werden »Vanilla Girls« an den Pranger gestellt. Der Trend sei »problematisch«, weil die »weiße, schlanke, normschöne und wohlhabende Frau« idealisiert werde, »helle Haut und normschöne Körper als Schönheitsideal« gelten würden, es keine »Tutorials und Kosmetikprodukte für dunkle Hauttöne«

gebe oder diese so teuer seien, dass nicht alle sich diese Produkte leisten könnten.[48]

Blondinen haben einen »sozialen Status«, der »unsichtbare Arbeit leistet«, behauptet die Soziologieprofessorin und Autorin Tressie McMillan Cottom, eine Afroamerikanerin. Sprich: »Die Kultur, Ökonomie und Politik der Blondheit« verschaffe den »Mitgliedern der dominanten Gruppe« Privilegien und Macht, die sie selbstverständlich nicht ablehnten. Die gesellschaftspolitische Bedeutung von Blond sei »genetisch überlegen, begehrenswert«, und deshalb behauptet sie: »Der Ehrgeiz, blond zu sein, und die Trauer, diese ›genetische Lotterie‹ nicht ›gewonnen‹ zu haben, sind global.« Und deshalb sei »eine große Mehrheit der Blondinen der Welt aufgrund chemischer Eingriffe so«.[49] Und der nichtblonde Rest ist – schon wieder eine neuwoke Volte – benachteiligt.

Ohnehin ist festzustellen: Wenn vom weißen Mann geredet wird, ist die weiße Frau längst mitgemeint. *White supremacy* und ihre Privilegien haben auch sie aus Sicht der woken Ausgrenzer viel zu lang genossen. Das gilt sogar für Feministinnen. Und so gelten unter Genderfeministinnen einst selbstverständlich feministische Positionen als reaktionär, ehemals reaktionäre Zeiterscheinungen als revolutionär:

Misswahlen gelten nicht als sexistisch, wenn dort auch Transfrauen ihren Körper zur Schau stellen.[50]

Leihmutterschaft ist für viele Genderaktivisten keine Ausbeutung fremder Frauen als Gebärmaschine, wenn nicht-heterosexuelle Menschen ihr »Recht auf ein eigenes Kind« geltend machen.[51]

Der internationale »Women of Courage Award« wird an einen gebürtigen Mann verliehen.[52]

Kein Protest kommt auf, wenn die Nasa »Helga« und »Zohar« durchs All schickt, um die unterschiedliche Einwirkung der Strahlung auf Mann und Frau zu messen,[53] obwohl doch die

Kategorien Frau und Mann bloß ein soziales Konstrukt sein sollen?

Auf der Demonstration zum Weltfrauentag 2023 in Berlin verteidigen zwei junge Frauen einen Vergewaltiger, der sich nach seiner Tat zur Frau erklärt, mit den Worten: »Das ist vielleicht seine Art und Weise, damit umzugehen«, und »im Endeffekt ist es seine Art und Weise, wie er sein Leben gestalten möchte«.[54]

In Köln begab es sich, dass sich bei einer Demonstration von Fridays for Future (FFF) eine sogenannte Person of Color (PoC) unter die Menschen gemischt und versucht hatte, zwei Personen zu bestehlen, woraufhin die Veranstalter den Mann aufforderten, den Ort zu verlassen. Als er sich widersetzte, schalteten sie die Polizei ein. Es kam zu einem Platzverweis und einer Anzeige wegen versuchten Taschendiebstahls. Dem folgte eine Art Flagellantentum. Via Instagram sprach FFF von einem »rassistischen Vorfall«, der »ein Schlaglicht auf die rassistischen Strukturen von Fridays for Future« werfe: »Es hätte nicht passieren dürfen, dass wir – ungeachtet des vorgeworfenen Verhaltens der Person – eine BIPoC an die Polizei übergeben haben.« Denn es gebe »Tote und Gewalt gegen BIPoC im Zuge polizeilicher Einsätze«, und diese Bevölkerungsgruppe der »Schwarzen, Indigenen und People of Color« sei »in den bestehenden polizeilichen Strukturen nicht sicher«.[55]

Noch einmal zurück in die Hauptstadt des Hedonismus: Eine schwarze lesbische Mutti lädt eine andere Mutter, ebenfalls mit dunkler Haut und indischer Abstammung – man kennt sich aus dem Kindergarten –, zum PoC-Lesbenabend ein. Weiße Frauen seien nicht willkommen, man sei unter sich, und es sei doch an der Zeit, dass sie sich mal »unter ihresgleichen bewegt und eine vernünftige Frau kennenlernt«. Sie müsse sich »mal mehr mit ihren Wurzeln auseinandersetzen«.

Sie komme gern mit, antwortet die Eingeladene, die eine

Freundin der Autorin ist. Mit einer Partnerin für sich sei allerdings nicht zu rechnen, merkt sie freundlich an, denn sie stehe auf hellhäutige blonde Frauen.

Daraufhin bekommt sie eine WhatsApp-Nachricht der Veranstalterin, die ihr Selbsthass und Hass auf ihre eigene Hautfarbe attestiert. Aber sie sei mit sich völlig im Reinen, antwortet die Eingeladene. Hellhäutige Frauen würden sie schlicht mehr ansprechen. Seither reden die Beteiligten nicht mehr miteinander. Ist das nicht auch Rassismus?

Der Regenbogen zerfällt: Hass gegen Lesben und Schwule

Im Januar 2023 fühlten sich homosexuelle Männer genötigt, einen neuen Verein zu gründen, »Just Gay«. Der Grund: Sie wollten »sich künftig exklusiv für die Belange und Rechte von schwulen Männern einsetzen – weg von LGBTI* hin zu einem Fokus auf die Aspekte, die Homosexuelle bewegen«, mit dem Ziel, »zusätzlich neue Schutzräume für uns zu schaffen«. Viele Schwule fühlten sich durch die bisherigen Organisationen »unzureichend oder gar nicht mehr vertreten«, und zwar wegen der aktuellen queeren Politik.

Der Initiator Florian Greller, der eine Ausbildung zur Hebamme absolviert, warnte vor der »Um-Definierung von Homosexualität« und der »faktischen Abschaffung des biologischen Geschlechts«. Er hat festgestellt, dass auch die bestehenden Schwulenorganisationen inzwischen »das Geschlecht als ein Gefühl ansehen und das biologische Geschlecht gar keine Relevanz mehr haben soll« und dass »gender- oder queer-kritische schwule Männer als Nazis bezeichnet werden«. Er registriert eine »Spaltung zwischen Trans und Nichttrans«. Immer mehr schwule Männer hätten »Angst, ihre Meinung zu sagen«. Dabei gehe es um »die Grundlage für schwule Männer«, das biologische Geschlecht: »Wir begehren Männer des biologischen Geschlechts.« Das ewige Mantra, das biologische Geschlecht sei queer-feindlich, erschließt sich Greller nicht, das eine, Gender, müsse das andere nicht ausschließen.

Außerdem bereite ihnen »der gravierende Frauenhass sowie der Umgang mit lesbischen Frauen innerhalb des Regenbogens« Sorge. »Hätte mir vor ein paar Jahren jemand erzählt, dass in naher Zukunft lesbischen Frauen Ungemach droht, weil sie Nein zu anatomischen Männern sagen, so hätte ich das für die reinste Dystopie gehalten.«[56]

»Ungemach« gegen Frauen und Lesben? Grellers Beobachtung bestätigt sich international. In Norwegen stand kürzlich die Frauenrechtlerin Christina Ellingsen vor Gericht, angezeigt von der Transfrau Christine Marie Jentoft, die sich als lesbisch definiert und der Transorganisation Foreningen (FRI) angehört. Sie sah zwei Tweets von Ellingsen als »Hassverbrechen gegen die Geschlechtsidentität« an. Ellington hatte geschrieben: »Warum lehrt die FRI junge Menschen, dass Männer lesbisch sein können? Ist das nicht eine Konversionstherapie?« Außerdem: »Jentoft, ein männlicher Berater der FRI, gibt sich als lesbisch aus – so verrückt ist die Organisation, die sich angeblich für die Interessen junger Lesben einsetzt. Wie hilft es jungen Lesben, wenn auch Männer behaupten, lesbisch zu sein?« Der Streit der beiden hatte bereits eine Geschichte: Jentorft hatte 2018 behauptet, viele queere Kinder würden von ihren Eltern nicht mehr geliebt, und angeboten: »Ich bin tatsächlich eine zertifizierte Mutter. Wenn also jemand eine echte mütterliche Umarmung braucht, werde ich euch gerne helfen!« Ellingsen hatte daraufhin in einer Talkshow festgestellt: »Sie sind ein Mann. Sie können keine Mutter sein! Die Vorstellung zu normalisieren, dass Männer Mütter sein können, ist eine Diskriminierung von Frauen.«[57] Nach Einführung eines Selbstidentifikationsrechts (wie es auch Deutschland plant) gilt das in Norwegen seit 2016 als Hassrede gegen die Geschlechtsidentität.

Aus Marguerite Stern, einer Heldin, die einst gegen Frauenmorde angetreten war, ist in Teilen des französischen Feminismus inzwischen eine TERF geworden, weil sie die Transideologie kritisiert. Linke Medien drucken ihre Texte nicht mehr, in sozialen Medien wünschen ihre Gegner ihr den Scheiterhaufen. Als sie im März 2021 mit zwei Dutzend Frauen gegen Prostitution demonstrierte, standen ihr 200 Transgender-Aktivisten gegenüber. »Ich hörte Sprüche wie: ›Bei der nächsten Demo polieren wir dir die Fresse‹«, berichtete sie in *Emma*. Die Folgen laut der Zeitschrift: »Erst wurde Stern nur mit Worten attackiert, inzwischen fliegen Eier.«[58] Der Ton scheint unter Feministinnen rauer zu werden.

2023 kam es in Frankreich zu einem Prozess gegen die bekannte Autorin und Feministin Dora Moutot. Sie hatte die Transidentität zweier Menschen öffentlich gemacht, eines Bürgermeisters und einer Journalistin, und einen von ihnen mit den Worten zitiert: »Eines sehr baldigen Tages, denke ich, werden Transmenschen TERFS … zertrümmern.« Das sei »kein Aufruf zur Gewalt, sondern nur eine öffentliche Vorahnung von etwas, das unvermeidlich werden wird«.[59]

Moutot und Stern haben Anfang 2023 ein Manifest veröffentlicht, in dem es heißt: »Wir sind wütend. Wir können die vorherrschende Heuchelei nicht ertragen. Wir leben in einer absurden Zeit, in der die Antwort auf die Frage ›Was ist eine Frau?‹ nicht mehr offensichtlich für alle ist.« Laut einigen Medien, Akademikern, Aktivisten, Politikern und Institutionen sei Frausein heute ein Gefühl und keine biologische Realität. »Wir sind von einem universalistischen Feminismus zu einem Orwellschen Feminismus übergegangen, der sich der Transgender-Ideologie unterwirft, wo Frauen nicht mehr das zentrale Thema des Feminismus zu sein scheinen, wo X-Phobie-Prozesse zur

Norm werden und wo Identitätsansprüche Vorrang vor dem Zusammenleben haben. So wie Orwell sagte: ›Krieg ist Frieden. Freiheit ist Sklaverei. Unwissenheit ist Stärke‹, sind Männer von nun an Frauen.«[60] Und wer über diese schöne neue Welt auch nur diskutieren möchte, hat mit Konsequenzen zu rechnen.

Werden solche Worte demnächst durch Gewalt beantwortet? Der Konflikt scheint zu eskalieren. Schnell fliegen aus der Trans-Community Pfeile, auf denen »hate speech«, »Transphobie« und »misgendering« steht. Und bald werden Fäuste fliegen.

Nach der Auseinandersetzung zwischen Mann und Frau scheint ein Kampf unter vielen sexuellen Identitäten entstanden zu sein. Die Queertheorie stellt sich als homosexuellenfeindlich heraus. Der Regenbogen scheint sich aufzulösen. Zeit, um ein paar Fragen zu beantworten: Was genau ist also eine TERF? Und was hat das mit dem Selbstbestimmungsgesetz zu tun? Und wie kann es sein, dass Feministinnen sich heute öffentlich mit anderen Feministinnen prügeln?

WTF is TERF? Wenn Feministinnen Feministinnen canceln

Es ist der 2. Juli 2022, ein Samstag. In Köln demonstrieren lesbische, queere, frauenliebende und genderqueere Frauen für »unsere Vielfältigkeit«, wie die Veranstalter auf ihrer Webseite ankündigten. Sie nennen sich »Dyke« (Lesben), und deshalb heißt die Veranstaltung Dyke March Cologne. »Wir freuen uns sehr, wenn genau diese lebendige und kämpferische Vielfalt beim Dyke* March Cologne sichtbar und hörbar wird. … Bringt Parolen, Flaggen, Sprüche, Lieblingskostüme und Instrumente mit, damit der Dyke* March Cologne ein farbenprächtiges, wunderbar hörenswertes und vor allem weithin sichtbares Erlebnis für alle wird.«[61]

Bunt war es in Köln, auch laut. Viele Regenbogenfahnen wehen im Wind, viele Gesichter zeigen ein Lachen. »Schöner leben ohne Macker« steht auf einem T-Shirt, die »Freibeuterinnen der Liebe« sind da, andere werben auf einem Pappdeckel für »Only love, no hate«, und selbstverständlich sind auch »Lesben gegen Rechts« gekommen.

Allerdings nehmen einige Teilnehmerinnen das Kämpferische über das erwartete Maß hinaus ernst. Eine »lina« berichtet später auf Twitter: »einige von uns wurden auf dem dyke march in köln wegen unseren bannern (lgb & die definition von lesbe) körperlich von queerfeministinnen angegriffen.« Eine andere Person schreibt auf Twitter: »Die Sturmtruppen der Transgender-Queer-Sekte werden langsam zu einem gesellschaftlichen Problem.«

Eva Engelken, Mitglied der Grünen und Autorin des Buchs *Trans*innen? Nein, danke! Warum wir Frauen einzigartig sind und bleiben*, hat auf ihrem Blog darüber berichtet, was am Rand des Dyke* March Cologne, auf dem auch Transfrauen grundsätzlich willkommen waren, geschehen ist: »In Köln wurde deutlich, dass Frauen, die auf Frauen stehen und keine Männer in ihren Räumen haben wollen, was immerhin der Sinn des Lesbischseins ist, an einem Demonstrationszug nicht mehr ungefährdet teilnehmen können.« Friedlich protestierende Frauen seien angegriffen, geschubst, geschüttelt, ihnen Plakate und persönliche Dinge entrissen und zwei Frauen verletzt worden. Das geschah offenbar, weil auf ihren Schildern LGB geschrieben war, ohne das T für Trans. Außerdem zeigte ein Banner die Labrys, die Doppelaxt, das klassische Lesbensymbol. Und auf den T-Shirts stand der Spruch »Woman = adult human female«, den die britische Feministin Kellie-Jay Kee alias Posie Parker geprägt hatte. Engelken berichtet von Anzeigen bei der Polizei: »Eine Frau schreibt: ›2x Körper Verletzung und 3x Diebstahl bzw. versuchter Diebstahl + Beleidigung‹.« Der 2. Juli 2022 sei

»ein weiterer Tag, an dem sichtbar wurde, wie aggressiv die Transgender-Queer-Sekte und ihre ergebenen Unterstützerinnen gegen Frauen vorgehen, die sich der Ideologie nicht unterwerfen und zum Beispiel sagen ›Lesben haben keinen Penis‹.«[62]

Die Britin Posie Parker hat 2020 die Organisation »Standing for Women« gegründet, um den »Kampf gegen den globalen Angriff auf Frauen« zu fördern. Ihr Motto: »Let Women Speak«, lasst Frauen sprechen. Eine Frau ist für Parker ein weiblicher erwachsener Mensch, »das Geschlecht, das Kinder gebiert« und »Mutterschaftsrechte, Datenschutzrechte, Gleichstellung mit den Männern am Arbeitsplatz etc., spezifische Rechte bei Gesundheitsproblemen, reproduktive Rechte und so weiter benötigt«. Diese Rechte sieht sie in Gefahr, wenn sie vom »Gender« abhängig werden.[63] In der Transszene gilt sie deshalb als transphob und Nazi. Sie aber nennt Nazis »abscheulich. Kein rechtschaffener Mensch stellt sich auf die Seite von Nazis, sie haben absolut nichts mit Let Women Speak zu tun.« Bei ihren Veranstaltungen marschieren stets zahlreiche Gegendemonstranten auf, zuletzt Ende März 2023 in Auckland rund 2000. In der neuseeländischen Stadt wurde sie niedergebrüllt und vor Beginn ihrer Rede von einer Transaktivistin mit Tomatensaft übergossen, bevor sie »inmitten von Raufereien« von Polizisten fortbegleitet werden musste, wie der *New Zealand Herald* schrieb.[64]

Was ist da los? Wieso prügeln sich Feministinnen mit Feministinnen? Wieso werfen Aktivisten des »Ursula-Kollektivs« in Brüssel Müll und Exkremente in ein Café, in dem die Kinderpsychiaterin Caroline Eliacheff und die Psychoanalytikerin Céline Masson vortragen möchten? Weil es um das »Abdriften der Transgenderbewegung« (»dérives du mouvement transgenre«) gehen soll.[65]

Der Feminismus in der westlichen Welt ist gespalten, nicht nur im englischsprachigen Raum. Während Frauen in muslimischen Ländern, auf dem Balkan, in Afrika und Asien ihre

Kämpfe erst noch führen und gewinnen müssen, scheint der jahrzehntelange Einsatz der weißen Frauen vergessen, sie haben ihre Schuldigkeit getan.

Jetzt aber raus damit: What the f*** sind TERFs? Und warum sind andere Feministinnen so schlecht auf sie zu sprechen?

Um es klar und verständlich zu formulieren: TERFs – von ihren Gegnerinnen im Gender-Neusprech als Trans-Exclusionary Radical Feminists (Trans-ausschließende radikale Feministinnen) gestempelt – sind Frauen, die keine Transfrauen im Frauenbuchladen, im Frauenhaus und auf ihren Toiletten dulden möchten. Sie fragen, ob Transmenschen mit Penis Duschen und Umkleideräume mit zehnjährigen Mädchen teilen sollen. Das sei für Männer inklusiv, aber für Frauen intrusiv, zudringlich. Das alles befürchten sie als Folge des sogenannten Selbstbestimmungsgesetzes, über das die Berliner Politik zu dieser Zeit beriet (siehe nächstes Teilkapitel).

Feministinnen der alten Schule sehen in Transrechten Männerrechte. Denn bleibt nicht ein Mann, der als solcher über Jahre oder gar Jahrzehnte sozialisiert worden ist, ein Mann? Bleibt nicht selbst nach einer Geschlechtsanpassung die männliche körperliche Kraft? Und weshalb scheint unter den doch sonst sehr woken, achtsamen und feinfühligen Menschen bei der Debatte ausgeklammert zu bleiben, dass traumatisierte Frauen, die Opfer von Männern geworden sind, in ihren Schutzräumen unter sich bleiben möchten?

Transaktivisten bewerten diese Debatte als »transfeindlich«. Offenbar scheint dieser Vorwurf schon erlaubt, wenn Wissenschaftler die so kompliziert gewordene Geschlechterwelt zu erklären versuchen. Als die Berliner Biologin Marie-Luise Vollbrecht via Twitter angekündigt hatte, eine Veranstaltung im Conne Island zu besuchen, dem Leipziger Zentrum von und für Linke, Jugend-, Pop- und Subkulturen, organisierte sich Protest. Besucher berichteten, was dort geschah: »Beim Eingang mussten wir leider durch die Gruppe, die sich unter unsere mischte und uns geschubst bzw. Füße gestellt, beleidigt und angespuckt hat. Einer Frau wurde ein Ellenbogen in die Rippen gerammt.« Ein Vertreter des linken Zentrums schrieb in der Zeitung *Jungle World*: »Aufgrund der Anfeindungen gegenüber unseren Gästen und des Verhaltens der Gruppe wurde der Einlass mit Verweis auf das Sicherheitskonzept verwehrt. Daraufhin wurde das Personal weiter als ›Faschisten‹, ›Bullenschweine‹ und ›terfs‹ beleidigt.« Als »frappierend« bewertete ein Sprecher der Einrichtung, dass die Aktivisten »anscheinend gezielt Einzelne – vor allem einzelne Frauen – umkreist und angegangen« hätten, »um sie zu demütigen. Bekannt ist solches Verhalten von Schulhof-Bullys, aus Sekten oder auch von vielen stalinistischen und maoistischen Gruppen der siebziger und achtziger Jahre«. Wenig später forderte ein anonymer Aufruf das Conne Island auf, »seine Infrastruktur widerstandslos der queerfeministischen Bewegung zu übergeben«. Die dort organisierten feministischen Projekte sollten sich auf »die Übernahme durch die feministische Bewegung vorbereiten und sich uns anschließen«. Das Conne Island verstand das so: Die Aktivisten stellten die Alternative, man habe »sich entweder einer queerfeministischen Avantgarde anzuschließen oder müsse als rechts bekämpft werden«.[66]

Muss man diesen Bürgerkrieg unter Linken ernst nehmen? Ein offenbar aktivistischer junger Autor der *ZEIT* identifizierte den Streit um Vollbrecht als »eine der zentralen politischen Dynamiken der Gegenwart«, ja, als einen »Kulturkampf«, und zwar »von Rechts gegen Vielfalt und Gleichberechtigung, dessen Argumente mit altbekannten Denkfiguren arbeiten«.[67] Da werden sie sich im Conne Island gewundert haben. Und auch wir wundern uns, dass Menschen, die doch angeblich in einem dauernden Zustand des Bedrohtseins leben, sich so skrupellos und offensiv der Gewalt bedienen, um Andersdenkende zum Schweigen zu bringen.

»Fuck off, TERF«: Der Streit ums Selbstbestimmungsgesetz

Viel Lärm gab es in Berlin im Jahr 2018, als das Personenstandsgesetz geändert wurde, dank dem Menschen sich im Berliner Geburtsregister der Standesämter dem dritten Geschlecht zuordnen duften. 142 haben das binnen vier Jahren genutzt, 128 haben kein Kästchen angekreuzt.[68] Viel Lärm gab es kürzlich auch wegen des sogenannten Selbstbestimmungsgesetzes, wonach es Menschen erlaubt sein soll, per einfacher »Selbsterklärung« auf dem Standesamt das Geschlecht wechseln zu können. Das Familienministerium rechnet mit 4000 Fällen pro Jahr.

Zuvor hatte bereits Schottland über eine sogenannte Gender Recognition Reform Bill diskutiert. Damals meldete Reem Alsalem Bedenken an. Alsalem ist UN-Sonderberichterstatterin für Gewalt gegen Frauen und Kinder. An die Regierungschefin gerichtet warnte sie, gewalttätige Männer könnten durch das angestrebte Gesetz per Personenstandsänderung Rechte missbrauchen. Das sei möglicherweise ein »Risiko für die Sicherheit aller Frauen in ihrer Diversität«. Sie fragte, wie das Selbstbestimmungsgesetz funktionieren solle, wenn männliche Gefängnisinsassen, die Sexualstraftaten begangen hätten oder häuslicher Gewalt schuldig seien, sich nun als Frau identifizieren und in Frauengefängnisse verlegt werden könnten. Die Reform sehe keine Sicherungsmechanismen gegen den Missbrauch durch Sexualstraftäter und andere Gewalttäter vor für Menschen, die dem Risiko männlicher Gewalt ausgesetzt seien und männliche Gewalt überlebt hätten.

Ausdrücklich betont Alsalem, dass ihr Beharren auf ein Risikomanagement und Sicherheit sich nicht aus dem Glauben speise, dass Transpersonen selbst eine Gefahr seien. Vielmehr sei bewiesen, »dass die Mehrheit der Sexualstraftäter männlich ist und dass ausdauernde Sexualstraftäter keinen Aufwand scheuen, um auf jene zugreifen zu können, die sie missbrauchen wollen«.

Sie erinnerte die ansonsten um ängstliche, verletzte, traumatisierte sowie retraumatisier- und reviktimisierbare Menschen sehr besorgte queere Community daran, dass Opfer von Vergewaltigungen und anderer sexualisierter Gewalt neben dem durch körperliche Gewalt erlittenen Schmerz auch einen seelischen Schmerz davontrügen. Insofern sei die Forderung nach reinen Frauenschutzräumen keine Transfeindlichkeit. Das Bedürfnis von Frauen nach Privatsphäre, Würde und Sicherheit könne reine Frauenschutzräume rechtfertigen.[69]

An dieser Stelle hakte auch J. K. Rowling ein. Vor Jahren hatte sich die Schöpferin von Harry Potter über ein Entwicklungshilfeportal lustig gemacht, das von »Menschen, die menstruieren«, schwadroniert hatte. Sie empfahl den bewährten Begriff »Frauen«. Damals folgte dem Shitstorm, in dem die Autorin als transfeindlich kritisiert wurde, eine Erklärung: »Wie jede andere Überlebende von häuslicher Gewalt und sexuellen Übergriffen, die ich kenne, empfinde ich nichts als Empathie und Solidarität mit Transfrauen, die von Männern missbraucht wurden«, schrieb Rowling auf ihrer Webseite. »Also möchte ich, dass Transfrauen sicher sind. Gleichzeitig möchte ich geborene Mädchen und Frauen nicht weniger sicher machen.« Man dürfe nicht jedem Mann, der sich als Frau sieht, die Türen von Badezimmern und Umkleidekabinen öffnen. Das sei »der größte Angriff auf die Rechte schottischer Frauen und Mädchen zu meinen Lebzeiten«.[70]

J. K. Rowling ist für die Transgemeinde so etwas geworden wie ihre Figur Voldemort, derböseste aller Bösewichte, der seine Welt reinhalten will von denen, die er fürchten muss. Dabei ist es genau umgekehrt: Rowlings Gegnerinnen drängen sie aus der gemeinsamen Welt. (Rowling ist und war nie transfeindlich.) Heute erlaubt sich keine Hochschule, keine Buchhandlung, J. K. Rowling zu einer Lesung einzuladen. Ihre einstigen Fans wenden sich ab, löschen Fotos von ihren Webseiten und Tattoos von ihrem Körper, werfen ihre Bücher weg, verbrennen sie gar. Auf Trans-Pride-Demos sind Plakate zu sehen wie: »Rot in Hell, Rowling.« Und tatsächlich träumen manche offenbar davon, Rowling möge eines grausamen Tods sterben: In einem Roman lässt eine Autorin einen ihrer Protagonisten gar sagen: »Die Harry-Potter-Dame … war am Ende eine verrückte TERF.« Zum Schluss bricht dann ein Feuer aus, und alle Anwesenden sterben in den Flammen.[71]

Ausgerechnet eine Gruppe Transsexueller sprang Rowling zur Seite – mit bemerkenswerten Argumenten. Transmenschen seien als Gruppe kein Monolith, sondern es gebe viele Meinungen, stellten die Unterzeichner eines Briefs vom 12. Dezember 2022 fest und lehnten das Konzept der Selbstidentifikation des juristischen Geschlechts grundsätzlich ab. Grund: »Männern zu erlauben, sich als Frauen zu erklären – einfach durch Ausfüllen eines Formulars –, macht Frauenabgrenzungen bedeutungslos. Wir machen uns auch große Sorgen über die wahrscheinlichen Auswirkungen auf Kinder, sollte es ihnen erlaubt werden, ihr legales Geschlecht vor Erreichen der Volljährigkeit zu ändern.« (Siehe folgendes Kapitel.) Ohne medizinische Nachweise sei die Geschlechtsanerkennung anfällig für Missbrauch, schrieben sie. Sie fänden es »nicht verwunderlich, dass transsexuelle Menschen und unsere Motive zunehmend verdächtigt werden«.

Veröffentlicht hat den Brief die in Nordengland lebende Lehrerin und Journalistin Debbie Hayton, andere Transmenschen hatten es nicht gewagt. Ein Transmann meinte, er wolle »nicht geschmäht werden von T-Menschen, die einmal seine Freunde waren«. Hayton kommentierte das so: »Wir leben in befremdlichen und verstörenden Zeiten.«[72]

Dieselben Argumente wie die Frauen auf der Insel brachten Gegnerinnen des Selbstbestimmungsgesetzes in Deutschland vor, darunter 69 Mitglieder der Grünen, die auf dem Parteitag noch Redebedarf anmeldeten. Sie meinten, nicht allen sei klar, was sie gerade zu verabschieden sich anschickten – auch die Auswirkungen auf nicht transsexuelle Erwachsene, etwa lesbische Frauen, sowie Kinder und Jugendliche. Die Partei war aber nicht mehr bereit zu diskutieren. »Warum sind alle queergrünen Politiker – Sven Lehmann, Nyke Slawik, Tessa Ganserer – nicht zu einer Debatte mit Feministinnen in der Lage?«, fragte die feministische Bloggerin Rona Duwe.

Erstaunlich ist vor allem, wie unzivilisiert auch unter Grünen »argumentiert« wird – beispielsweise auf Twitter: »Fuck off, TERF«, »So viele TERFs und nur eine Sense«, »TERFs haben keinen Platz in unserer Partei«, »Halt die Fresse, TERF«. Aber es geht noch deftiger: »Es heißt trans Frauen nicht Transfrauen ihr verdammten Arschlochnazis«, schrieb eine Alexa Kim [A. K. Steiner, Sprecherin der LAG queer in NRW; @AlexaKim_cgn]. Es geht Euch übrigens nichts an wie andere Menschen leben. Fickt Euch einfach alle selber ihr abgefuckten Nazispießer, Reichsbürger und TERF Dreck.«

Diese Zitate hat Rona Duwe gesammelt; es handle sich nur »um einen Ausschnitt der Beschimpfungen, die Frauen sich tagtäglich in sozialen Medien von Parteimitgliedern der Grünen anhören müssen«.[73]

Schon vor dem Parteitag hatte Eva-Marie Müller aus Nordrhein-Westfalen für eine Debatte über das angestrebte Selbstbestimmungsgesetz geworben. »Gute Argumente müssen gehört werden, damit für wirklich alle Seiten das Beste entstehen kann. Folgen und Spätfolgen müssen bedacht werden, damit in der breiten Bevölkerung nicht nur die Akzeptanz für transsexuelle Menschen wächst, sondern bestenfalls auch die Unterstützung derer.« Die Transfrau Renée-Maike Pfuderer wandte sich sogleich dagegen: »Demokratinnen machen mit Nazis keine Gesetze! Das sollte bei uns als Mitglieder von BÜNDNIS 90/DIE

GRÜNEN Konsens sein, ebenso die Ablehnung jeglicher Form der gruppenbezogenen Menschenfeindlichkeit, die hier [gemeint ist Eva-Marie Müllers Antrag] ganz offensichtlich unterschwellig mitschwingt.« Im weiteren Verlauf ließ Pfuderer hören: »125.000 Grüne sind mehr als 69 xenophobe Rassisten mit Rechtsdrall und TERF und anderweitig belastete Menschen machen aus unserer Partei keinen braunen Zirkel.«[74]

Auch eine Kölner Medizinstudentin, die sich als »linksgrün« und »echte Feministin« bezeichnet, wütet via Twitter gegen die Grünen, die noch über das Selbstbestimmungsgesetz diskutieren wollten: »Ich verachte euch einfach nur unendlich. Es gibt keine Gruppe, die ich mehr verachte als euch. Ihr bleibt menschenfeindlichen (sic!) Scheißgestalten.«

Man darf, man muss das gewalttätige Verhalten radikaler Transaktivisten frauenfeindlich nennen. Frauen scheinen nach den alten weißen Männern als zweite an der Trophäenwand der Diversity-Jägerinnen zu hängen. Ratlos lassen uns einige Transaktivisten der Grünen zurück. Woher kommt diese unterirdische Kommunikation, die doch eher als Unart unter Rechten bekannt geworden ist? Was heizt die Debatte in einer sich den Menschenrechten, der Gleichbehandlung, dem Dialog verpflichtet fühlenden Partei so auf? Es sieht so aus, als hätte sich ausgerechnet eine urfeministische Partei im linksidentitären Dickicht verirrt und bei der Suche nach dem Weg zum Licht, die Machete schwingend, ihre feministischen Wurzeln gekappt.

Darf man anmerken, dass nicht nur queere Menschen das Recht darauf haben, ein Leben nach eigenen Vorstellungen zu führen und sich dafür einzusetzen – im Rahmen der Gesetze und solange sie die Grenzen anderer nicht verletzen, was letztendlich Kompromisse verlangt? Dass auch durch Gewalterfahrungen traumatisierte Frauen des Schutzes durch die Gesellschaft bedürfen – selbst wenn deren Angst als unbegründet angesehen wird? Wo bleibt hier die Empathie derer, die vorgeben, auf der Seite der Schwachen, Gedemütigten und Benachteiligten zu stehen? Schließlich ist festzuhalten, dass es auch in der Transwelt mehr Dinge zwischen Himmel und Erde gibt, als eure Schulweisheit sich träumen lässt. Für manche sind das Albträume.

Albtraum für Feministinnen: Männer im Frauengefängnis

Er war verurteilt als Vergewaltiger einer Zwölfjährigen, kam nach zwei Jahren frei, musste wieder ins Gefängnis. Dann gab er sich einen neuen Namen: Princess Zoee Marie Andromeda Love, und es gelang ihm, als einer von drei Gefangenen in Washington State in ein Frauengefängnis verlegt zu werden. In diesem US-Staat ist das möglich, weil Inhaftierte eine Geschlechtsidentität angeben müssen und beantragen können, ihrem gefühlten Geschlecht entsprechend untergebracht zu werden. Der Nachweis einer Hormontherapie bzw. genitalen oder kosmetischen Operation ist nicht gefordert. Und so war es möglich, dass eine Wärterin Princess Zoee Marie Andromeda Love beim Sex mit einer weiblichen Gefangenen fand, die nach Aussage eines weiteren Aufsehers die »Disposition eines kleinen Kinds« aufwies; er soll sie davon überzeugt haben, eine »Seelenverwandte« zu sein.[75]

Die Webseite WomenAreHuman dokumentiert zahlreiche derartige Fälle.[76] Auch die Women's Liberation Front berichtete, dass »männliche Personen, die sich als weiblich, nicht-binär oder mit einer anderen Geschlechtsidentität identifizieren«, in Washington State in Frauengefängnissen untergebracht waren. Ein Angestellter eines Gefängnisses sagte in einer Radioshow, dass 150 männliche Insassen in Washington einen Antrag auf Verlegung in Frauengefängnisse gestellt hätten. Die Moderatorin erkannte das Problem, nämlich »dass 86 Prozent der inhaftierten weiblichen Straftäter in ihrem Leben Opfer eines sexuellen Übergriffs geworden waren«. Und sie fragte, warum »das Washingtoner Gefängnissystem inhaftierte Frauen im Stich lässt, die gezwungen sind, weiter das Trauma ertragen zu müssen, Zellen, Toiletten und Duschen mit männlichen Insassen zu teilen«.[77]

Männer, die sich zu Frauen erklären, um in ein Frauengefängnis verlegt zu werden? Denken Sie nicht, was in den USA oder in Australien möglich ist, wäre im Zentrum Europas nicht möglich. Die *FAZ* hat die Geschichte der Transfrau Annemarie House erzählt. Sie besitzt einen deutschen und einen österreichischen Pass. Im deutschen steht noch der männliche Geburtsname. Damit konnte sie unberechtigterweise mehrfach Leistungen wie Krankengeld beziehen. Folge: Haft in einem deutschen Gefängnis, zunächst in einem für Männer. »Wie sehr sie aber unter den Haftbedingungen leiden würde, das habe sie nicht ahnen können«, wird House in der *FAZ* zitiert. Zwei Jahre sei sie inhaftiert gewesen, »ohne Laserepilation, ohne Spezial-Make-up, ohne Perücke – ohne Möglichkeit, sich zurechtzumachen«. Außerdem klagte sie laut der Zeitung: »Ich wurde auf meinen Pimmel reduziert.«[78]

Unglücklicherweise ist der »Pimmel« nun mal da, meistens auch bei einer Transfrau. Manchmal wird der »Pimmel« auch noch benutzt, warum auch nicht. Aber hin und wieder wird er auch wie unter Heterosexuellen – Achtung: Transphobie! – gegen den Willen von Frauen eingesetzt.[79] Das kommt vor, und weshalb sollte man Frauen dieser Gefahr aussetzen? Wie wäre zu entscheiden, wenn eine Abwägung der Ängste von Frauen gegen die eines Transmenschen in einem Männergefängnis erfolgen müsste?

In Deutschland scheint der Hinweis auf solche potenziellen »Nebenwirkungen« gefruchtet zu haben. Als der Gesetzentwurf Ende April 2023 fertig war, wurden Details bekannt: Ein mögliches Schlupfloch für Männer im Fall einer möglichen Einberufung im Kriegsfall wurde geschlossen; für die Landesverteidigung bleibt ein Penis ein Penis. Es bestehe auch kein Anspruch auf Zugang zu geschützten Räumen, meldete die *Welt*. Frauen-Fitnessstudios oder -Saunen entscheiden selbst über den Zugang, sie behalten das Hausrecht. Bei Häftlingen könnten Persönlichkeitsrechte und Sicherheitsinteressen anderer Strafgefangener der Verlegung in ein Frauengefängnis entgegenstehen. Viele Fragen bleiben aber noch immer offen. Die wichtigste: Können diese Versprechen vor Gerichten bestehen, wenn das Gesetz ein ursprünglich biologisch-medizinisches Geschlechtsverständnis in ein quasi normativ-identitäres verwandelt hat und die Geschlechterfrage zur Gesinnungsfrage geworden sein wird?[80] Nachdem der Entwurf im Mai 2023 fertig war, verkündete der Queerbeauftragte der Bundesregierung Sven Lehmann via Twitter, was aus seiner Sicht noch verändert werden müsse: Die Erwähnung des Hausrechts im Gesetzestext sei »überflüssig«. Es löse »massive Ängste« bei den Betroffenen aus.[81] Lehmann meinte nicht Ängste der Frauen, sondern solche »vor neuen Ausschlüssen«.

Der Kampf unter Feministinnen und Transmenschen ist wohl noch lange nicht beendet. An der Frankfurter Goethe-Universität wünschten die queeren Studenten der Rosa Liste, einige Frauenklos durch Unisextoiletten zu ersetzen. Dagegen demonstrierte vor der Abstimmung im Studentenparlament eine junge Frau mit Suffragettenfahne. Aus dem Studentenhaus kommende Kommilitonen, offenbar Transaktivisten, traten an sie heran und nannten sie »Scheiß-TERF«, griffen die Demonstrantin an und verletzten sie, berichtete Rona Duwe (@ronalyze) auf Twitter und zeigte einen – allerdings sehr verwackelten – Videomitschnitt. Die Angegriffene konnte sich offenbar zu einem Mitarbeiter der Security flüchten und bei der Polizei eine Anzeige wegen gefährlicher Körperverletzung, versuchten Raubs und Beleidigung stellen. Ihr Einsatz war allerdings vergebens: Die Abstimmung unter der Studentenschaft ergab einen Sieg der Rosa Liste.

Offenbar war weder in der Studenten- noch in der Belegschaft bekannt, dass es in Unisex-Einrichtungen häufiger zu sexuellen Übergriffen kommt als in Singlesex-Einrichtungen. »Fast 90 Prozent der gemeldeten sexuellen Übergriffe, Belästigungen und Voyeurismus in Schwimmbädern und Umkleidekabinen von Sportzentren geschehen in Unisex-Einrichtungen«, berichtete die *Sunday Times*. Solche Einrichtungen seien »ein ›Magnet‹ für Sexualstraftäter«.[82] Müsste nicht die Sorge um Kinder und die Angst von traumatisierten Frauen in der woken und achtsamen Gemeinschaft zu Verständnis und Mitgefühl führen?

Anscheinend nicht. Selbst die Frauenorganisation Terre des Femmes (TdF) hat sich den Interessen der Transgemeinde gebeugt: 2020 und 2022 hatte sich die Mehrheit der dort organisierten Frauen auf ein »Positionspapier zu Transgender, Selbstbestimmung und Geschlecht« verständigt. Doch dann zogen drei der fünf Vorstandsfrauen das Papier aus dem Verkehr. Zwei stimmten dagegen, von denen eine aus dem Verein austrat, eine sich wehrt: Inge Bell.

Inge Bell beklagt, dass das Triumvirat »auf Distanz zur Gründerin, Namensgeberin und Ehrenvorsitzenden Ingrid Staehle« gegangen sei. »Der derzeitige Vorstand und die Geschäftsführung scheinen nicht mehr zu wissen, was eine Frau ist. Sie haben ihren Kompass nicht mehr klar«, schrieb Bell in einer E-Mail an alle Mitfrauen von Terre des Femmes. »Die 3 Vorstandsfrauen stehen nicht mehr hinter dem biologischen Begriff ›Frau‹.«[83] Man habe die Organisation damals gegründet, um sich »gegen Menschenrechtsverletzungen an Mädchen und Frauen« einzusetzen, »die ihnen nur geschehen, weil sie weiblich sind«. Genauso wichtig war der Kampf gegen die »Abtreibung weiblicher Embryos, weibliche Genitalverstümmelung, Vergewaltigungen, Zwangsverheiratungen, sogenannte ›Ehrenmorde‹«, alles Verbrechen, die passieren, weil die Opfer eben Frauen und Mädchen, also biologisch weiblich sind.

Im genannten Papier war eine klare Position zu Transmenschen festgelegt, »ihre Bestrebungen, sich gegen Diskriminierung zu wehren und für ihre gesellschaftliche Akzeptanz zu kämpfen«, werde unterstützt. In der patriarchalen Geschlechterordnung sei jedoch das biologische Geschlecht (Sex) der Anlass für die Unterdrückung von Mädchen und Frauen. Die Struktur patriarchaler Macht könne »nicht bekämpft werden, wenn der Anlass der patriarchalen Geschlechterordnung – die Biologie (Sex) – mit Gender gleichgesetzt wird«. Deshalb unterstütze TdF zwar »das Recht, das empfundene Geschlecht auszudrücken, setze aber dort Grenzen, wo dieser Ausdruck das Recht von Frauen auf eigene Räume (z. B. Frauenhäuser) und Selbstorganisation auch unter Bezug auf den Körper betrifft«.[84]

Auch Bestrebungen, den Geschlechtseintrag bei der personenstandsrechtlichen Registrierung abzuschaffen, erteilte TdF eine Absage. Denn damit sei es unmöglich, Statistiken zu geschlechtsspezifischer Gewalt (konkret genannt: »Partnerschaftsgewalt, Vergewaltigung, sexuelle Übergriffe, Femizid, Ehrverbrechen, Menschenhandel«) und Gender Pay Gap sowie sämtlichen Formen der Diskriminierung aufgrund von Geschlecht zu erheben. Aufgabe von TdF müsse bleiben, »Gewalt an Frauen und Mädchen sichtbar zu machen und zu verhindern«. Hunderte Frauen traten wegen der veränderten Politik bezüglich Transrechten aus dem Verein aus.

Grünen-Politikerin Lisa Paus glaubt ebenfalls: »Eine Frau ist eine Person, die sich selbst als Frau identifiziert.« Im März 2023 aber musste auch die Bundesfamilienministerin anerkennen, dass es bei so weiter Auslegung Missbrauchsoptionen gibt – sogar in der eigenen Partei: Ein Mann hatte schon 2021 seinem Kreisverband mitgeteilt, er wünsche die Änderung seines Geschlechtseintrags auf der Mitgliederkartei: »Ab heute bin ich weiblich, könnt Ihr das bitte in Euren Akten anpassen?« Wenig später kandidierte diese Person auf Platz 1, bei den Grünen der Frauenplatz für den Posten der Stadtvorsitzenden. Das Präsidium lehnte ab, die Parteijustiz wurde um eine Entscheidung gebeten. Das Landesschiedsgericht der Grünen entschied für eine Neuwahl, zu der die Person auf einem Frauenplatz kandidieren dürfe. Die Begründung lieferte das Bundesfrauenstatut der Partei: »Von dem Begriff ›Frauen‹ werden alle erfasst, die sich selbst so definieren.« Das Bundesschiedsgericht schließlich kippte dieses Urteil erneut und bestand für künftige Fälle darauf, dass die Selbstdefinition als Frau »eindeutig, nicht selektiv und nicht nur vorübergehend« sein müsse, dass eine »unteilbar weibliche Geschlechtsidentität« vorliegen müsse. Demnach sind nonbinäre und genderfluide Personen nicht inkludiert, stellen sie doch gemäß diesem Urteil keine Frauen im Sinne des grünen Frauenstatuts dar.[85]

Man sieht: Es ist ein großes Durcheinander der Geschlechter. Das Berliner Amtsgericht entschied kürzlich, dass ein Transmann nicht als Vater seines Kinds in die Geburtsurkunde eingetragen werden könne, auch wenn er es zur Welt gebracht habe und seine neue Identität als Mann bereits anerkannt worden sei. Das bestätigte schließlich der Europäische Gerichtshof für Menschenrechte. Er bestätigte außerdem eine Entscheidung des Berliner Amtsgerichts, wonach eine Transfrau nicht als Mutter eines mit ihrem Samen gezeugten Kinds eingetragen werden kann. Mutter sei die Frau, die das Kind tatsächlich geboren hat. Der frühere Vorname des transsexuellen Elternteils müsse angegeben werden, auch wenn das Kind nach der Geschlechtsumwandlung gezeugt oder geboren worden sei.[86]

Wir können glücklich sein, dass im Gender-Durcheinander

wenigstens die Gerichte noch über einen verlässlichen Kompass verfügen.

Alice Schwarzer hetzt? Jan Böhmermann brät einen Storch

Auch Alice Schwarzer gehört zu denen, die im Transgender-Durcheinander einen klaren Kopf behalten: Sie bleibe dabei, »dass das biologische Geschlecht nicht Vorwand sein darf für die Zuweisung des sozialen Geschlechts, die Geschlechterrollen, die ja die Menschen verstümmeln und teilen in männlich und weiblich«, räumte sie in der *NZZ* ein. »Aber das heißt natürlich nicht, dass wir das biologische Geschlecht abschaffen können. Das wäre absurd. Das ist eine Realität und keine Frage der Befindlichkeit.« Denn der Mensch bleibe, »auch wenn er Hormone nimmt, auch wenn frau die Brüste amputiert, die Genitalien verstümmelt, lebenslang biologisch weiblich oder männlich«.

Sie erzürnt, dass wieder der Körper das Schlachtfeld sei: »Die Frauen müssen dünn sein, perfekt, Botox spritzen usw. Immer ist unser Körper falsch und muss verändert werden oder geleugnet. Da ist es ja nur noch ein Schritt zu dieser fanatischen Transpropaganda. Man sagt diesen jungen Frauen: Ach, du fühlst dich nicht wohl als Frau? Klarer Fall, dann bist du ein Mann.« Dabei sei der Grund des Unbehagens nicht selten »kaschierte Homosexualität, das Mädchen hat sich in die beste Freundin verliebt und denkt: Dann bin ich ein Junge. Trans scheint nicht so beschämend zu sein wie Homosexualität. So lautet die Queer-Ideologie. Aber es gibt ja nichts Binäreres – neues Wort für alte Sauce – als die Transsexualität. Man sagt: Wenn du das nicht bist, bist du das. Die haben nur zwei Schubladen.«[87]

Schwarzer legt Wert darauf, dass sie sich seit 1984 öffentlich einsetze »für die Rechte von echt transsexuellen Menschen«.

Das zentrale Wort ist »echt«. Sie meint Menschen, die »auch nach Reflexion, Befragung und Angeboten von Therapie tief unglücklich nicht nur über ihre Geschlechterrolle sind, sondern auch über ihren Körper, in dem sie leben, und die in manchen Fällen sogar bis zur Selbstverstümmelung gehen«. Was ihr Sorgen mache, sei »die dramatisch steigende Zahl junger Leute, vor allem Mädchen, die heute die Praxen stürmen und sagen: Ich bin trans.« Mit der Feministin Gloria Steinem und Joanne K. Rowling sei sie sich »einig, dass diese jungen Frauen einen schweren Konflikt mit ihrer Geschlechterrolle haben – aber deswegen nicht lebenslang gefährliche Hormone schlucken oder sich gar die Brüste abnehmen und die Genitalien verstümmeln müssen«.[88] (Siehe auch Kapitel 4.)

Daran konnte Jan Böhmermann nicht vorbei. Deutschland sei, spottete er in seinem *ZDF Magazin Royale*, weil gerade die Fußballnationalmannschaft sich mit einer Armbinde blamiert hatte, das »One-love-Land« und damit LGBTQI. Und dazu gehöre auch das T, das für Trans steht. Leider gebe es »da draußen ja immer noch ein paar dumme Wichser, die keine Ahnung haben«, erklärt er. Und dann brät er uns einen Storch: »Die *Emma* hetzt inzwischen regelmäßig gegen Transmenschen«, sagt er, »alles unter dem Deckmantel des ›Feminismus‹« (zwei Mittel- und Zeigefinger, rechts und links in die Luft gereckt, bilden zwei Böhmermann-Krallen). »Frauen wie Alice Schwarzer«, sagt der Transaufklärer, »nennen wir woken Jugendlichen im ZDF übrigens TERFs« (es klingt wie Törfs). Es gebe »sehr wohl mehr als zwei biologische Geschlechter«. Trans zu sein sei keine Mode, sondern das zu behaupten sei transfeindlich. »Anders als Alice Schwarzer und Beatrice von Storch schränken Transmenschen nicht die Rechte anderer Menschen ein.«[89]

Abgesehen davon, dass der Begriff »Wichser« nur von Sprachignoranten auf Frauen angewendet wird, übersehen auch die woken Jugendlichen im ZDF die Folgen ihrer Politik für andere:

Wer sorgt noch für den Schutz von Frauen, wenn sie ihre Räume mit biologischen Männern teilen müssen? Hat gar jemand an muslimische Frauen gedacht? Haben die woken Jugendlichen daran je einen Gedanken verschwendet? Wo verstecken sie ihr doch angeblich so ausgeprägtes Gespür für Gerechtigkeit und Gleichheit, wenn andere darüber nachdenken, dass Frauen im Sport möglicherweise bald gegen biologische Männer antreten müssen, wie etwa beim Schwimmen und Gewichtheben schon geschehen? Transaktivisten übersehen auch grundsätzliche rechtliche Probleme. Anke Hassel, Professorin für Public Policy an der Hertie School, nennt es ihre »größte Befürchtung«, dass mit dem Selbstbestimmungsgesetz »ein Element alternativer Wahrheit in den Gesetzgebungsprozess eingeführt wird. Wenn Männer einfach durch eine Erklärung zu Frauen werden und alles, was das biologische Frausein betrifft, ignoriert wird, dann wird ein wichtiger Teil der Realität von Frauen ausgeblendet. Frauen werden misshandelt und diskriminiert, weil sie biologische Frauen sind, nicht weil sie sich so fühlen. Diese Perspektive fehlt in dem geplanten Gesetz komplett.«[90]

Unglücklicherweise sind die Woken für den Feminismus nicht hilfreich, weil ihre Ideologie die hart erkämpften Frauenrechte wieder zerstört und sogar zusätzliche Diskriminierung für Frauen und auch für Homosexuelle (hier sind Frau und Lesbe doppelt diskriminiert) schafft.

Transaktivisten gehen über all diese Fragen auf ignorante Weise hinweg. Gleichzeitig schaden sie – möglicherweise eine kleine Minderheit innerhalb der Minderheit der womöglich gar nicht so aggressiven Transmenschen – mit ihren haltlosen, kompromisslosen und egoistischen Tiraden ihrem Anliegen. Denn die meisten Menschen interessieren sich gar nicht so sehr für das Leben anderer, solange diese es nicht ins Schaufenster stellen.

Das Gewaltverständnis der Transmenschen: »Ding, Dong, die Hex' ist tot.«

Zweifellos gibt es Gewalt gegen Transmenschen bis hin zum Mord. Manchmal ist das sehr verwirrend, etwa wenn *Schwulissimo* berichtet: »Der 26-jährige trans* Mann Ray Muscat wurde am Sonntag in seiner Wohnung erschossen. Er ist die mindestens dreizehnte trans*, nicht-binäre oder geschlechtsuntypische Person, die 2022 gewaltsam ums Leben kam. Verübt wurde die Tat laut der Polizei von Muscats Freundin, der trans* Frau Ruby Taverner (22).«[91] In den von der Community erstellten Statistiken wird das als transfeindlicher Hassmord registriert werden. In Wahrheit handelt es sich um ein eher typisch männliches Gewaltverbrechen – begangen von einer Transfrau, also einem geborenen Mann.

Auch in Deutschland gibt es Hasskriminalität (»Straftaten, die durch gruppenbezogene Vorurteile motiviert begangen werden«), bei der die sexuelle Orientierung eine Rolle spielte; die Zahl der gemeldeten Fälle steigt – von 578 (2020) auf 870 (2021), darunter 164 (2020: 114) Gewaltdelikte, davon 154 (2020: 109) Körperverletzungen.[92]

Aber wie soll es der Wahrheitsfindung dienen, wenn der Selbstmord einer 40-Jährigen in der Liste der an Gewalt gestorbenen Menschen geführt wird, die sich am 14. September 2021 auf dem Alexanderplatz mit Benzin übergossen und angezündet hatte? Die Polizei sagte, es sei nicht bekannt, weshalb sie sich das Leben genommen habe. Die Teilnehmer einer Trauerkundgebung wussten es jedoch genau, »dass es die tagtäglichen Diskriminierungen waren, die sie in den Suizid trieben«. Sie sei, so die Veranstalterin einer Demonstration, »als Geflüchtete und als Transfrau« von Behörden diskriminiert worden. Ein Teilnehmer rief: »Wie viele Transmenschen müssen sterben, bis unsere Leben ernst genommen werden?«[93]

Was manche Transmenschen unter Gewalt gegen ihresgleichen subsummieren, erscheint fragwürdig: Das »Fact Sheet der Berliner Register zum Transgender Day of Visibility« meldet, dass die Zahl der »gegen trans Menschen gerichteten Vorfälle« in der Stadt gestiegen ist: 2022 waren es demnach 81 »Vorfälle« nach 49 im Vorjahr, davon 18 »Angriffe« (Vorjahr 8), 26 Bedrohungen/Beleidigungen/Pöbeleien (Vorjahr 17). Der Gewaltbegriff wird schon arg strapaziert, wenn das Beschimpfen von Menschen oder die Schändung des Grabs einer Transfrau, die sich selbst getötet hat (siehe oben), als »Gewalt gegen trans Menschen«, ein »Aufkleber mit dem transfeindlichen Slogan ›Frau zu sein ist kein Gefühl …‹ von der transmisogynen Gruppe ›RadFem Berlin‹« als »Mobilisierung gegen die sexuelle Selbstbestimmung von trans Menschen bis hin zur völligen Existenz-Bestreitung« bezeichnet wird. Auch zählen im »Fact sheet« »Gegendemonstration zum Christopher Street Day von konservativen Feministinnen, zwei Veranstaltungen einer konservativ-feministischen Gruppe sowie drei Vorträge in der neurechten Bibliothek des Konservatismus« zur »transfeindlichen Propaganda«.[94] Mutet ein wenig hysterisch an, wenn man betrachtet, was sonst in einer Großstadt täglich geschieht.

Auch die *Süddeutsche Zeitung* berichtete über »brutalen Hass«, den »Menschen, die Personen des gleichen Geschlechts lieben, oder solche, die ein anderes Geschlecht haben, als ihnen bei Geburt zugewiesen wurde«, in Bayern »immer und immer wieder« erlebten. Ja, das gibt es, zweifellos, und die Zahlen der angezeigten Taten steigen. Im Freistaat waren es in den Jahren 2010 bis 2012 jeweils 13 Fälle, 2021 dann 88.[95]

Auch hier sei ausdrücklich betont: Jegliche Gewalt verbietet sich unter zivilisierten Menschen. Deshalb verstört ja auch die zunehmende Neigung zu Gewalt unter Transmenschen – auch die verbale. Als Kathleen Stock ihre Professur in Sussex niederlegte, jubelten vermummte Studenten auf dem Campus und sangen das Lied aus dem Film *Der Zauberer von Oz*: »Ding, Dong, die Hex' ist tot.« Ulrike Ackermann kommentierte das so: »Vermutlich ist den Aktivisten gar nicht klar, dass sie sich Methoden bedienen, die beim Ku-Klux-Klan üblich sind.«[96]

Es sind nicht die Frauen allein, gegen die sich der woke Zeitgeist stellt. Auf eine besondere Form der Gewalt weist eine Gruppe Homosexueller hin. Sie haben die Webseite »Gays against Groomers« (GAG, Homos gegen Kindsbelästiger) gegründet, die sich »dem jüngsten Trend widersetzen, Kinder unter dem Deckmantel von ›LGBTQIA+‹ zu indoktrinieren, zu sexualisieren und zu medikalisieren«. Sie wenden sich gegen »Drag-Queen-Geschichtenstunden, Drag-Shows mit Kindern, die Umstellung und Medikalisierung von Minderjährigen und die Vermittlung von Gender-Theorie im Klassenzimmer«. Die überwältigende Mehrheit der schwulen Menschen sei »gegen das, in was sich die Gemeinschaft verwandelt hat, und wir akzeptieren nicht, dass die politische Bewegung ihre Agenda in unserem Namen vorantreibt« – unterstützt »von Schulbehörden, der Regierung, woken Medien und Unternehmen«. Diese Menschen sprächen nicht für die schwule Community, deren jahrelanger Kampf für Gleichberechtigung das Ziel gehabt habe, »uns erfolgreich in die Gesellschaft zu integrieren. Aber jetzt zielen diese Radikalen darauf ab, sie vollständig umzustrukturieren, um einer Randminorität gerecht zu werden, und versuchen, Kinder in ihre Ideologie zu indoktrinieren.« Millionen von Schwulen schlössen sich dem Kampf von Eltern und besorgten Menschen an, um Kinder zu schützen – gegen »massenhaften Kindesmissbrauch«, dem sie nicht länger zusehen würden. »Wir zielen auch darauf ab, zur Vernunft zurückzukehren und die Gemeinschaft zurückzugewinnen, die wir einst unser Eigen nannten.«[97]

Wir sehen abermals: In diesem Kulturkampf stehen sich mitnichten zwei homogene Teile der Gesellschaft gegenüber: auf der einen Seite der beharrende, heterosexuelle, alte deutsche Mief, auf der anderen Seite der aufgeschlossene, sexuell bunte, internationale Aufbruch. Im Regenbogen zeigen sich immer neue Friktionen. Gut möglich, dass es auch dort eine Mehrheit der Schweigenden gibt. Gut möglich, dass sie mit allen anderen es nicht wagen, den Lauten zu widersprechen, die Gewalt der anderen gegen ihresgleichen sehen, aber nicht ihre eigene, die es schaffen, unseren Kompass zu manipulieren, Gleichberechtigung gegen Diversität einzutauschen, die Menschen auseinanderzudividieren, die Vernunft einer solidarischen Gesellschaft abzuschaffen.

4. Gar nicht woke: Geschlechtsangleichende Operationen bei Jugendlichen

Die Zahl der jungen Menschen steigt, die sich mit ihrem Geburtsgeschlecht nicht abfinden können. Viele möchten das durch Hormone und Operationen korrigieren. Das Problem ist nicht, dass Menschen in emotionaler Not geholfen wird, ein Problem ist es, wenn die Medizinindustrie einem Modetrend nachgibt und möglicherweise aus gesunden Kindern kranke Erwachsene macht.

Biologieunterricht einer sechsten Gymnasialklasse in Nordrhein-Westfalen: Thema ist heute nicht die Funktion des menschlichen Körpers und Aufklärung darüber, dass aus Spaß Ernst oder Ernestine werden könnte, nein, heute müssen sich die Elf- und Zwölfjährigen mit der »sexuellen Orientierung« auseinandersetzen, mit dem »sozialen Geschlecht«, »zu wem man sich emotional und körperlich hingezogen fühlt«. Sie müssen die Frage beantworten: »Wer findet wen sexuell anziehend?« In einer Art Quiz werden Adjektive angeboten (asexuell, bisexuell, demisexuell, heterosexuell, homosexuell und pansexuell), die folgenden Antwortoptionen zuzuordnen sind: »Man fühlt sich vom anderen Geschlecht angezogen«, »Man fühlt sich von den Geschlechtern angezogen«, »Man fühlt sich von keinem Geschlecht sexuell angezogen, hat kein sexuelles Verlangen«, »Erst nach Aufbau einer Beziehung zu einer Person hat man eventuell Interesse an einem sexuellen Kontakt«, »Man fühlt sich vom eigenen und auch vom anderen Geschlecht angezogen«, »Man fühlt sich zum selben Geschlecht hingezogen«.

Außerdem wird abgefragt: »Welche sexuelle Orientierung

hat eine Trans*Frau, eine mit XY-Chromosomen geborene Person, die als Frau lebt, wenn sie

a. auf Frauen steht

b. auf Männer steht«.

Wieso müssen sich Kinder in diesem Alter mit Fragen beschäftigen, die selbst Erwachsene nicht verstehen? Das fragte sich im Januar 2023 auch eine besorgte Mutter, die die Arbeitsblätter empört via Twitter verbreitete und schrieb, ihre Tochter sei verwirrt nach Hause gekommen.[98]

Beim Thema »soziales Geschlecht« und welcher »Gruppe« Personen angehören, sollen die Kinder unter anderem folgende beschriebenen Personen kategorisieren:

»Ob Lea ihren*seinen Tag als Frau oder als Mann verbringt, macht sie*er davon abhängig, wie sie*er sich morgens fühlt. Manchmal als Frau, manchmal als Mann.« (Richtige Antwort: transgender)

»Sarah würde gern manchmal interessieren, was Männer so fühlen und denken, aber sie ist froh, eine Frau zu sein.« (cis-Frau)

»Zeynep fühlt sich im falschen Körper geboren. Sie*Er möchte sich so rasch wie möglich operieren lassen, um endlich als Mann leben zu können.« (transsexuell)

Das Unterrichtsmaterial hat die Lehrerin sich im Portal *lehrer-online* geholt. Erarbeitet hat es der US-amerikanische Bindenhersteller Always, der auf seiner Webseite mit folgenden Worten für sein »Themenportal Pubertät« wirbt: »Das ALWAYS Aufklärungsprogramm hilft Mädchen, Lehrern und Eltern seit über 30 Jahren durch die Bereitstellung kostenloser Schulmaterialien und Produktproben.« 17 Millionen Mädchen in mehr als 70 Ländern nähmen an dem Programm teil, mehr als 500 Millionen Erzieher nutzten es. »Mit unseren innovativen Lehrmethoden können Lehrer:innen ihre Schüler:innen auf verständliche Art und Weise aufklären.«

Geschlechtsdysphorie grassiert: Ist trans »ansteckend«?

Wie viele Menschen haben das Gefühl, ihr biologisches Geschlecht und ihre empfundene Geschlechtsidentität stimmten nicht überein? 0,02 bis 0,03 Prozent sollen es in den Niederlanden sein, was auf Deutschland übertragen zwischen 15.000 und 25.000 Betroffene bedeuten könnte. Offenbar steigt die Zahl derer, die unter der sogenannten Geschlechtsdysphorie leiden, sie unterliegen Depressionen, überdurchschnittlich viele versuchen, sich das Leben zu nehmen.[99] Es steigt auch die Zahl derer, die ihr soziales Geschlecht ändern möchten, die Hormone einnehmen oder sich sogar für eine Operation entscheiden. Ist trans ein »Zeitgeistphänomen«?

Das *Deutsche Ärzteblatt* meldet für den Zeitraum 2009 bis 2018 eine Zunahme der registrierten Minderjährigen, die eine Behandlung suchten, in einzelnen Zentren um bis zu 4500 Prozent; bei Brustentfernung sei die Zahl der 12- bis 17-Jährigen zwischen 2013 und 2020 um das 13-Fache gestiegen. In vier Jahren von 2015 an hat sich die Zahl der Transitionen in Deutschland verdoppelt, 2020 kam es zu einem leichten Rückgang; das Statistische Bundesamt (Statista) meldete 2155 »geschlechtsangleichende« Operationen, zwei Drittel fallen auf Transfrauen (deren biologisches Geschlecht männlich ist), fast die Hälfte auf Menschen zwischen 20 und 30, aber immerhin 7,6 Prozent auf Teenager von 15 bis 19 Jahren (und 2016 zwei Fälle auf Kinder unter 15) – sehr jung, wenn man bedenkt, was Statista anmerkt: »Von der Diagnose bis zur Operation vergehen in der Regel etliche Jahre.«[100]

Auch in Österreich ermittelte eine Gruppe betroffener Eltern einen »rasanten Anstieg bei Transgender-OPs«. Von 2012 bis 2021 sei die Zahl der Brustamputationen bei jungen Frauen unter 25 Jahren »um mehrere tausend Prozent« explodiert. Von zehn Geschlechtsoperationen seien acht an Mädchen und jungen Frauen vorgenommen worden, darunter wohl auch etliche, »die keine Vorgeschichte in der Kindheit hatten und [bei denen die Genderdysphorie] oft die bei der Mehrzahl der Betroffenen bereits vorhandenen anderen psychischen Schwierigkeiten (Ängste, Depressionen, ADHS, Autismus, Essstörungen, emotionale Instabilität etc.) überschattet«.[101]

Wieso ist das so? Erzeugen die »innovativen Lehrmethoden«, die zunehmende Berichterstattung in den Medien und den sogenannten sozialen Medien über Transgender-Personen und Gender-diverse Kinder und Jugendliche einen »Werther-Effekt« (häufige Berichterstattung führt zu Nachahmung, so wie Goethes *Die Leiden des jungen Werthers* zu Suiziden führte)? Oder »eine öffentlich zugängliche kinder- und jugendfreundliche Drag Show« in einem Einkaufszentrum sowie eine »Draglesung« in einer Stadtbibliothek »für die ganze Familie (ab 4 Jahren)« mit Künstlern namens Vicky Voyage und King Eric BigClit?[102] Was sind deren Folgen? Ist »trans« ein Modethema? Oder sind solche Identitätsstörungen schon immer dagewesen, fühlen sich Betroffene aber erst heute dazu ermutigt, sich Hilfe bis hin zur Transition zu suchen?

Lisa Littman, eine Verhaltensforscherin an der Brown University (Providence, Rhode Island), veröffentlichte bereits im August 2018 die Ergebnisse einer Befragung von Eltern Heranwachsender und junger Erwachsener mit »plötzlich einsetzender Geschlechtsdysphorie (durchschnittlich 16,4 Jahre, mehr als 80 Prozent Mädchen). Wichtigstes Ergebnis: Die Häufung von Transgender im Jugendalter sei auf einen Trend zurückzuführen, der sich durch »soziale Ansteckung« verbreite. Littman hatte beobachtet, dass in Freundschaftsgruppen von Jugendlichen plötzlich eine statistisch unerwartet hohe Zahl von transgender auftraten. Sie führte das plötzliche Fremdeln mit dem bei der Geburt zugewiesenen Geschlecht in vielen Fällen darauf zurück, dass jemand einem Vorbild folgt. Außerdem stellte sie fest, dass mehr als sechs von zehn der erfassten Jugendlichen unter einer psychischen Erkrankung litten: Ängste, Depressionen, ADHS, Autismus, Essstörungen und dergleichen. Vier von zehn hatten eine nicht-heterosexuelle Orientierung, bevor sie sich als transgender identifizierten.[103]

Dass trans ein Trend oder ein Modephänomen sei, versuchte die Journalistin Carolin Wiedemann in der *FAZ* zu widerlegen: Diese These lasse »die hohe Zahl von Übergriffen auf Trans-Personen außer Acht, den Hass, die Ausgrenzung und Diskriminierung, denen sie auch in vermeintlich freien Ländern ausgesetzt sind. Weltweit wurden in den letzten zehn Jahren knapp dreitausend Trans-Menschen ermordet. Warum sollte man sich der Tortur aussetzen, die Transgender-Jugendliche durchmachen, den Zwangsbegutachtungen und der gesellschaftlichen Stigmatisierung, wenn man nicht wirklich trans wäre …«[104]

Wieso fahren so viele Menschen Autos, wieso Fahrräder, obwohl in Deutschland jeden Tag acht Menschen im Straßenverkehr sterben, 2782 im Jahr 2022. Warum sollten Menschen sich Alkohol und Nikotin aussetzen, wenn sie doch um die Folgen für die Gesundheit wissen? Weshalb verlieben sich Menschen immer wieder, obwohl wir alle wissen, dass es niemals für die Ewigkeit ist? Weshalb springen Menschen im Wingsuit von Berggipfeln? Sie tun es, weil sie sich etwas davon versprechen und hoffen, den bekannten möglichen Folgen durch eine gute Fügung zu entgehen. Rationales Abwägen von erhofftem Nutzen und möglichem Schaden ist dabei selten.

Das gilt offenbar auch bei der Geschlechtsanpassung: Alexander Korte jedenfalls, Facharzt für Kinder- und Jugendpsychiatrie und Psychotherapie an der Klinik für Kinder- und Jugendpsychiatrie, Psychosomatik und Psychotherapie der Ludwig-Maximilians-Universität München, sieht den Trend zu trans. Es sei »in bestimmten Szenen hip, trans zu sein«, in allererster Linie unter weiblichen Jugendlichen, »die einen sexualitätsbezogenen inneren Konflikt haben oder unter den gesellschaftlichen Rollenklischees oder Schönheitsidealen leiden – oder solche, die sexuell traumatisiert sind«.[105] 85 Prozent der als trans Identifizierten seien biologische Mädchen, schätzt Korte, der auch Vorstandsmitglied der Deutschen Gesellschaft für Sexualmedizin, Sexualtherapie und Sexualwissenschaft ist.

Martina Lenzen-Schulte, Ärztin und Medizinjournalistin, berichtet im *Deutschen Ärzteblatt* von Pädiatern sowie Kinder- und Jugendpsychiatern, die wie Littman von »sozialer Ansteckung« sprechen. Sie diskutieren auch, ob das Stoppen der Pubertät durch sogenannte Pubertätsblocker sicher und der richtige Therapieansatz sei. Denn »mit der medikamentösen Blockade der umwälzenden hormonellen, neuronalen, mentalen und psychischen Entwicklungen, wie sie die Pubertät mit sich bringt, beginnt inzwischen in vielen Fällen der Weg in die angestrebte Angleichung von einem zur Entwicklung in eine Frau angelegten Körper an den eines Mannes und umgekehrt«.[106]

Florian Zepf, Leiter der Klinik für Kinder- und Jugendpsychiatrie, Psychosomatik und Psychotherapie am Universitätsklinikum Jena, meint, dass die Datenlage »so dünn wie unbefriedigend angesichts der Aufgabe ist, Kinder, Jugendliche und ihre Eltern in puncto Chancen und Risiken dieser Medikamente beraten zu sollen«. Er fragt sich: »Wann weiß ich, dass der Jugendliche für sich und sein gesamtes Leben das verstanden hat?«[107] Konkret gesprochen: Ein hormonell oder gar durch Operation verstümmelter Körper kann nicht mehr in den Ursprungszustand versetzt werden. Es ist eine Entscheidung für das ganze Leben, die laut Zepf manchmal allzu überhastet getroffen werde.

Zudem machten die Forderungen der Betroffenen es den Behandlungsteams mitunter nicht leicht, so Lenzen-Schulte. Willfähriges Nachgeben in großen Transgender-Zentren, etwa der

Tavistock-Klinik in London, habe »letztendlich die Therapien als solche in Misskredit gebracht und macht künftig eine genaue Evaluation der Kliniken notwendig«.

In dieser Klinik erhielten offenbar auch Minderjährige mit psychischen Problemen Pubertätsblocker, auch jüngere Neunjährige, sowie Jugendliche, die gerade erstmals über Geschlechtsdysphorie gesprochen hatten. Rachel Cooke schrieb in der Tageszeitung *The Guardian* Klartext: »Wir sehen zu, wie der Hintergrund eines Kinds, wie gestört auch immer, und seine seelische Gesundheit, wie zerbrechlich auch immer, von Teams missachtet werden, die nur an *gender* interessiert sind.«[108] Dabei waren unter den Überwiesenen hohe Zahlen von autistischen jungen Menschen sowie Opfer von Sexualdelikten.

Die Mutter eines Jungen mit schwerer Zwangsstörung, der sein Schlafzimmer nur zum Duschen verließ (fünfmal am Tag), vermutete, »dass seine Vorstellung von Geschlecht wenig mit seiner Verzweiflung zu tun hatte«. In Tavistock angekommen, sei er jedoch behandelt worden, »als wäre er eine Frau, und ihm wurde ein Endokrinologie-Termin [für einen Hormontest] versprochen. Ihr Sohn, der die … angebotene Behandlung schließlich abgelehnt hat, lebt nun als homosexueller Mann.«[109]

Kritik an derartigen Praktiken sei ignoriert worden, schreibt die Investigativjournalistin Hannah Barnes in ihrem Buch *Time to think*. Das Geschäft des Gender Identity Development Service war offenbar äußerst lukrativ: Während 2010 aus ganz Großbritannien 138 Minderjährige nach Tavistock überwiesen wurden, waren es 2021 mehr als 5000. Kritik blieb unbeachtet, wegen des Drängens von Patienten, Eltern und Transorganisationen, aber offenbar auch aus »Angst vor Kritik und vor dem Vorwurf der Transfeindlichkeit«.[110]

Eine von Barnes' Zeuginnen, die Klinische Psychologin Kirsty Entwistle, ließ ihre Kollegen am ersten Tag in der Außenstelle in Leeds wissen, dass sie keine *gender identity* habe: »I'm just female«, habe sie gesagt. Daraufhin sei ihr gesagt worden, sie sei »transphobic«.[111]

»Ansteckend« mag es für Jugendliche sein, Vorbildern nachzueifern. Vielleicht auch nicht. Ganz sicher ansteckend ist offenbar die Ideologie, mit der angeblich um die Rechte von jungen Menschen und deren psychische Gesundheit gerungen wird.

Von Hormon bis Operation: Was geschieht bei einer Transition?

Es begann vor mehr als 30 Jahren. Ein Team des »Amsterdam Center of Expertise on Gender Dysphoria« entwickelte das sogenannte holländische Modell zu Unterstützung der Transition von Kindern und Jugendlichen. US-amerikanische Zentren übernahmen dessen Behandlungspraxis, welche die Gabe von Pubertätsblockern vom zwölften Lebensjahr an vorsah. Es gab aber auch Kinder, die bereits mit zehn Jahren therapiert wurden. Zur gegengeschlechtlichen sexuellen Reifung werden vom 16. Lebensjahr an Sexualhormone gegeben. Operationen waren mit dem Eintritt ins Erwachsenenalter möglich.

Eine geschlechtsangleichende Hormontherapie (GAHT) ist bei schriftlicher Zustimmung der Eltern und ausreichender Reife des Jugendlichen vom 16. Lebensjahr an möglich, das Alter könnte dank derzeit diskutiertem Selbstbestimmungsgesetz in Deutschland bald auf 14 Jahre gesenkt werden. Es beginnt mit der Gabe von Gonadotropin-Releasing-Hormonen (GnRH). Das führt dazu, dass die Hirnanhangdrüse weniger luteinisierendes (LH) und follikelstimulierendes Hormon (FSH) ausschüttet und damit die Entwicklung der Keimdrüsen und so die Sekretion von Geschlechtshormonen wie Östrogen und Testosteron blockiert. Das wiederum bremst das Wachstum der

Brüste oder die Stimmveränderung. Kurz: Die Hormonbehandlung unterbricht die körperliche sexuelle Entwicklung.

Der zweite Schritt ist eventuell die Geschlechtsveränderung. Der Chirurg Sebastian Dietrich, Facharzt für Plastische und Ästhetische Chirurgie und Oberarzt an der Evangelischen Elisabeth Klinik in Berlin, schilderte in einem *Focus*-Interview mit frappierender professioneller Sachlichkeit die Operation von der Frau zum Mann in sieben Schritten: »Wir entfernen zunächst die Brust«, beginnt er trocken. »Dann werden Gebärmutter und Eierstöcke entfernt. … Im Anschluss widmen wir uns Scheidenvorhof, Schamlippen und Klitoris – also der Vulva. Außerdem geht es darum, den Penis vorzubereiten. Dafür arbeiten wir unter anderem einen Teil der neuen Harnröhre in den Unterarm ein. Frühestens nach sechs Monaten lässt sich dann der Penis aufbauen. Dafür schneiden wir den vorbereiteten Teil der Harnröhre aus dem Unterarm heraus, formen ihn um und schließen ihn im Intimbereich an.«[112] Klingt ein bisschen wie beim Klempner.

»Neben den Weichteilen müssen Nerven, Arterien und Venen miteinander verbunden werden, damit Blut fließt und der Patient etwas spüren kann. Der Eingriff ist nur unter einem Operationsmikroskop und mit Mikroinstrumenten möglich. Es folgen im fünften Schritt die Hodenprothesen, Implantate aus Silikon, die sich – unter der Haut eingesetzt – anfühlen wie ein echter, gesunder Hoden. Anschließend folgt die Schwellkörperprothese, dank der ein Penis steif werden kann, und im letzten, siebten Schritt wird bei einer Vorhautplastik die Eichel geformt.«[113]

Und umgekehrt? Transfrauen würden in drei Schritten umgebaut, sagt Dietrich. Was aber nicht bedeute, dass es weniger kompliziert sei. Man könne die notwendigen Veränderungen allerdings »besser bündeln«. Er beginnt mit der Vaginoplastik. »Das ist eine Inversion des Penis und der Hodenhaut nach innen. Die versorgenden Nerven und Gefäße bleiben erhalten, ebenso die Harnröhre; die wird bloß gekürzt.« Dann formen die Chirurgen zwischen Blase und Enddarm die »Neovagina«. Die Klitoris »entsteht aus der Eichel und wird dort positioniert, wo sie auch bei einer biologischen Frau zu finden wäre. Wichtig ist, dass die Transfrau die Neovagina anschließend mit Hilfe eines medizinischen Dildos – Vaginaldilatator genannt – offenhält, indem sie ihn einführt und hierdurch einer narbigen Verengung entgegenwirkt.« Das daure »bis zu einem Jahr lang«.

Nach zwei bis drei Monaten folge der nächste Eingriff, »bei dem wir die großen Schamlippen modellieren. Zuletzt gleichen wir die Brust mit Hilfe von Implantaten an, sofern nach einer 24 Monate dauernden Hormontherapie das Wachstum unzureichend ist.«

Klingt äußerst routiniert, nicht wahr? Die ganze Prozedur, welche die Krankenkassen 5000 bis 15.000 Euro kostet, dauert mindestens zwei Jahre. Manche benötigen nach den schwierigen Operationen psychotherapeutische Begleitung, sagt der Arzt. Die Schmerzen seien dank wirksamer, sicherer Medikamente schnell überwunden.[114]

Nur ein Teil der Transmenschen mutet sich diese Operation zu, die meisten biologischen Frauen und Männer verzichten darauf. Junge Frauen lassen sich die Brüste abnehmen und begnügen sich mit einer Hormonbehandlung, weshalb hin und wieder ein Transmann ein Kind zur Welt bringt. Und Männer lassen sich Brüste modellieren und nehmen Hormone, um die Haare loszuwerden. Auch wenn der Penis bleibt, sehen sie sich als Lesbe.

Ganz schön aufwendig, das alles, auch verwirrend. Warum nehmen junge Menschen solch eine Tortur auf sich? Es muss schwerwiegende Gründe geben. Es muss aber auch schwerwiegende Gründe dafür geben, dass die Zahl derer wächst, die ihre Hormonbehandlung abbrechen und ihre Transition sozial und/

oder medizinisch rückgängig machen wollen (und ihre Mastektomie, die Entfernung der Brust(drüse), bedauern). Sie haben ihre Probleme durch die Transition offenbar nicht lösen können. Manche fühlen so etwas wie Verrat. Und merkwürdigerweise sehen manche von ihnen sich dem Vorwurf ausgesetzt, ein etwas vorgetäuscht habender »Trender« zu sein oder gar transphob.[115]

Risiken und Nebenwirkungen: Ernüchterung nach der Operation

Alexander Korte, der bereits zitierte Facharzt für Kinder- und Jugendpsychiatrie und Psychotherapie, bestreitet nicht, dass es »eine kleine Subgruppe von geschlechtsdysphorischen Jugendlichen« gebe, »bei denen tatsächlich eine profunde und zeitlich überdauernde Geschlechtsidentitätstransposition im Sinne einer Transsexualität vorliegt«. Für sie sei die Transition »die richtige Option«.

Aber Korte misstraut den Berichten von »Vorbildern« über deren unkomplizierte medizinische Transition. »Es wird so getan, als sei mit der Durchführung einer Geschlechtsangleichung das Paradies auf Erden erreicht. Dabei sind sie ein Leben lang abhängig von einer Hormonersatztherapie.« Die wenigsten würden glückliche Menschen. »Viele sind schnell ernüchtert: Oft entspricht das Operationsergebnis nicht den Vorstellungen. Es ist nicht einfach, einen Lebenspartner zu finden. Die sexuelle Erlebnisfähigkeit hat gelitten. Nicht wenige werden zu chronisch Depressiven und müssen – und wollen auch – psychiatrisch behandelt werden.«[116]

Die Pubertät mit Medikamenten zu blockieren sei »medizinethisch fragwürdig«, sagt Korte. Die meisten Kinder söhnten sich später mit ihrem Geburtsgeschlecht aus. »Geschlechtsatypisches Verhalten und Geschlechtsidentitätsunsicherheit im Kindesalter deuten häufig auf Homosexualität im Erwachsenenalter hin. Nur sehr selten führt dies zu einer transsexuellen Identität.« Insofern seien Pubertätsblocker frühe Weichensteller, »Homosexualitätsverhinderer«.[117]

Niemand will kriminalisieren, wenn Jugendlichen in Not geholfen wird. Aber verantwortungsbewusstes Handeln bedeutet auch zu überlegen, wie am besten geholfen werden kann. Nicht zuletzt mögliche Risiken und Nebenwirkungen sind dabei zu beachten. Pubertätsblocker wirken sich offenbar negativ auf die Gesundheit und Dichte der Knochen und eventuell auch des Gehirns aus. Eine Hormonbehandlung birgt langfristige Gesundheitsrisiken bis hin zu Herzinfarkten, Schlaganfällen, Blutgerinnseln, Leberschäden, Brustkrebs und Bluthochdruck. Ganz zu schweigen von den Operationen. Wer sich die Gebärmutter entfernen lässt, ist unfruchtbar, wer sich die Eierstöcke entfernen lässt, braucht einen Östrogenersatz.

Im Einzelnen und differenzierter: Belegt ist bei Transfrauen ein erhöhtes Risiko für Mammakarzinome sowie kardiovaskuläre und thrombembolische Ereignisse bei postmenopausalen Frauen unter Hormonersatztherapie, die Entstehung venöser Thromboembolien (VTE), gelegentliche Gewichtszunahme und Anstieg der Leberwerte, das gehäufte Auftreten von zerebralen Ischämien und Myokardinfarkten, infolge der Hodenatrophie »einer unter Umständen irreversiblen Infertilität«. Die Brust bleibt häufig »pubertär unvollständig«.

Bei der Entwicklung von Frau zu Mann ist die häufigste unerwünschte Wirkung Akne, gelegentlich gesteigerte Aggressivität, höheres Gewicht und ein etwas erhöhtes Risiko für kardiovaskuläre Ereignisse sowie für hormonabhängige Tumoren. Belegt ist offenbar zudem ein erhöhtes Diabetes-2-Risiko bei Transmännern. Auch sei die »klinische Evidenz« für »sexuelle Funktionseinschränkungen wie Anorgasmie« erdrückend. »Dieses tabuisierte Problem würde die Lebensqualität der Betroffenen massiv einschränken.«[118] Früherkennungsuntersuchungen würden häufig nicht oder nur unregelmäßig wahrgenommen, denn »die Hemmschwelle, sich als Transmann einer gynäkologischen Untersuchung zu unterziehen, ist oftmals hoch«.

Es ist bekannt, dass das Sterberisiko von Transmenschen im Vergleich zum Bevölkerungsdurchschnitt deutlich höher liegt – überdurchschnittlich durch »nicht natürliche Todesursachen«, sprich: Selbstmord.

Eine schwedische Studie ergab, dass insbesondere junge Menschen mit Geschlechtsdysphorie »eine hohe Inzidenz von gleichzeitig auftretenden psychiatrischen Diagnosen, selbstverletzendes Verhalten und Suizidversuche im Vergleich zur allgemeinen Bevölkerung« zeigten. Die Suizidsterblichkeit liege über dem Durchschnitt der Bevölkerung. Deshalb sei es »nicht möglich festzustellen, inwieweit Geschlechtsdysphorie allein zum Suizid beiträgt«. Das müsse bei der Untersuchung berücksichtigt werden.[119] Zu ergänzen wäre: auch bei der Entscheidung für oder gegen eine operative Behandlung.

Die Transgemeinde verweist dennoch auf den Nutzen von Hormontherapien für Jugendliche. So hatte eine Studie einer Krisenhilfsorganisation für LGBTQ+-Jugendliche unter knapp 12.000 transgender und non-binären Personen zwischen 13 und 24 Jahren ergeben, dass die Depressions- und Suizidrate bei Jugendlichen, die eine Hormontherapie erhielten, niedriger lag als bei denen, die keine Therapie erhielten. »Unsere Ergebnisse weisen auf einen signifikanten Zusammenhang zwischen dem Erhalt von GAHT und geringerer Suizidalität bei Transgender- und nicht-binären Jugendlichen hin.« Deshalb endet die Studie mit der Aufforderung, den Jugendlichen »eine patientenzentrierte, bejahende und evidenzbasierte Versorgung bereitzustellen«.[120]

Kortes Empfehlung lautet dennoch: Betroffene sollten »nur

ihre soziale Geschlechtsrolle wechseln, entsprechend auftreten, ohne medizinische Maßnahmen zur äußeren Geschlechtsangleichung«.[121] Und es bedarf bei Jugendlichen der strengen Prüfung. Denn das darf die Gesellschaft in einem zivilisierten Land nicht zulassen: dass aus gesunden Kindern möglicherweise kranke oder geschädigte Erwachsene gemacht werden.

Wirklich skandalös: Bundesfamilienministerium fördert Pubertätsblocker

Es sah aus wie ein Fake. Das Regenbogenportal des Bundesministeriums für Familie, Senioren, Frauen und Jugend informierte 2022 seine jugendliche Leserschaft in leichter Sprache über die Frage: »Pubertäts-Blocker nehmen«. Viele sahen das als veritablen Skandal, eine Welle der Empörung folgte:

> »Bin ich trans-geschlechtlich? Woher weiß ich das? Nimm dir Zeit. Probiere es aus. Fühlst du dich als Mädchen wohler? Oder fühlst du dich als Junge wohler? Wichtig ist: Es soll dir jetzt gut gehen. Wie du in 10 Jahren leben wirst, ist egal. Als Mann? Als Frau? Das musst du im Moment noch nicht entscheiden.
>
> *Pubertäts-Blocker nehmen*
>
> Bist du noch sehr jung? Und bist du noch nicht in der Pubertät? Dann kannst du Pubertäts-Blocker nehmen. Pubertäts-Blocker sind besondere Medikamente. Das Wort Blocker heißt: etwas stoppen. Diese Medikamente sorgen dafür, dass du nicht in die Pubertät kommst. Das heißt: Dein Körper entwickelt sich erst mal nicht weiter. Weder in Richtung Frau. Noch in Richtung Mann.
>
> So hast du mehr Zeit zum Nachdenken. Und du kannst in Ruhe überlegen: Welcher Körper passt zu mir?

Hormone nehmen
Vielleicht sagst du auch: Nein, ich bin mir ganz sicher. Dieser Körper passt nicht zu meinem Gefühl. Dann kannst du bestimmte Hormone bekommen. Diese Hormone machen dich männlicher. Oder sie machen dich weiblicher. Sie verändern zum Beispiel deine Stimme. Oder du bekommst mehr Busen. Oder einen Bart. Je nachdem, welche Hormone du nimmst.
Operation
Hormone können aber nicht alles. Manches geht nur mit einer Operation. Zum Beispiel die Geschlechts-Teile verändern. Für eine Operation musst du aber mindestens 18 Jahre alt sein. Ganz egal, wie dein Körper aussieht. Manche transgeschlechtliche Menschen sagen: Mein Körper ist völlig okay. Ich muss ihn nicht verändern.«

Soll das Aufklärung für Menschen mit einem quälenden Problem sein? »Probiere es aus!« Wie sollen Kinder »ausprobieren«, ob sie sich als Mädchen oder Junge wohler fühlen? Von staatlicher Seite solch unreflektierte Hinweise und Ex-und-hopp-Tipps anzubieten, jederzeit zugänglich für Kinder, ist eine sexualisierte Manipulation von Kindern und Jugendlichen. Vielleicht ist es als Zeichen der Einsicht zu verstehen, dass diese Seite vom Netz verschwand, unmittelbar nachdem sie in den sozialen Medien problematisiert worden war. Aber wer kam auf diese Idee? Wer hatte das zu verantworten? Gab es persönliche Konsequenzen? Nichts zu hören.

Dass Kinder vor, während und nach der Pubertät vieles hinterfragen, ist normal. Dazu gehört auch die Entdeckung der Sexualität. Und es ist gut, dass, wer will, experimentieren kann. Manchmal mag das einer Fahrt in der Achterbahn gleichen, eine ganz normale Entwicklung, die nicht durch übereilte, möglicherweise irreparable Schritte unterbunden werden sollte. Das

Gefühl, »im falschen Körper« zu leben, kann sich schnell ändern. Shiloh, Tochter von Angelina Jolie und Brad Pitt, scheint solch ein Fall zu sein. »Angelina Jolie: Geschlechtsumwandlung von Tochter Shilo (sic!) steht bevor!«, titelte eine Webplattform im Jahr 2019. Shiloh lebe »bekanntlich seit Jahren als Junge, lässt sich ›John‹ nennen und hat sich zuletzt sogar einer Behandlung mit chemischen Pubertätshemmern unterzogen«.[122] Zwei Jahre später scheint das vorüber zu sein. Die Klatschseiten melden, dieses Mal *Oh! Mymag:* »Angelina Jolie: Model-Agenturen reißen sich um Tochter Shiloh«. Wir hoffen, dass Shiloh nicht Vorbild einer jungen Followerin war, die sich einer Behandlung tatsächlich unterzogen hat und das nun bedauert.

Queere Scheuklappen: Ideologisches Lob und blinde Wut gegen Kritiker

Gern benutzen die Befürworter von Geschlechtsanpassung Simone de Beauvoir als Kronzeugin. Ihr legendäres Wort: »On ne naît pas femme, on le devient«, schrieb sie in den Jahren nach dem Zweiten Weltkrieg in *Das andere Geschlecht*: »Man ist nicht als Frau geboren, man wird es.« Daraus leite sie das Recht ab, so wird dann kolportiert, diesen »Irrtum der Natur« operativ zu korrigieren.

Das aber nennt man: aus dem Zusammenhang gerissen. Beauvoir ging es um die Emanzipation der Frauen, darum, sich nicht den Männern als zweites Geschlecht unterzuordnen, sondern – um einen neumodischen Begriff zu verwenden – ihnen auf Augenhöhe zu begegnen, um politische Gleichheit von Mann und Frau, ebenbürtige Ausbildungsoptionen und Unabhängigkeit; um eines ging es ihr sicher nicht: um Geschlechtsumwandlung. Beauvoir unterschied zwischen biologischem Geschlecht (sexus) und sozialem Geschlecht (gender), auch sie wusste: Die Geschlechtertrennung ist »eine biologische Gegebenheit«.

Das sieht auch Alice Schwarzer so: »Die Zeit der Pubertät ist die Zeit der größten Verwirrung«, sagt sie. »Sollen wir in dieser Lebenszeit Pubertätsblocker einsetzen?« (Das hält die Feministin für sehr gefährlich, die Folgen einer lebenslangen Hormontherapie seien noch gar nicht erforscht.) »Oder sogar die Brüste abnehmen und Genitalien verstümmeln?« Sie respektiere das, wenn ein Mensch wirklich transsexuell ist, kritisiere aber die Transpropaganda, »die dafür ist, dass schon 14-Jährige transitionieren können«. Mit Geschlechtsangleichungen für Volljährige ist sie einverstanden. Über den belastenden und irreversiblen Schritt dürfe aber keine Minderjährige entscheiden können, die »der faktenfreien, aber verführerischen Propaganda der Translobby ausgeliefert« sei.[123]

Schon zuvor hatte Schwarzer heftige Kritik des Lesben- und Schwulenverbands auf sich gezogen. Schwarzer verbreite Gedanken, »die sich unter der Warnung vor einer angeblichen ›Frühsexualisierung‹ im AfD-Programm wiederfinden. In Wirklichkeit wird damit eine Frühschikanierung junger Menschen durch Verschweigen, Abwertung und Abschreckung propagiert.«[124]

Das ist ein typisches Argumentationsmuster der queeren Gemeinde gegen Menschen, die versuchen, deren Probleme differenzierter zu betrachten. Das nächste Argument wäre dann zu verlangen, sich nicht in die Leben anderer Menschen einzumischen.

In den USA geschieht dies bereits: Ausgerechnet die durchaus woke und längst allerlei Sternchen gewogene *New York Times* (sie hatte zur Freude der Community schon 1987 das Wort *homosexual* gegen das viel vergnüglichere *gay* getauscht) sah sich im Februar 2023 Vorwürfen der Gay and Lesbian Alliance Against Defamation (GLAAD) ausgesetzt. Die nach eigenen Angaben »weltgrößte LGBTQ-Medieninteressenvertretung« warf dem Blatt vor, dort hätten »Cisgender-Personen wiederholt ungenaue und schädliche Fehlinformationen über Transgender-Personen und -Probleme verbreitet«. Es ging unter anderem um Beiträge über die freie Wahl des Geschlechts für Kinder und Geschlechtsanpassungen.

Es schade der Glaubwürdigkeit der Zeitung und sei »schädlich für alle LGBTQ-Personen, insbesondere für unsere Jugend«, wenn behauptet werde, »dass Debatten über die Gleichstellung von Transsexuellen sich negativ auf ihre psychische Gesundheit auswirken, was zu den hohen Selbstmordraten von LGBTQ-Jugendlichen beiträgt«.[125] Ein harter, nicht belegter Vorwurf.

Die Lobbyorganisation ist offenbar frustriert. So viel habe man getan, die *NYT* »aufzuklären«: Telefonate, Gespräche, E-Mails, alles vergeblich. »Es ist klar, dass unser Einsatz hinter den Kulissen keine Wirkung hatte.« Es sei »entsetzlich, dass die *Times* so viele Ressourcen und Seiten darauf verwendet, die Stimmen extremistischer Anti-LGBTQ-Aktivisten zu verbreiten, die ihre Karriere auf der Verunglimpfung und Entmenschlichung von LGBTQ-Personen, insbesondere Transgender-Personen, aufgebaut haben«. Es sei »erschreckend zu sehen, wie die Nachrichten- und Meinungsseiten jetzt voller fehlgeleiteter, ungenauer und unaufrichtiger Angstmache« und »böswilliger Berichterstattung« seien.

Umgehend, so die Forderung, solle die *NYT* »die ungeheuerliche, unverantwortliche Berichterstattung stoppen«, heißt es in einem Protestbrief. Und weil klar sei, »dass die Cisgender-Autoren und -Redakteure der *Times* – unabhängig von ihrer sexuellen Orientierung oder Zugehörigkeit zur queeren Community – einfach nicht in der Lage sind, Transmenschen und -themen genau zu behandeln«, empfehlen sie: »Also lasst es Transmenschen machen.« Die *NYT* solle ihre Praxis ändern, den Transmenschen zuhören und welche einstellen.[126]

Die Zeitung wehrte sich gegen GLAAD sowie eine große

Gruppe von Mitarbeitern, die sich der Kritik in einem zeitgleich zugestellten eigenen Brief anschlossen. Ein *NYT*-Sprecher sagte: »Die kritisierten Artikel behandeln Fragen nach medizinischer Behandlung und Wohlbefinden von Trans-Teenagern und -Erwachsenen tiefgründig und einfühlsam.« Darauf sei die Zeitung stolz. Es sei klar, »dass sich Ziele der Interessenvertretung Glaad von journalistischen Aufgaben der Times unterscheiden«.[127] Chefredakteur Joe Kahn und die Leiterin des Meinungsressorts Katie Kingsbury wiesen per E-Mail darauf hin, dass die ethischen Richtlinien der *NYT* es Mitarbeitern untersagen, sich mit Interessengruppen zu verbünden und Kollegen – darunter auch transgender – namentlich und öffentlich zu kritisieren. Die *NYT* habe alle Aspekte von Transgender tiefschürfend und sensibel behandelt.[128]

Es ist offensichtlich, dass Journalisten andere Aufgaben haben als Aktivisten. Der *NYT* Anbiederung an republikanische Kreise nachzusagen, ist ebenso absurd wie die Forderung, die Berichterstattung bestimmter Themen nur Betroffenen und die Blattlinie woken Aktivisten zu überlassen. Das wäre das Ende der Pressefreiheit.

Bitteres Bereuen: Sorgen um ihre sexuelle Gesundheit

Aber doch ist es so: Erste Länder legen die Hürden für eine Geschlechtsangleichung höher, auch einige Bundesstaaten in den USA. »Ärztliche Gremien begründen die neuen Restriktionen mit noch ungeklärten Zweifeln an der Sicherheit und zugleich damit, dass immer mehr Betroffene, die als Kinder die Arzneien erhielten, inzwischen öffentlich und juristisch Klage führen mit der Kritik, sie seien zu rasch und zu leichtfertig auf das Gleis der Geschlechtsangleichung gesetzt worden und würden jetzt unter dem Resultat leiden«, schreibt Lenzen-Schulte.[129]

Während die World Professional Association for Transgender Health (WPATH) kürzlich das Alter für die Gabe von Cross-Sex-Hormonen auf 14 Jahre herabgesetzt hat, Mädchen die Abnahme der Brüste mit 15 und Jungen die Entfernung der Testikel mit 17 Jahren erlaubt, berichtet auch die *Deutsche Ärztezeitung* über eine nachlassende Begeisterung. Schwedens National Board of Health and Welfare (NBHW) habe 2022 festgestellt, »dass die Risiken einer Hormongabe die Vorteile überwiegen«, weshalb sie für Minderjährige stark reglementiert wurden und nur noch im Rahmen von Forschungssetting, also Studien, möglich seien. Auch die Ärzteorganisation in Florida habe entschieden, »dass Pubertätsblocker, Hormone und angleichende Operationen nicht mehr den Unter-18-Jährigen angeboten werden sollen«. Ähnliche Initiativen hätten Arkansas, Alabama, Oklahoma und Tennessee ergriffen. In Europa habe Finnland schon 2020 mit den WPATH-Empfehlungen gebrochen und die Verwendung von Pubertätsblockern strikt limitiert. Frankreich mahnt zu mehr Vorsicht bei Therapien für Kinder und Jugendliche. England sei wegen großer Kritik an Therapie-Entscheidungen im Tavistock Centre in London ebenfalls auf dem Weg zu einer Neuorientierung. Allgemein scheint die Zahl derer zu steigen, die eine »Detransition« wünschen und ihr Leiden an der Transition öffentlich machen oder Therapeuten verklagen.[130]

Auch Psychiatrieprofessor Korte berichtet von einer deutlich gestiegenen Zahl von Geschlechtsangepassten, die eine Detransition wünschten. Die genaue Zahl könne leider nicht ermittelt werden, weil »negative Verläufe gar nicht publiziert werden. Da hat niemand Interesse daran. Auch für die Patienten ist es schwer, sich einzugestehen: Das war falsch.«

Die Vaginoplastik-Spezialistin Marci Bowers und die Klinische Psychologin Erica Anderson (Child & Adolescent Gender Center der University of California) sind Transgender – und führende Transgender-Mediziner. Auch sie sind laut *Daily Mail* besorgt über den Trend, Kindern Pubertätsblocker zu geben und eine Geschlechtsumwandlung vorzunehmen. Die Mediziner hätten einen Zickzack-Kurs beschritten, sagte Bowers, sie glaube, »dass wir in einigen Fällen zu weit nach links gezickt sind«. Sie sprach von »Naivität«, an die »Magie« zu glauben, »dass Chirurgen alles könnten«. Sie räumte ein, dass die Menschen nach den Operationen »sexuell dysfunktional« bleiben könnten, »etwas, das nicht genügend diskutiert wurde«, und beklagte den »schludrigen« Ansatz bezüglich der psychischen Gesundheit beim Übergang.[131]

Jazz Jennings (geboren 2000) ist ein Transgender-Reality-Star mit 1,2 Millionen Followern auf Instagram. Bowers hatte Jennings im Alter von elf Jahren mit Pubertätsblockern versorgt, weshalb der Penis nicht vollständig ausgebildet war, als sich Jennings im Juni 2018 bei Bowers den geschlechtsangleichenden Operationen unterzog. Das hat die Operation offenbar erheblich verkompliziert.

Bowers sagt heute: »Wir nehmen einige großartige Operationen an diesen Kindern vor, und sie sind so entschlossen, und ich bin so stolz auf so viele von ihnen und ihre Eltern.« Aber »ehrlich gesagt« seien die Ergebnisse »nicht so funktional«. Sie mache sich »Sorgen um ihre sexuelle Gesundheit und ihre Fähigkeit, Intimität zu finden«.

Anderson sagte: »Ich bin der Meinung, dass wir aufgrund … ›schlampiger‹ medizinischer Vorgehensweisen mehr junge Erwachsene haben werden, die es bereuen, diesen Prozess durchlaufen zu haben.« Das sollte zu denken geben – denen, die sich durch eine Operation Linderung ihrer psychischen Schmerzen erhoffen, deren Eltern und denen, die sich noch immer für Götter in Weiß halten.

5. Gendern: Gleich, gleichwertig, gleichberechtigt dank Sternchen?

Es heißt, Sprache entwickle sich doch immer weiter. Das Problem beim sogenannten Gendern ist allerdings, dass eine elitäre Minderheit mit willigen Vollstreckern in verantwortlichen Positionen die Sprache gegen den erklärten Willen der Mehrheit der Bevölkerung und ohne demokratische Legitimation verändern und zur Pflicht machen will.

Vor der Bundestagswahl 2021 warb eine Partei mit dem Motto: »Unser Land kann viel, wenn man es lässt.« Klingt auf den ersten Blick sympathisch und optimistisch. Aber was soll »unser Land« können, woran es gehindert wird? Schöner blühen? Es macht gar nichts, das Land, es liegt seit ewigen Zeiten da, und es lässt eine ganze Menge mit sich geschehen, wehr- und willenlos. Aber die Menschen in diesem Land haben einen Willen, alle einen eigenen. Selbstredend sollen nur diejenigen zeigen dürfen, was sie können, die der werbenden Organisation nahestehen. Deshalb hätte auf dem Plakat stehen müssen: »Wir können viel, wenn man uns lässt.«

Das Plakat stammt von einer Partei, die sich bemüht, das Image als »Verbotspartei« zu korrigieren: von Bündnis 90/Die Grünen. Und diese und ihre Wähler wissen selbstverständlich, was möglich ist, »wenn man uns lässt«. Um die wichtigsten Ziele zu nennen: Klimaschutz und »eine Gesellschaft, in der alle unabhängig vom Geschlecht selbstbestimmt leben und gleichberechtigt mitgestalten können«.[132]

Die Welt retten und gleiche Chancen für alle schaffen zu wollen reklamiert heute jede im Bundestag vertretene Partei bis auf eine. Aber wie das gemeistert werden sollte, was die »nötigen

Veränderungen« sind und mit welchen Methoden das erreicht werden könnte, darüber gibt es Streit.

Es beginnt bei der Sprache. Die Grünen haben in ihrer schriftlichen Kommunikation schon 2015 den »Gender-Star« eingeführt, weil das bisher genutzte Binnen-I nicht mehr genügte, denn: »Transsexuelle, transgender und intersexuelle Personen werden so nicht mehr unsichtbar gemacht und diskriminiert.«[133]

Inzwischen sprießen im ganzen Land Sprachregelungen und -leitlinien wie Pilze nach einem warmen Spätsommerregen. In Parteien und Behörden, in Medien und Hochschulen schießen seit Jahren Leitfäden zum »betreuten Sprechen« (Joachim Gauck) aus dem Boden und erzeugen einen Urwald von Regeln, in dem Geist und Zunge sich verirren können. Vor allem, wo Staat draufsteht oder Steuermittel drinstecken, fühlen sich Menschen ermächtigt, diesen Unfug denen zu verordnen, die ihre Löhne, Gehälter und späteren Pensionen bezahlen. Die einen empfehlen den Asterisk, das Sternchen, andere den Doppelpunkt oder den Unterstrich. Sie machen aus lebendigen Menschen »Personen« oder Neutrums – oder Samenspender:innen (Radio eins) sowie Witwerinnen und Witwer *(Die Zeit)*. Elegant ist das nicht, sondern ignorant, weil auch grammatisch überaus zweifelhaft. Und doch: Ganz Deutschland scheint von selbstermächtigten Sprachverzerrern okkupiert zu sein. Ganz Deutschland? Nein! Ein von Unbeugsamen bevölkerter Landstrich hört nicht auf, dem Eindringling Widerstand zu leisten: Thüringen. Die schon wieder!

Erneut ereignete sich im Freistaat ein Skandal. Die CDU-Fraktion im Landtag zu Erfurt hatte den Antrag gestellt, dass Landtag und Landesregierung in ihrer öffentlichen Kommunikation nicht gendern. Der Abgeordnete Christoph Zippel verwies bei der Antragsbegründung darauf, dass laut Umfragen eine Mehrheit der Deutschen die »Gendersprache« ablehne und als Bevormundung empfinde. Das sei »ein Eliteprojekt einer kleinen Minderheit«. Dagegen sah Cornelia Klisch (SPD) im Gendern ein »legitimes Mittel, die Gleichheit der Geschlechter zum Ausdruck zu bringen«.[134]

Damit überzeugte sie nicht. 36 Abgeordnete der Regierungsparteien (Linke, SPD, Grüne) stimmten gegen den Antrag der CDU. Aber die drei Fraktionen haben keine Mehrheit. Und weil die rechtsradikale AfD sich den Konservativen anschloss, sorgten 38 Volksvertreter dafür, dass der Erfurter Politikbetrieb sprachlich bleibt, wie er war. CDU und AfD, so sahen das die Unterlegenen, wenden sich gemeinsam gegen den Fortschritt, gegen Gleichberechtigung und Gleichbehandlung. Eine schwarz-braune Koalition![135]

Ein Skandal? Ein Skandal ist, dass hierzulande die Mehrheit der Menschen sich gegen ihren Willen zum Gendern gezwungen und einer grammatischen Verirrung ausgesetzt sieht. Registrierten die linken Parteien, wie ihre Klientel über dieses Thema denkt, und richteten sie ihre Politik an deren Willen und Interessen aus, hätten die Rechtsaußen keine Chance, dieses aufregende Thema für sich zu reklamieren.

Schlechter Scherz: »Gendergerechte Sprache kann elegant sein – und Spaß machen!«

Ist Sprache geschlechtergerecht und diskriminierungsfrei, wenn alle, die nicht als Mann oder Frau bezeichnet werden wollen, mit einem Sonderzeichen und einer Sprechpause »angesprochen« und so »einbezogen« werden? Was wäre daran gleich, gleichwertig, gleichberechtigt?

Sogar die Redaktion von *geschicktgendern.de* hat an allen gängigen Schreibweisen von »Paarform« (Mitarbeiterinnen und Mitarbeiter) bis Sternchen (*) etwas auszusetzen, und das vollkommen zu Recht, weil sie die Texte verlängern oder »den Lesefluss eher stören«.[136] Stattdessen empfiehlt die Webseite »gendergerechte Alternativen« von A bis Z: für das Wort Abonnent die überaus elegante Version »Bezugsperson«, die eigentlich schon anderweitig besetzt ist, sowie »ein Abonnement beziehende Person«; für Zuschauer wird empfohlen: »Person aus dem Publikum«. Dergleichen sollen bahnbrechende, wegweisende Vorschläge für »demokratisches Schreiben« sein, es lasse andere »Bilder in unseren Köpfen« entstehen, die sich »in unseren gedanklichen Vorstellungen« widerspiegeln, benenne Frauen »explizit« und mache sie »somit sichtbar«, ebenso »andere Geschlechter oder Personen, die sich nicht auf ein Geschlecht festlegen wollen oder können«, »zeigt Wertschätzung gegenüber allen Menschen, unabhängig ihres Geschlechts«, es würden »stereotype Rollenbilder aufgehoben« und mache deutlich, »dass Menschen aller Geschlechter für verschiedene Tätigkeiten geeignet und befähigt sind«. Die Seite resümiert: »Gendergerechte Sprache kann beim Schreiben wie Lesen elegant und geschickt sein – und Spaß machen!«[137]

Das muss doch besser gehen. Achtung: Witz! In Bayern ist »geschicktes Gendern« schon lange selbstverständlich: Wäre Christina Maria Huber dort statt in Hamburg Vorstandsmitglied des Landesfrauenrats, hätte sie auf ihre Kampagne fürs Gendern verzichten können. In Bayern hieße sie schon lange die Huberin.

Missachtung der Rechtschreibregeln: Gegen das Gendern in den Sendern

Das ZDF-*Politbarometer* wollte es wissen: Was halten die Deutschen vom Gendern? Für fast drei Viertel (73 Prozent) der Befragten ist das Thema »nicht so wichtig« oder »überhaupt nicht wichtig«, nur einem guten Viertel (26 Prozent) ist es »wichtig« oder »sehr wichtig«. Die Genderpause fanden 71 Prozent nicht gut, 25 Prozent gut.[138] Der MDR ermittelte in einer Onlineumfrage nur 14 Prozent, die gendergerechte Sprache als »wichtig« empfinden, 86 Prozent als »unwichtig«. Die häufigsten Urteile lauteten: »überflüssig«, »unnötig«, »übertrieben«, »Unsinn«. Zusammengefasst lautete das Ergebnis: »Es zeigt sich: In allen Bereichen ist es einer deutlichen Mehrheit lieber, wenn nicht gegendert wird.«[139]

Der WDR stellte im September 2022 sogar eine sinkende Zustimmung fest. In der Berichterstattung stoße genderneutrale Sprache »auf weniger Zustimmung als zuvor: 41 statt 54 Prozent gaben an, diese in Zeitungen, Internet und Apps gut zu finden, mit Blick auf Radio, Fernsehen und Podcasts sind es 41 statt 52 Prozent.«[140] Mehrheitlich akzeptiert ist die Doppelnennung, Kolleginnen und Kollegen, 69 Prozent. Auch Gruppenbezeichnung (die Zuschauer, das Publikum) sind von fast zwei Dritteln der Befragten selbstverständlich akzeptiert. Studierende statt Studenten finden noch 56 Prozent akzeptabel. Und das offenbar trotz des grammatischen Unsinns, der damit verbrochen wird. Etwa in der *SZ*: Zum Semesterbeginn stellte eine Autorin »sieben angesagte Bars für Studierende in München« vor. »Das Semester startet, Tausende Studierende sind neu in der Stadt, und viele wollen nach Vorlesungsende vor allem eines: Spaß haben«, weiß Dilara Rix. Dabei übersieht sie, dass dort, wo das Studentenleben lustig ist, nicht mehr studiert wird, sondern höchstens deliriert.[141]

Noch schlechter kommen in der genannten WDR-Umfrage das Sternchen und seine Schwestern weg. Gut oder sehr gut finden die Pause beim Sprechen nur 27 Prozent; weniger gut oder gar nicht gut finden das 69 Prozent. Ähnliche Ergebnisse brachten zahlreiche weitere Umfragen, auch in Österreich und der Schweiz.

Aber – Demokratie hin, Demokratie her – wieso aufs Volk

hören, wenn es um Befindlichkeiten geht? Und so schleicht sich auch beim Öffentlich-Rechtlichen Rundfunk (ÖRR), der all diese Umfragen initiiert hat, das Gendern ein. Das geht sogar entschieden über die längst akzeptierte und selbstverständliche Nennung weiblicher Berufsbezeichnungen (Kundin, Kauffrau, Kommissarin) und die Aufzählung beider Geschlechter (Zuschauerinnen und Zuschauer) hinaus; es geht um – Grammatik hin oder her – Unterstrich, Doppelpunkt und Asterisk, derzeit Favorit der Genderaktivistinnen, die den alten weißen Obelix und seinen Hinkelstein namens generisches Maskulinum auf den Mond schießen wollen.

Gegen das Gendern in den Sendern hat sich im Juli 2022 eine Gruppe von Sprach- und Literaturwissenschaftlern gewandt, Frauen und Männer, die »eine kritische Neubewertung des Sprachgebrauchs im ÖRR auf sprachwissenschaftlicher Grundlage« forderten.[142] Mehr als 350 unterzeichneten den Aufruf, mehr als 1000 weitere sprachsensible Akademikerinnen und Akademiker schlossen sich an. Sie appellieren an das Verantwortungsbewusstsein der Sender: »Die Sprachverwendung des ÖRR ist Vorbild und Maßstab für Millionen von Zuschauern, Zuhörern und Lesern. Daraus erwächst für die Sender die Verpflichtung, sich in Texten und Formulierungen an geltenden Sprachnormen zu orientieren und mit dem Kulturgut Sprache regelkonform, verantwortungsbewusst und ideologiefrei umzugehen.« Gender-Sonderzeichen entsprächen nicht dem amtlichen Regelwerk und beeinträchtigten »Verständlichkeit sowie Eindeutigkeit und Rechtssicherheit von Begriffen und Texten«. Die »Missachtung der gültigen amtlichen Rechtschreibregeln« sei »nicht mit dem im Medienstaatsvertrag formulierten Bildungsauftrag der Sender vereinbar«.

Die Initiatoren um Fabian Payr (Autor des Buchs *Von Menschen und Mensch*innen. 20 gute Gründe, mit dem Gendern aufzuhören*) erinnern daran, dass die Behauptung von der Unsichtbarkeit der Frau in der deutschen Sprache »abwegig« sei, sogenannte psycholinguistische Studien dafür keinen belastbaren Beleg lieferten, »dass generische Maskulina mental vorrangig ›Bilder von Männern‹ erzeugen«. Stattdessen führe das Gendern zu einer »ausgeprägten Sexualisierung der Sprache, also zu einer permanenten Betonung von Geschlechterdifferenzen«.

Die Fachleute, Männer und Frauen, fordern »die Abkehr von einem Sprachgebrauch, der stark ideologisch motiviert ist und überdies ... von der Mehrheit der Bevölkerung (ca. 75–80 %) eindeutig abgelehnt wird«. Es sei »bedenklich, wenn immer mehr Journalisten in Unkenntnis der sprachwissenschaftlichen Fakten den Jargon einer lautstarken Minorität von Sprachaktivisten in der Öffentlichkeit verbreiten und sich hierbei fälschlicherweise auf ›Sprachwandel‹ berufen«. Die Gendersprache, »ein akademischer Soziolekt, der die Diskursvorherrschaft anstrebt«, leiste sozialem Unfrieden Vorschub – »und das in Zeiten, in denen ohnehin zahlreiche gesellschaftliche Spaltungstendenzen« und »gefährliche Partikularisierungs- und Polarisierungstendenzen« zu beobachten seien.

Das Bemühen um Geschlechtergerechtigkeit auch im Sprachgebrauch nennt der Aufruf gleichwohl »ebenso legitim wie begrüßenswert«, es könne »nicht pauschal als ›ideologisch‹ qualifiziert werden«. Jedoch hätten »ideologische Strömungen im Feminismus und auch die Identitätspolitik ganz maßgeblich die Entwicklung der Gendersprache geprägt und dominieren die auch mit moralischen Argumenten geführten Debatten heute noch«. Eine sachliche Diskussion im Interesse der Geschlechtergerechtigkeit werde verhindert. Stattdessen berichte der ÖRR über den Themenbereich Gendersprache »unausgewogen, vielfach tendenziös und dient im Wesentlichen der Legitimation der eigenen Genderpraxis«. Eine positive Darstellung des Genderns überwiege. »Kritiker werden nicht selten als reaktionär, unflexibel und frauenfeindlich geschildert.«[143]

Leider unterblieb die Diskussion auch mit den Adressaten des Aufrufs. In einem Beitrag in der *Frankfurter Allgemeinen* beklagte Payr die »ausgeprägte Schmallippigkeit der Sender«. Dabei gehe es um die Glaubwürdigkeit des ÖRR. Wolle er die nicht verlieren, »muss er zu dieser ideologisch begründeten Sprachform kritische Distanz wahren. Und will er die Entfremdung vom Publikum durchbrechen, muss er, wie es einst Luther schon empfohlen hat, seinem Publikum ›aufs Maul schauen‹ und dessen Sprache sprechen. Sonst wird er dieses Publikum früher oder später nicht mehr erreichen.«[144]

Wieso sind die Sender – sprich: die Menschen, die dort arbeiten – so schmallippig? Es gibt mindestens zwei Antworten: weil nicht alle Menschen Druck aushalten können, den auszuüben woke Aktivisten perfektioniert haben. Die Angst vor dem sogenannten Shitstorm ist in den Sendeanstalten allgegenwärtig. Und weil, zweitens, eine wachsende Zahl von Journalisten sich als Aktivisten sehen. Es ist nicht falsch, Minderheiten auch im Fernsehen eine Stimme zu geben, aber es ist falsch, wenn daraus Ignoranz gegenüber der Mehrheit wird (siehe auch Kapitel 7).

Dabei war es doch lange das Ziel des Feminismus, Ungleichheit abzuschaffen. Als Feministinnen vor Jahrzehnten, das Binnen-I wie eine Büchse vor der Brust, ins Gefecht zogen, ging es um Gleichstellung. Der Glaube, Ungleichheit könne mittels Sprache beseitigt werden, hat sich zwar nicht nachhaltig durchgesetzt, aber die Gleichstellung ist trotzdem fortgeschritten. Heute wird der Geschlechterunterschied erneut hervorgehoben, sogar betont. Es geht jedoch nicht mehr um die Hälfte der Bevölkerung, sondern um eine unbestimmte Zahl von Minderheiten. Wir haben schon gesehen, dass diese Gruppe nicht mit einer Zunge spricht. Aber ihre lautstarken Repräsentantinnen tragen heute das Sternchen auf der Schulter, das einen »Raum für verschiedene Identitäten« symbolisieren soll.[145]

Verfassungswidrig? Das Grundgesetz gendert nicht

Offenbar, um die Entwicklung auch juristisch abzusichern, schlug Anna Katharina Mangold, Leiterin der *Abteilung Europa und Völkerrecht an der Europa-Universität Flensburg*, 2021 in einem Gutachten für die Brandenburger Landtagsfraktion der Grünen vor, die Landesverfassung geschlechtergerecht umzuformulieren – »aus verfassungsrechtlichen Gründen«. Denn aus dem Gleichberechtigungsgebot des Art. 3 Abs. 2 GG ergebe sich die »staatliche Aufgabe, bestehende gesellschaftliche Nachteile zwischen Männern und Frauen zu beseitigen«. Die Benachteiligung vorausgesetzt – und davon geht Mangold offenbar aus – mache es Art. 3 Abs. 3 GG auch zur »Pflicht, eine positive Geschlechtsbezeichnung jenseits von ›männlich‹ und ›weiblich‹ für nicht-binäre Menschen zur Verfügung zu stellen«. Es sei nötig, Formulierungen zu finden, »die auch nicht-binäre Menschen mitumfassen«. Interessant daran ist, dass das Grundgesetz bisher generell am generischen Maskulinum festhält. Unsere Verfassung, auf die Mangold sich beruft, wäre demnach also verfassungswidrig. Oder wäre sie das doch eher, wenn das Grundgesetz die Menschen nicht mehr sprachlich gleich behandelt, sondern sie in zwei oder gar mehrere Gruppen aufteilt und – wenn das zu Gruppenbewertungen führte – diskriminiert? Das wäre in der Tat Sexismus.[146]

In einem Interview mit *Legal Tribune Online* empfahl Mangold neue Amtsbezeichnungen, die nicht geschlechtsspezifisch sind. »Gut geeignet« fand sie den Begriff »Person«. »Also etwa ›vorsitzende Person‹ oder statt Minister*in, ›die Leitung des Bundesministeriums‹ oder auch ›Leitungsperson‹ oder ›Ministerialperson‹.« Das kann nur eine Juristin als »positive Geschlechtsbezeichnung« sehen. Obwohl sie »Formulierungen wie ›der*die Minister*in‹ nicht nur sprachlich für wenig gelungen« hält und diese »auch weiter ein binäres Geschlechterdenken« verfestigten, plädierte Mangold schließlich für das Gendersternchen. Aber das, sagte sie, »wäre immerhin ein Anfang, und der Vorschlag kommt zudem aus der queeren Community selbst«.[147] Das Prädikat für diesen Vorschlag hat sie ja schon selbst vergeben: »wenig gelungen«. Aber seien Sie versichert: Schlimmer geht immer.

Genderwahn? Rentenversicherungträger*innen sind »en woke«

Caroline Amlinger und Oliver Nachtwey sehen beim Gendern einen »Konflikt zwischen Fortschritt und Freiheit«, weil »gendersensible Konventionen« auf Inklusivität zielten, aber »von vormals Etablierten als Einschränkung ihrer Freiheit wahrgenommen« würden. Das Gendern könne »teilweise ... tatsächlich exkludierend« sein, räumen sie ein, weil jene, »die die neuen Normen noch nicht verinnerlicht haben ... gerügt und moralisch abgewertet« würden. Bleibt allein die Frage unbeantwortet: Weshalb sollten wir alle diesem sprachlichen Irrweg folgen? Weshalb sollten wir diese von wem auch immer aufgestellte Norm übernehmen? Und wieso, schließlich, soll unsere sachliche Kritik daran »eine ressentimentgeladene Abwehr« sein?[148]

Wohin der Fortschritt marschiert und auf welcher gedanklichen Ebene die Debatte unter Aktivistinnen sich bewegt, ist immer wieder zu besichtigen, etwa auf Twitter: »Grammatik und Rechtschreibregeln sind ein kolonialrassistisches tool von white supremacy um BIPoCs zu unterdrücken don't @ me.« Beschämend, dass dieser Unsinn von einer Aktivistin stammt, die als angebliche Journalistin nicht nur beim *Missy Magazin* veröffentlichen darf, sondern auch bei *taz* und *Neues Deutschland.* Auf den Hinweis, dass Rechtschreib- und Grammatikregeln nicht von Weißen ausgedacht seien, um BIPoCs zu unterdrücken, und manche nicht-europäischen Sprachen Regeln »sogar vor dem Kolonialismus« hatten, empfiehlt Ayesha Khan (@migrantifa): »man kann kurz darüber nachdenken, was Sprache, zB im deutschen Schulsystem oder in Behörden, mit Ausschluß, Diskriminierung und Unterdrückung zu tun hat. Danke.«

Muss man sich mit derartigem Gezwitscher befassen? Sollten betroffene Aktivistinnen als künftige Entscheiderinnen bald die Regeln machen, dann schon. Wird die Grammatik dann noch stärker missachtet als schon heute?

Unglücklicherweise ist die deutsche Grammatik nur begrenzt genderfähig, hin und wieder zeigt sie geradezu demonstrativ, dass etwas falsch ist mit der zeitgeistigen Sprachmanipulation. Weshalb Menschen mit orthodoxem Genderzwang sich hin und wieder gewaltig verirren – oder schlicht nicht mehr denken: In wenig sprachbegabten Redaktionen hat sich das Kanzler*innenamt durchgesetzt, als hätten sich dort mehrere Frauen die Stelle geteilt. Dort wird auch DIE Ukraine als »Beitrittskandidat*in« gehandelt, als hätten nun schon manche Staaten neben einem Artikel auch ein Geschlecht. Hin und wieder wird – zu welchem Zweck? – doppelt gegendert (»weibliche Autorin«, Sophie Passmann) und manchmal unnötigerweise (»Almdudler*in«, aber der Dudler ist kein Mensch, sondern ein alpenländischer Gesang). Und weil nicht jedem Menschen anzusehen ist, welchen sexuellen Neigungen er frönt, sollen sie sich ein Pronomen geben, das man an seine E-Mail-Signatur hängt wie einen Orden an die Brust (siehe weiter unten). Dauernd muss der moderne Mensch sich mit dem Sexleben anderer beschäftigen, ob er will oder nicht.

Wenn ein Rettungssanitäter seine Schäfchen »Identität*innen und Aktivisti« nennt, weiß man, wo man ist: in der Welt von Hambi und Lützi, im Kindergarten, wo Klimaaktivistinnen im Januar 2023 gleichgültig zusahen, wie Extremisten Steine und Molotowcocktails auf »Schweine« und »Faschisten« warfen, sehr zurückhaltend agierende Polizisten. Das ähnelt der Praxis des österreichischen Aktionskünstlers Hermes Phettberg, der seit 30 Jahren mit dem Y gendert – nicht dem Chromosom, sondern dem Buchstaben. Aus Leuten, die bedienen, werden Kellny, aus Heilenden Ärzty, aus Studierenden Study und unsere Leserschaft wird zum Lesy – und alle natürlich Neutrums: das Menschy.

Wie in der Kinderkrippe ist Grammatik beim Gendern Nebensache, und es geht zu wie im Feldlazarett: Es wird amputiert, wenn ein Postbot neben der Postbot*in auf dem Fahrrad sitzt, bei Zuwander*innen und Einwander*innen wird der Mann gleich um zwei Buchstaben gestutzt. Geschieht ihnen recht, den Kerlen. Bei Bedarf wird auch ergänzt, wo ein Ärzt neben Ärzt*innen am OP-Tisch steht oder ein Beirät neben einer Beirät*in im Fernsehbeirat sitzt.

Bald werden wir zur Bürger*innenmeister*inwahl gehen und Frauen die besseren Autofahrer*innen sein. Haben wir demnächst neben DER Säugling eine weibliche Form? DIE Säuglingin? Plural: Säugling*innen? DER Mensch, DIE Menschin, Mensch*innen? Im nächsten Hambi oder Lützi trietzen Demonstranty Bull*innen. Wird DER Gast von einer Gästin angesprochen, vereinigen sie sich im Plural zu Gäst*innen? Heißt die Bestatterinnung bald Bestatter*inneninnung? Und muss die deutsche Apotheker- und Ärztebank sich bald umbenennen in Deutsche Apotheker*innen- und Ärzt*innenbank? Undenkbar erscheint das alles nicht mehr.

Die Textredaktion der Zeitung *Publik* der Gewerkschaft ver.di, die achtmal pro Jahr in einer Auflage von knapp 1,8 Millionen Exemplaren erscheint und aus Mitgliedsbeiträgen finanziert wird, sieht ausschließlich Frauen in der redaktionellen Verantwortung. Ein schöner Erfolg für die Gleichberechtigung und Beweis dafür, dass ver.di eine »Expertin« ist. Leserinnen freuen sich über die außergewöhnlich große Aufmerksamkeit für ihr Geschlecht und eifriges Gendern. Eine Leserbriefschreiberin (pardon: Leser*innenbriefschreiber*in) fand nach der Lektüre eines Artikels über »Gendersternchen« im Herbst 2021: »Diese kleinen Unannehmlichkeiten im Lesefluss kann man ruhig in Kauf nehmen, um Frauen, inter*, trans* und nichtbinäre Personen mal ein wenig Ausgleich zu gönnen« – nämlich für die Benachteiligung durch Männer im bisherigen Weltenlauf.

Der Erfolg für die Gleichberechtigung wird leider dann teuer bezahlt, wenn die Redaktion es übertreibt mit der Gerechtigkeit. Das beklagte jedenfalls ein – was sonst! – Leser, dessen Schreiben die Macherinnen ihrem Publikum – das immerhin ist Größe – nicht vorenthielten: Er fragte nach der »Sinnhaftigkeit des inflationären Gebrauchs der verschiedenen Gender-Schreibweisen«, zu denen er sich nicht weiter äußern wolle, »um keine weiteren Pawlowschen Reaktionen der Gender-Ideologen auszulösen«. Dass nun schon Körperschaften des öffentlichen Rechts gegendert werden, ging ihm aber doch zu weit: Die Neuschöpfungen »Sozialversicherungsträger*innen« und »Renten- und Unfallversicherungsträger*innen« zeugten doch »von einer großen Portion Ignoranz und grenzt[en] schon an Genderwahn«. Dem ist zuzustimmen.

Wer soll also Regeln bestimmen, nach denen wir künftig zu sprechen, zu schreiben und zu lesen haben? Bisher konnten die Deutschen dem Duden vertrauen. Aber bei der Arbeit an der neuen Duden-Ausgabe *Die Grammatik* war der Linguist und Gender-Kritiker Peter Eisenberg nicht mehr beteiligt, dafür erstmals die Gender-Befürworterin Damaris Nübling. Darauf wies Wolfgang Krischke in der *FAZ* hin und monierte, dass »das Reizthema Gendern« in der neuen Duden-Grammatik »knapp, aber tendenziös behandelt« wird. Wegen der schon genannten psycholinguistischen Studien suche der Duden »alternative Formulierungen«. Auch Krischke sieht diese Tests »in der

Wissenschaft nach wie vor umstritten« und wünscht sich »eine Beschreibung der grammatischen Systembrüche, die durch das Gendern verursacht werden. Schließlich orientiert sich die Duden-Grammatik ihrem Selbstverständnis nach ›an der geschriebenen Standardsprache, die überregional, stilistisch neutral, nicht an einen spezifischen Verwendungskontext gebunden und auch in formelleren Kontexten unauffällig ist‹.«[149]

Offenbar gilt das Gendern jetzt schon als »geschriebene Standardsprache«, obwohl die Mehrheit es ablehnt. Das liegt vermutlich daran, dass die schreibende Zunft sich gegen die Mehrheit wendet. Dass sie dabei an Glaubwürdigkeit verliert, gilt dort offenbar als zu vernachlässigender Kollateralschaden.

Immerhin freut sich Krischke, dass der Lesefluss weitgehend ungestört ist, »da insgesamt das generische Maskulinum überwiegt«. Und er fürchtet auch nicht, »dass in künftigen Auflagen der Genderstern strahlen wird«. Denn: »In der Duden-Grammatik dient der Stern nämlich – wie in der Sprachwissenschaft üblich – zur Markierung falscher Formen (*sie springte). Der Doppelsinn, den das Symbol bei gegenderten Stummelformen wie Pat*in entfalten würde, wäre sicherlich unerwünscht.«

Michael Becker-Mrotzek vom Mercator-Institut für Sprachförderung und Deutsch als Zweitsprache meint im Deutschen Schulportal der Robert Bosch Stiftung, wir erlebten einen »Sprachwandel im Zeitraffer«. Die Genderdiskussion wirke sich in geringer Weise auf die Sprachförderung aus. Er empfiehlt die Doppelnennung, also Schülerinnen und Schüler. »Auf diese Weise bringen sie das weibliche und das männliche Geschlecht explizit zum Ausdruck, und die Texte werden nur unwesentlich länger. Auch für Schülerinnen und Schüler, die Schwierigkeiten mit dem Lesen oder der Sprache insgesamt haben, wäre das kein Problem, weil es sich nur um die einfache Wiederholung eines ähnlichen Worts handelt.« Veränderungen im Sprachsystem wie das Gendersternchen bräuchten Jahre oder Jahrzehnte.

»Es müssen ja alle Sprachteilnehmer mitgenommen werden. Das lässt sich nicht von oben verordnen.« Er hielte es aber für hilfreich, wenn sich Schulen darauf verständigen könnten, bestimmte Formen zu nutzen. »Angesichts der vielen anderen Probleme, die wir haben, nämlich dass viele Schülerinnen und Schüler die Schule verlassen, ohne richtig lesen und schreiben zu können, würde ich Schulen nicht empfehlen, sehr viel Zeit darauf zu verwenden, sich jetzt schon auf eine Form festzulegen.«[150]

Lustiger Leitfaden: Die Polizei empfiehlt, die Regeln zu brechen

Die Berliner Polizei muss stets hellwach sein, weil nirgendwo so viele Verbrecher ihr Unwesen treiben wie in der Hauptstadt und nirgendwo so viel demonstriert wird. Weil sie dort so häufig mit woken Staatsbürgern zusammentreffen, hat jemand in der Polizeiführung dafür gesorgt, dass ihre Untergebenen wissen, wie diese Menschen korrekt anzusprechen sind. Und schon wendet sich einer von ihnen im Anschluss an eine Demonstration per Lautsprecher »an die ehemaligen Versammlungsteilnehmenden«. Er trägt damit dem Umstand Rechnung, dass es nicht mehr up to date ist, von Demonstranten zu sprechen, weil unter der Menge auch Frauen und allerlei andere Gender unterwegs sind, die nicht nur mitgemeint sein, sondern von der Polizei geschlechtsadäquat angesprochen werden wollen. Gleichzeitig ist der Berliner Polizei offenbar bewusst, dass das Partizip Präsens eine gerade stattfindende Tätigkeit ausdrückt. Deshalb können Menschen, die nicht mehr demonstrieren, nicht als Demonstrierende bezeichnet werden, was auch für Studierende gilt, die gerade nicht woke sind, sondern schlafen.

Und doch: Weil die Berliner Polizei zeigen will, dass sie

modern und der Zukunft zugewandt ist, hätten die Autorinnen des Genderleitfadens von der Zentralstelle für Prävention beim Landeskriminalamt mit dem Titel »Empfehlungen für einen diskriminierungssensiblen Sprachgebrauch« so überaus gern »eine alle Geschlechter inkludierende Schreibform mit Genderdoppelpunkt (z. B. Bürger:innen) gewählt«. Das allerdings, bedauern sie, sei nicht von der amtlichen Rechtschreibung gedeckt. Aber was soll schon Regeltreue, meint die Polizei, und empfiehlt genau das: die »alle Geschlechter inkludierende Schreibweise mit Genderdoppelpunkt«. Grammatik ist so überbewertet wie die Pflicht, bei Rot an der Ampel stehen zu bleiben oder Tempo 50 oder 30 in der Stadt einzuhalten. Meint offenbar die Polizei.[151]

Der Belegschaft geben die Damen vom LKA im Vorwort noch folgenden Rat mit: »Wer diskriminierungssensibel sprechen und schreiben möchte, sollte – besonders im Umgang mit vorurteilsbehafteten Themen – eine Sprache wählen, die nicht von der Mehrheitsbevölkerung vorgegeben wird, sondern von den Betroffenen selbst.« Interessant: Die Polizei stellt sich nicht nur gegen die Regeln, sondern auch gegen die Mehrheit. Besser gesagt: Offenbar haben sich Menschen in Bürostühlen etwas ausgedacht, was die Polizisten auf der Straße umzusetzen haben. Denen aber scheint gar nicht zu gefallen, dass sie auch noch penibel auf korrekte Ansprache zu achten haben, während sie beschimpft oder mit Steinen beworfen werden.

Offenbar war da jemand in der Polizeiführung woker, als die Polizei erlaubt. Doch das Gender-Virus scheint ansteckend zu sein. Das Robert Koch-Institut, dessen Aufgaben auf dem Gebiet der Krankheitsüberwachung und -prävention zu finden sind, hat sich infiziert, als einige dort Beschäftigte »in Zusammenarbeit mit externen Akteuren mit entsprechender inhaltlicher Expertise (Facheinrichtungen, Forschung, Selbstorganisation) und unter Berücksichtigung des bestehenden Diskussionsstandes eine Handreichung zu antidiskriminierender Sprache in der Forschung zu Migration und Gesundheit entwickelt« haben; das Projekt »Improving Health Monitoring in Migrant Populations« (IMIRA) hat zu erstaunlich konkreten Ergebnissen geführt, die heller leuchten als das Sternchen: So soll es am RKI von nun an statt Moslem (»zum Teil als Beschimpfung verwendet«) Muslim heißen, statt »türkischstämmig« besser »Türkeistämmig«. Und statt von einer Flüchtlingskrise zu sprechen (»richtet … fälschlicherweise den Fokus auf Geflüchtete als Verursachende einer vermeintlichen Krise«), wird empfohlen: »Herausforderungen, die sich aus der hohen Zahl an eingereisten geflüchteten Menschen ergeben«.[152]

Weil der Begriff Integration oft die Forderung nach Assimilation (»vollständige Anpassung«) bedeute und »eine individuelle Anpassungsleistung von Migrant*innen« impliziere, ist auch er schon wieder zu ersetzen. Ein differenzierter Integrationsbegriff »bezieht sich auf die gesamte Gesellschaft und deren Diversität und beschreibt eine chancengleiche Teilhabe aller an allen zentralen Bereichen des gesellschaftlichen Lebens«. RKI-Vorschlag zur Güte: Teilhabe, Partizipation, Chancengleichheit. Die »Anpassungsleistung« für eine gemeinsame Zukunft hat somit wer zu erbringen? Ein erstaunlicher Perspektivwechsel, der zweifellos Folgen für den sozialen Frieden haben wird.

Von »Diskussionsstand« kann keine Rede mehr sein, längst wird nicht mehr diskutiert, sondern exekutiert, und stehen bleibt nichts, die Vollstrecker eilen entschlossen und von keinerlei Zweifel gebremst nach irgendwo. Schon lernen wir von den höchsten deutschen Krankheitsexperten, dass es sich bei diskriminierungsfreiem Sprachgebrauch gehört, bei der »Selbstbezeichnung Schwarze Deutsche« das Adjektiv groß zu schreiben, weil das »aktuell positiv empowernd besetzt« sei. »Der Begriff macht die gesellschaftliche Position der Menschen sichtbar, die von Rassismus betroffen sind. Schwarz wird bewusst großgeschrieben, da es sich nicht um die Hautfarbe handelt, sondern um ein durch die Gesellschaft konstruiertes Zuordnungsmuster.«

Beim Adjektiv »weiß« wird Zurückhaltung angeraten, weil auch das nicht die Schattierung der Haut meint, »sondern eine gesellschaftspolitische Norm und Machtposition«. Offenbar, um das zu konterkarieren, sollen Robert Kochs Erben sich ducken und demütig neigen. Von nun an wird »weiß« nicht nur kleingeschrieben, sondern auch kursiv, wie ein Warnschild. Denn: »Mit Weißsein ist die privilegierte und dominante Position innerhalb des Machtverhältnisses Rassismus gemeint, die sonst unausgesprochen und unbenannt bleibt.« So führt der Kampf gegen angeblichen Rassismus zu neuem.

Sehr sensibel, auch sprachlich, ist folgende Erkenntnis: »Wenn im Kontext Migration von Menschen mit Sprachproblemen, keinen, schlechten oder fehlenden Sprachkenntnissen gesprochen wird, ist damit meistens gemeint, dass die Personen wenige oder keine Deutschkenntnisse haben. Es handelt sich also nicht um ein Sprachproblem oder fehlende Sprachkenntnisse, sondern um die Beschreibung der vorhandenen Kenntnisse der deutschen Sprache.« Wer's nicht verstanden hat: bitte auswendig lernen. Und dann weiter: »Auch ist ein wertendes Adjektiv wie ›schlecht‹ ist (sic!) keine adäquate Beschreibung von Sprachkenntnissen.« Der Vorschlag der Expertinnenkommission: »Menschen mit wenigen oder keinen Deutschkenntnissen«. Wir fassen zusammen: Teilhabe, Partizipation, Chancengleichheit gibt's »mit keinen« Sprachkenntnissen und aufgrund von Rassismuserfahrung, um die Privilegien und Machtverhältnisse in der Welt der *weißen* zu schleifen.[153]

Einmal noch lachen? Das Internet ist sexistisch und eine Erfindung von Männern? Welch ein Irrtum! Das Web weiß, wie frau feministische Personalkampagnen richtig macht. Zum Beispiel bei der Post: »Werde eine:r von uns« haben die Personalabteilung und ihr Dienstleister getextet und sich für die Gendervariante Doppelpunkt entschieden. Das Internet aber schließt den Doppelpunkt ungefragt ebenso aus wie die Männer und kennzeichnet die Seite so: https://careers.dhl.com/eu/de/werde-eine-von-uns.[154] Das ist der totale Sieg der Frauen. Das Internet ist weiblich. Leider schließt es damit alle anderen aus und ist deshalb transfeindlich.

Zwang oder Empfehlung? Kein Gendern, schlechtere Noten

Asterisk, Unterstrich und Doppelpunkt ändern bedauerlicherweise nichts an der gelebten Gleichberechtigung. Sie sind Folterwerkzeuge für Hirn und Hals, die eher zu Be- und Entfremden führen. Dennoch sind derartige Sprachregelungen mancherorts zur Pflicht geworden. Renitente, uneinsichtige Menschen – zum Beispiel Studenten – müssen bereits mit schlechteren Noten rechnen. Nach einer Recherche von Thomas Thiel (*FAZ*) zwingen oder nötigen zahlreiche Hochschulen in Deutschland, Österreich und der Schweiz Lehrende und Lernende zum Gebrauch der sogenannten gendergerechten Sprache.

Dürfen die das verordnen? Oder ist das ein Regelverstoß? Wohl Letzteres. »Wahrscheinlich würden die meisten Gerichte das aus Gründen der Lehr- und Wissenschaftsfreiheit so sehen, aber völlig eindeutig ist die Rechtslage nicht«, so Thiel. »Das Verfassungsgericht hält sich bisher bedeckt und verweist auf den Rat für deutsche Rechtschreibung, der sich gegen die Verpflichtung zum Gendern ausspricht, unter anderem deshalb, weil er … der Meinung ist, dass es der Klarheit schadet.«[155]

Dem Studentenparlament der angeblich freien FU Berlin ist das egal. Es verlangt bei schriftlichen Anträgen »gendergerechte Sprache als Kriterium für Formgerechtigkeit«. Wer dem nicht nachkommt, erhält offenbar ein Schreiben, das laut *Berliner Zeitung* so lautet: »Vielen Dank für die Übersendung eurer Anträge. Leider erfüllen sie nicht die formalen Kriterien nach unserer Geschäftsordnung §6 (3) ›Anträge sind in einer Sprache einzureichen, die alle Geschlechter gleichermaßen abbildet‹. Dieses Kriterium ist durch das verwendete generische Maskulinum nicht erfüllt. Wir bitten daher darum, dass ihr uns geänderte Versionen schickt. Ansonsten können wir sie leider nicht in die Tagesordnung aufnehmen.« Weder das Binnen-I noch die Lösung »Studentinnen und Studenten« ist erlaubt, schließlich fehlen dann etliche soziale Geschlechter. Gefordert ist das substantivierte Partizip oder »eine Formulierung mit Unterstrich oder Doppelpunkt«. Der Asterisk wird nicht erwogen.[156]

Die Vielfaltsbürokratie der Universität Kassel schlägt Formulierungen ohne Sternchen vor, die im Ohr von Sprachsensiblen ein Quietschen erzeugen: Per »Beschluss zur gendergerechten Sprache« habe die Gleichstellungskommission »Hinweise zur neuen Schreibweise« (wer hat beschlossen, auf welcher rechtlichen Grundlage?) gegeben: Menschen, die das Studium vorzeitig beenden, sollten statt Studienabbrecher Studienabbrechende genannt werden, Dozenten Dozierende, Ansprechpartner Ansprechpersonen, Doktoranden jedoch – das legt die mangelnde grammatische Konsistenz offen – nicht etwa Doktorierende, sondern Promovierende. Aberwitzig schließlich: Fachgruppensprecher sollten jetzt – als ginge es um eine Qualifikation wie Englisch oder Französisch, nicht um eine Funktion – »Fachgruppensprechende« genannt werden.

Immerhin scheint man in Kassel verstanden zu haben, dass man juristisch über dünnes Eis gleitet, wenn gendergerechte Sprache verpflichtend und notenrelevant wäre. Die Verpflichtung zum Gebrauch von »gendergerechter Sprache in Prüfungen« scheint inzwischen vernünftigerweise korrigiert worden und nicht mehr obligatorisch zu sein. Vorgaben zur Verwendung geschlechtergerechter Sprache in Prüfungen bleiben aber »unter bestimmten Voraussetzungen zulässig«, wenn »ein hinreichender fachlicher bzw. berufsqualifizierender Bezug bei der konkreten Prüfung gegeben ist«.

Die Berücksichtigung geschlechtergerechter Sprache als »Element prüfungsspezifischer Bewertung« dürfe nicht willkürlich ausfallen, heißt es in Kassel. Verhältnismäßigkeit sei zu wahren. »Soweit über die Zulässigkeit der Vorgabe keine letzte Klarheit besteht, bleibt der ›Antwortspielraum des Prüflings‹ zu respektieren, dem ein abweichender Sprachgebrauch dann nicht zum Nachteil gereichen darf.« Aber vielleicht gereicht es denjenigen zum Vorteil, die den vermuteten Erwartungen entsprechen.[157]

Berlins ehemaliger Finanzsenator Daniel Wesener (Grüne) hat im Januar 2023 alle im öffentlichen Dienst Beschäftigten aufgefordert, ihre E-Mail-Signatur so zu ändern, dass die korrekte Ansprache gewährleistet werden kann. »Da wir nicht immer anhand des Vornamens auf das Geschlecht einer Person schließen können, ist es sinnvoll, in der eigenen E-Mail-Signatur das bevorzugte Pronomen und die bevorzugte Anrede zu nennen«, zitiert die Boulevardzeitung *B.Z.* aus dem Schreiben. »Die Anrede sollte sich nach der Selbstauskunft der Person richten und nicht danach, wie andere ihr Geschlecht wahrnehmen oder ihren Vornamen deuten. Klarheit über die korrekte Anrede des Gegenübers entlastet auch die Person, die ihr schreiben möchte.«

Wer sich als Frau versteht, schreibt unter ihren Namen: »sie/ihr«, dann kann sie irrtumsfrei als »Sehr geehrte Frau Musterperson« angesprochen werden. Ein Mann outet sich als »er/ihm« (Anrede: »Sehr geehrter Herr Musterperson«). Und wer weder Frau noch Mann sein möchte, soll unter den Namen schreiben: »kein Pronomen« (Anrede: »Guten Tag, Manu Musterperson«). Wahlweise kann diese Gruppe ein »Neopronomen«

angeben, »dey« oder »xier« statt »er« oder »sie«.[158] Ist das noch vorauseilender Gehorsam oder schon williges Vollstrecken einer übergriffigen Politik?

Das Frauenbüro der Hansestadt Lübeck hat verordnet, dass in Korrespondenzen, Formularen, Vordrucken, Anträgen und Berichten der Gender-Doppelpunkt genutzt wird. Ein Muss für alle in der Stadtverwaltung Beschäftigten? Aber sicher: »Die neue AGA-Regelung und der Leitfaden für gendergerechte Sprache sind Bestandteil des derzeit in Entwicklung befindlichen Corporate Designs der Hansestadt Lübeck und sind genau so verbindlich.«

Im Eifer um die inklusive Sprache gehen Städte wie Stuttgart und Köln so weit, Straßenübergänge nicht mehr mit Zebrastreifen für Fußgänger zu versehen, sondern für »Zufußgehende« (entschiede sich Zürich dafür, schriebe sich das: Zufussgehende). Der Ort »Negernbötel« bei Segeberg soll nach fast 600 Jahren in »Näherbötel« umbenannt werden. Zumindest, wenn es nach der Grünen Jugend geht. Grund: Rassismus-Verdacht. Dabei ist der Name Plattdeutsch für »näher«. Da verschwindet dann offensichtlich ein Stückchen Identität aus mangelnder Intimität mit der Geschichte des Orts. Das alles geschieht selbstredend nur zum Wohl der betreuten Bürger.

Gendergerechte Sprache: Neue Art der Diskriminierung

Ein Leitfaden der Universität des Saarlandes benutzt eine eingängige Geschichte, die zeigen soll, wie Frauen aus der »Männersprache« verschwinden: »Ein Vater fährt mit seinem Sohn im Auto. Sie verunglücken. Der Vater stirbt an der Unfallstelle. Der Sohn wird schwer verletzt ins Krankenhaus eingeliefert und muss operiert werden. Ein Arzt eilt in den OP, tritt an den Operationstisch heran, auf dem der Junge liegt, wird kreidebleich und sagt: ›Ich bin nicht im Stande zu operieren. Dies ist mein Sohn.‹«[159]

Es mangelt dieser Geschichte offensichtlich an Logik, weil der Vater nicht tot sein und nun wieder im Operationssaal stehen kann. Dieser Mangel ist absichtlich erzeugt, um das generische Maskulinum vorzuführen. Das allerdings ist nicht nötig, weil eine Ärztin am Tisch steht und das Maskulinum an dieser Stelle in betrügerischer Absicht gesetzt ist. Fabian Payr verweist in der *Berliner Zeitung* auf den Ursprung der schon etwas betagten Arztgeschichte: Sie stamme aus den USA, wo sie einem anderen Zweck diente: »Sie sollte helfen, Rollenstereotype zu entlarven. Wenn also Englischsprecher bei ›surgeon‹ an einen Mann dachten, dann lag das nicht am generischen Maskulinum (das es im Genus-losen Englischen nicht gibt). Es lag an Geschlechterklischees. Wer diese Geschichte benutzt, um das generische Maskulinum zu stigmatisieren, betrügt sein Publikum.«[160]

»Dass deutsche Universitäten diesen Unfug mitmachen, ist beschämend«, schreibt Payr und verweist auf »fleißige Multiplikatoren in Amtsstuben und Universitäten, allen voran die zahlreichen Gleichstellungsbeauftragten und Inhaberinnen von Lehrstühlen für Gender Studies, die die Karriere des Genderns aktiv beförderten« und den »elitären Jargon« des Genderns mit seinem »zentralen Opfernarrativ« über ihre »akademischen Nischen« auszubreiten gedächten.

Als hätten die Männer die Sprache gebraucht, um Frauen zu unterdrücken. Und nun weisen die Genderer den Frauen erneut die Rolle des Opfers zu. Payr zitiert den Sprachwissenschaftler und Schriftsteller Daniel Scholten und dessen bissiges Wort dazu: »Obwohl die Frau seit so langer Zeit sprechen kann wie der Mann und seit jeher die Hälfte jeder Population ausmacht, hat sie jahrtausendelang nichts gesagt und ist erst durch die moderne Frauenbewegung zu Bewusstsein und Sprache gekommen (…). Wenn sie doch gesprochen hat, durfte sie die Sprache höchstens mitbenutzen und musste so sprechen, wie es ihr der Mann vorgab. An der Entstehung und Entwicklung des Deutschen hatte sie keinen Anteil.«[161]

Auch die Journalistin Susanne Kusicke hält es für möglich, dass der Streit um das Gendern Frauen »in Wirklichkeit nicht nur nicht hilft, sondern vielleicht sogar schadet. Denn es erinnert Frauen immer wieder daran, dass sie eben Frauen sind – nicht Menschen, die sich für etwas interessieren, engagieren, kämpfen. Als täte die Natur nicht schon genug, um sie diese Tatsache nicht vergessen zu lassen!« Sie nennt das »im Kern eine neue Art der Diskriminierung, und zwar keine positive. Frauen werden dadurch immer wieder zurückgeworfen auf ihr Frau-Sein, das sie durch ihre gesellschaftliche Emanzipation doch eigentlich überwinden wollen, zumindest in sozialer Hinsicht.« Ihre Rolle als Frau sei doch früher die Begründung gewesen, dass sie so vieles nicht tun durften. »Der wahrhaft universelle, wirklich gleichberechtigte Anspruch müsste darum lauten: an einer Gesellschaft als Mensch mitwirken zu können. Alles andere spaltet nur.«[162]

Gleichzeitig löschen Wortneuschöpfungen der Gendergerechten die Frauen aus, zum Beispiel mit dem Akronym FLINTA (das, wenn als solches gedacht und gesprochen, Flinta geschrieben werden müsste). Diese Eingemeindung führt dazu, dass die Welt sich scheidet in Männer und FLINTA, also Frauen, Lesben, Intergeschlechtliche, Nichtbinäre, Trans und Agender sowie, erweitert durch ein Sternchen, alle weiteren nicht binären Geschlechtsidentitäten. Frauen gehen mit diesem Begriff in der Masse der Nichtmänner unter. Als wäre die Gendersprache von frauenfeindlichen Patriarchen erfunden worden.

Ja, Sprache verändert sich. Aber sie sollte sich von unten entwickeln, nicht von Politikerinnen und Medienmachern, Lehrenden und Verwaltenden durch Leitfäden, Gesetze und

Richtlinien verordnet werden. Vieles erinnert an Orwells Neusprech,[163] an den in *1984* demonstrierten Versuch, durch verordnete Sprache und Verbot von Büchern das Denken auszuschalten.

Dabei sind Diversität und das Verbot von Diskriminierung längst garantiert – durch das Grundgesetz, Artikel 3:

(1) Alle Menschen sind vor dem Gesetz gleich.

(2) Männer und Frauen sind gleichberechtigt. Der Staat fördert die tatsächliche Durchsetzung der Gleichberechtigung von Frauen und Männern und wirkt auf die Beseitigung bestehender Nachteile hin.

(3) Niemand darf wegen seines Geschlechtes, seiner Abstammung, seiner Rasse, seiner Sprache, seiner Heimat und Herkunft, seines Glaubens, seiner religiösen oder politischen Anschauungen benachteiligt oder bevorzugt werden. Niemand darf wegen seiner Behinderung benachteiligt werden.

Unglücklicherweise scheint dieses unglückselige Sprachprojekt unaufhaltsam zu gelingen. Im Februar 2023 baten wir einen neuen Mitarbeiter namens ChatGPT um einen Aufsatz über die Gendersprache. Dieser mit künstlicher Intelligenz ausgestattete Textgenerator scheint bereits von der woken Ideologie infiziert zu sein:

> »Zunächst ist es wichtig zu verstehen, was Gendersprache ist. Im Wesentlichen geht es darum, Sprache zu verwenden, die alle Geschlechter einschließt und sich nicht auf männliche oder weibliche Pronomen oder Substantive beschränkt. Ein Beispiel wäre, anstelle von ›der Student‹ oder ›die Studentin‹ ›die Studierenden‹ zu sagen oder zu schreiben.
> Gendersprache ist ein Mittel, um Diskriminierung aufgrund des Geschlechts zu vermeiden und eine inklusive Sprache zu fördern, die die Vielfalt der Geschlechter berücksichtigt. Es gibt viele Menschen, die sich nicht in einer binären Ge-

schlechterkategorie wiederfinden, und Gendersprache bietet eine Möglichkeit, diese Menschen zu berücksichtigen und ihnen eine Stimme zu geben.
Es gibt sicherlich einige, die die Verwendung von Gendersprache ablehnen und glauben, dass sie die Sprache zerstört oder unnötig kompliziert macht. Allerdings gibt es auch viele, die argumentieren, dass Sprache ein lebendiges Konstrukt ist, das sich im Laufe der Zeit ändert und an neue Entwicklungen und Veränderungen in der Gesellschaft angepasst werden muss. (…) Insgesamt ist es wichtig, die Verwendung von Gendersprache als eine Möglichkeit zu sehen, um eine inklusive und gerechtere Gesellschaft zu fördern. Anstatt die Verwendung von Gendersprache abzulehnen, sollten wir uns bemühen, die Bedeutung und den Zweck zu verstehen, um gemeinsam eine Sprache zu entwickeln, die alle einschließt und niemanden diskriminiert.«[164]

Wir haben diesen Mitarbeiter daraufhin fristlos gecancelt.

6. Double Standards: Rassismus, Antisemitismus, Islamophobie

Die Woken glauben, die Moral gepachtet zu haben. Indem sie auch das Leben von gestern an ihren heutigen Moralvorstellungen messen, kommen sie zu einigen fatalen ideologischen Kurzschlüssen: Die jüdische, »weiße« Bevölkerung Israels wird zum Tätervolk erklärt, und der Islamismus wird geduldet – wenn nicht gar verteidigt.

Nachdem die damals 20-jährige Grüne Sarah-Lee Heinrich zur Bundessprecherin der Grünen Jugend gewählt worden war, verbreiteten politische Gegner einige ihrer Twitter-Beiträge aus den Jahren 2014 bis 2016, in denen sie sich rassistisch gegen Weiße und Gewaltfantasien geäußert sowie Männer pauschal beleidigt hatte. Vielleicht wäre Mitleid angebracht. Wer weiß schon, welche Erfahrungen einen jungen Menschen zu solchem Hass gebracht haben könnten?

Immerhin bat Heinrich für *einen* Tweet aus dem Jahr 2015 ausdrücklich um Verzeihung: »Ich wurde gerade auf einen Tweet aufmerksam, in dem mein Account im Jahr 2015 ›Heil‹ unter einen Tweet mit Hakenkreuz kommentierte«, schrieb sie. »Das war maximal dumm und unangebracht.« Sie verwies darauf, dass sie damals sehr jung war, und bat: »Messt mich und kritisiert mich gern an meinen Positionen und meiner politischen Arbeit.«

Die Morddrohungen, die Heinrich erhalten haben soll, sind unentschuldbar. Selbstverständlich kann niemand von Teenagern erwarten, frei von Dummheit zu sein. Schon gar nicht, wenn man sich in einem Umfeld bewegt, in dem verbaler Rabiatismus zum schlechten Ton gehört. Aber Sexismus bleibt Sexismus und Rassismus Rassismus, auch wenn ein woker Mensch sich im Ton vergreift. Gleiches Recht für alle ist eine Basis der westlichen Demokratie. Und deshalb gilt das auch dann, wenn er sich gegen weiße Männer richtet. Oder etwa nicht? Leider nicht.

Segregation 2.0: Wie das Etikettieren und Trennen wieder spaltet

»I have a dream«, sagte Martin Luther King am 28. August 1963 am Lincoln Memorial in Washington, »that my four little children will one day live in a nation where they will not be judged by the color of their skin but by the content of their character.« King hatte den Traum, dass seine vier kleinen Kinder eines Tages in einem Land leben werden, in dem sie nicht nach ihrer Hautfarbe, sondern nach ihrem Charakter beurteilt werden.

Heute ist in den USA nicht alles, aber viel erreicht – trotz »I can't breathe«. Zu Kings Zeit wollten die meisten weißen Menschen in den USA lieber unter sich bleiben. 1984 sprachen sich noch 8 Prozent der Amerikaner gegen Nachbarn anderer Rasse aus, 2020 waren es noch 3 Prozent.[165] (Natürlich sind das 3 Prozent zu viel.) Während zu Kings Zeiten die Mehrheit unter weißen US-Amerikanern für getrennte Schulen plädierte, ist gemeinsames Lernen heute selbstverständlich. Das Zusammenleben zwischen den Ethnien ist auch in den USA besser geworden. Allerlei Geschlechter und Ethnien können in Führungspositionen aufrücken – bis hin zum Präsidenten. Die Mehrheit der Menschen achtet darauf oder bemüht sich wenigstens, sich nicht rassistisch zu benehmen. Und generell darf für westliche Staaten konstatiert werden, dass sie – bei allen noch immer bestehenden Problemen – weitgehend tolerante Gesellschaften beherbergen.

Leider kehrt in den USA die Segregation zurück, und das im Namen des Fortschritts. Im Namen des Antirassismus werden Menschen wieder genau danach beurteilt, was Kings Albtraum war: nach ihrer Hautfarbe. Glenn Harlan Reynolds, Juraprofessor an der University of Tennessee und Kommentator der Zeitung *USA Today*, schrieb im Januar 2020 über Programme an Universitäten und Schulen in ganz Amerika, »die Schüler nach Rassen einteilen und etikettieren«: Die University of Alabama unterstützte demnach ein »Diversity«-Programm, das schwarzen, hispanischen, indianischen und LGBT-Studenten zugutekommt, andere Gruppen jedoch ausschließt. Reynolds: »Weiß? Asiatisch? Heterosexuell? Du bist nicht willkommen.«[166]

An der University of Colorado Boulder entdeckte er ein spezielles Refugium für spezielle Identitätsgemeinschaften. Dabei ging es nicht um besondere Probleme und spezielle Erfahrungen »minorisierter« Studenten, merkte Reynolds an, sondern um Karriereentwicklung und Networking.

An der Portland State University hielt das Women's Resource Center Meetings »ausschließlich für Farbige« ab. Das Williams College in Williamstown, Massachusetts, lud zu einem Symposium über Wissenschaft und Technologie nur »Afroamerikaner, Ureinwohner Alaskas, arabische Amerikaner, asiatische Amerikaner, Latinx, amerikanische Ureinwohner, Ureinwohner Hawaiis und andere pazifische Inselbewohner« als Redner ein. Die University of Nevada, Las Vegas, bietet spezielle rassenbasierte Unterkünfte an. Und so weiter.

»Es war das Argument der alten Segregationisten, dass die verschiedenen Rassen zu unterschiedlich seien, um nebeneinander auszukommen«, kommentiert Reynolds. Die Trennung der Rassen hätten die Rassisten damit begründet, dass nur so alle auf ihrem Weg fortschreiten und mit minimalem Kontakt mit den anderen für sich allein gedeihen konnten. »Das klingt immer mehr nach dem, was wir auf dem College-Campus hören«, so Reynolds (und man sieht förmlich, wie er den Kopf schüttelt), »wo jeder Gruppe gesagt wird, dass andere ihre Denkweise aufgrund ihrer einzigartigen Erfahrungen nicht verstehen können und ihren eigenen sicheren Raum benötigen.«

Die alten Segregationisten hätten die moderne Universität auf andere Weise vorweggenommen. Heute, so Reynolds, »scheinen viele dieser Universitätsprogramme alle Nichtweißen – mit Ausnahme von Asiaten, die, wie es manchmal unter Jim Crow geschah, oft als Ehrenweiße einbezogen werden – in eine Kategorie und Weiße in eine andere zu werfen«. Reynolds glaubt, »die Segregationisten von 1963 hätten darüber gelacht, wie Rasse heute oft auf dem Campus behandelt wird. Der Rest von uns sollte nicht lachen. All dieses Etikettieren, Trennen und Teilen nach Rasse und anderen Merkmalen trägt zu einem gespaltenen und spaltenden Amerika bei.«[167]

Diese Spaltung betreibt die sogenannte Critical Race Theory, die davon ausgeht, dass Weiße per se des Rassismus und der Unterdrückung schuldig seien. Critical Race Theory behauptet, alles Bemühen um Integration und Assimilation, alles Streben nach Farbenblindheit und Chancengleichheit sei verlogen; denn die Benachteiligung der Nicht-Weißen, die Diskriminierung sei eine »strukturelle«, weil die Weißen über den Aufstieg bestimmen. Mehr noch: Rassismus sei in den Weißen angelegt, in deren DNA. Ihr Liberalismus ist demnach Tarnung. Ihr Rechtsstaat Behauptung. Ihre Wissenschaft Ideologie. Seinen oder ihren Rassismus beweise gerade, wer behauptet, er oder sie sei kein Rassist, umso mehr jene, die aufklärerisch dahersagten: »All lives matter.«

Aber es wäre ein Fehler, tatsächlich zu glauben, Rassismus sei nur weißen Menschen immanent. Es ist leider wahr: Rassismus war und ist überall. Auch Sklaverei ist keine Erfindung weißer Männer. Sklaverei war überall. Menschen in Besitz zu nehmen und auszubeuten gilt zweifellos zu Recht als Verbrechen. Heute. Bereits im 16. Jahrhundert waren Europäer »unter den osmanischen Regentschaften Algier, Tunis, Tripolis und dem Sultanat Marokko versklavt« worden – eine Million Menschen bis 1780, so der amerikanische Historiker Robert C. Davis. Außerdem gab es die Versklavung von Afrikanern durch Araber, den sogenannten arabo-islamischen Sklavenhandel, an dem sich auch afrikanische Stammesführer bereicherten.[168] Und die Schwarzafrikaner machten sich die Ureinwohner Südafrikas untertan, die San. Sogar unter Deutschen gab es Sklaven, und zwar auch deutsche. Bis ins vorige Jahrhundert hinein hießen sie Knecht und Magd.

Wir sollten diese Zeiten »nicht durch das Prisma zeitgenössischer Fragen der sozialen Gerechtigkeit lesen – Rasse, Geschlecht, Sexualität, Nationalismus, Kapitalismus«, schreibt der amerikanische Historiker und Vorsitzende der American Historical Association, James H. Sweet. Das ignoriere die Werte und Sitten der Menschen in ihrer eigenen Zeit und fördere die »Gleichförmigkeit der Gegenwart mit der Vergangenheit«. Das sei ahistorisch und übersehe die Tatsache, dass afrikanische Stammesführer nicht gegen den europäischen Sklavenhandel gekämpft haben, was der Film *The Woman King* allerdings behaupte. »Tatsächlich hätten sie ihn gefördert.« Aber: »Die historisch korrekte Darstellung der Gier und Versklavung der Aschanti und Dahomey widerspricht offensichtlich den modernen politischen Imperativen.« Den Sklavenhandel afrikanischer Imperien im Namen der politischen Einheit auszulöschen sei vergleichbar mit rechtskonservativen Versuchen, die Sklaverei aus den Lehrplänen in den Vereinigten Staaten zu streichen – »die andere Seite der Medaille«. Zu viele Amerikaner hätten sich »an die Vorstellung gewöhnt, dass die Geschichte eine beweiskräftige Wundertüte ist, um ihre politischen Positionen zu artikulieren«.[169]

Auch in der deutschen Geschichtswissenschaft macht sich das woke Wesen breit. Niemand wird bestreiten, dass die Sklaverei in den afrikanischen Kolonien europäischer Staaten ein Verbrechen war; das gilt auch für den transatlantischen Sklavenhandel. Wo allerdings antikoloniale Identitätspolitik die Wissenschaft zu Gedächtnispolitik macht, wird aus Geschichtswissenschaft »fake history«. So hat es Egon Flaig genannt, Emeritus für Alte Geschichte an der Universität Rostock. Inzwischen hätten sich alle gedächtnispolitischen Akteure dem »Antikolonialismus« verschrieben, das heißt, »die Moral hemmungslos zu politisieren und die Wahrheit an die Erfordernisse des Krieges anzupassen«. Den »Unterdrückten« werde es erlaubt, »identitätsbezogene Wahrheiten zu vertreten, die substanziell Unwahrheiten, ja sogar Lügen sind«; sie genössen einen Sonderstatus, der sie von Wahrheitszwängen befreit und sie »ermächtigt, über Schuld und Unschuld anderer zu verfügen«. Flaig spricht von einem »Sonderstatus«, auf dem die »antikoloniale Identitätspolitik« beruhe, sowie von einer »unduldsamen Betroffenheitsindustrie«.[170]

Das führt dazu, dass ein renommierter Historiker für Afrikanische Geschichte, Helmut Bley, im Rahmen der Wochen gegen Rassismus sein Referat unter dem Titel »Kolonialgeschichte von Afrikanern und Afrikanerinnen her denken« nicht halten darf. Weil Aktivistinnen glauben, der emeritierte alte weiße Mann, der sich seit den 1960ern mit deutschen Kolonialverbrechen in Ostafrika beschäftigte, könne sich nicht in afrikanische Verhältnisse hineindenken.

Tatsächlich ist nicht nur unter Historikern, die sich mit Afrika beschäftigen, sondern auch unter Ethnologen ein Trend erkennbar. Identität scheint von Vorteil zu sein. Der Schweizer Ethnologe David Signer spottete: »Während es in den USA oft nachteilig ist, den Native Americans, Afroamerikanern oder anderen Minderheiten anzugehören, ist es in der Ethnologie von

Vorteil. Es erhöht die ›street credibility‹.« Signer erinnerte daran, dass es in den Sozialwissenschaften »um den Versuch einer wahrheitsgemäßen, unvoreingenommenen Analyse« gehe. Die Ergebnisse des Bemühens könnten dann zu einem Engagement führen, »aber der Wille zum Engagement sollte nicht am Anfang einer Untersuchung stehen«. Das habe früher »Überidentifikation« geheißen, wegen des Verlusts jeglicher Distanz und Objektivität auch spöttisch »going native«. Heute scheine dies erwartet zu werden. »Wer kein anwaltschaftliches, aktivistisches Verhältnis zur Gruppe, über die er forscht, unterhält, ist unmoralisch.«

Signer berichtet davon, dass wie im Fall Bley ein deutscher oder amerikanischer Wissenschaftler sich rechtfertigen müsse, wenn er versuche, die Verhältnisse in Afrika oder Südamerika zu verstehen – »auch wenn er sich seit Jahrzehnten mit der Region befasse. Umgekehrt wird jemandem mit dunkler Hautfarbe automatisch ein ›intuitives‹ Verständnis derselben Gegenden unterstellt, auch wenn er möglicherweise kaum mit ihnen vertraut ist.« Das Interesse von jungen Völkerkundlern, über andere Kulturen zu forschen, scheint abzunehmen. Mit dem Ethnologen Paul Stoller konstatiert Signer, es gebe »eine Tendenz zur Introspektion: Man interessiere sich nur noch für die eigene koloniale Vergangenheit, Ausbeutung und unbewusste Vorurteile, anstatt sich wirklich dem Fremden auszusetzen.« Was früher als Horizonterweiterung galt und Ziel der Ethnologie war, gelte heute als postkolonial. »Im Namen der Rücksichtnahme werden die Fenster geschlossen, so dass sich alle in ihrer kleinen, vertrauten Spiegelwelt einkapseln können.«[171]

Das zeigte sich auch an der Humboldt-Universität zu Berlin. Eine Black Student Union klagte in einem Beschwerdebrief, »dass das Studienfach Afrikawissenschaften als solches seinen Ursprung in der kolonialen Vergangenheit Deutschlands hat und demzufolge, insbesondere in seiner jetzigen Form, von impliziten kolonialen und imperialen Praktiken durchzogen ist«.[172] Ein neues »antirassistisches und dekoloniales Konzept« solle ausgearbeitet »sowie eine neue Struktur am Institut entwickelt werden, was eine diskriminierungskritische Lehre ermöglichen könnte«.

In Wortmeldungen, die die Initiatoren gesammelt hatten, wird behauptet, »in den Vorlesungen wird *white supremacy* gefeiert, rassistische Aussagen werden verbreitet und die Kritik von jenen wird mit *white fragility* plattgewalzt«, es würden »lediglich *weiße* eurozentrische Perspektiven« gelehrt und die *black students* müssten »rassistische Lehrmaterialien aushalten«, das von einer »*weißen* Person« geschrieben worden sei. Dozenten benutzten das »N-Wort« und diskriminierende Sprache und entschuldigen sich nicht; »die *weißen* Studenten« nähmen keine Rücksicht auf die »einzige Black Person« im Seminar. Es ist die Rede von den »Angestellt:innen des IAAW« und vom »Glück, ein Seminar mit einer tollen Schwarzen Professorin zu haben«.[173]

Das klingt nach persönlicher Betroffenheit, diese Studenten scheinen Wissenschaft mit Aktivismus zu verwechseln. »Was wir heute in den Postcolonial Studies und den damit verknüpften anderen Critical Social Justice Theories beobachten, ist in einer Weise ideologisch und politisch aufgeladen, dass von kritischer wissenschaftlicher Analyse, Methode und Auseinandersetzung kaum noch die Rede sein kann«, schreibt Ulrike Ackermann. »Aus Theorien sind Ideologien geworden.«[174]

Zur Ideologie gehört auch der tiefe Glaube, vergangenes Unrecht dadurch ausgleichen zu können, dass neues geschaffen wird. Unter »Forschungsgerechtigkeit« verstehen die Aktivisten »die dezidierte Bevorzugung von Frauen, ethnischen, sexuellen und religiösen Minderheiten und die Abschaffung des Wissenskanons der weißen, westlichen Männer«, schreibt Ackermann. »Bisherige Wissensproduktion gründete in der Evidenz und in vernünftigen Argumenten, doch dies seien unfaire privilegierte Konstruktionen weißer Westler – so der Vorwurf der Social Justice Scholarship.«

Für die Apologetinnen der Critical Social Justice Theories (Gender Studies, Postcolonial Studies, Critical Whiteness Studies, Critical Race Theorie, Queer Theory) sei deshalb »die Vorstellung von einem Individuum mit gleichen Rechten, gerade unabhängig von Klasse, Rasse, Geschlecht, Religion und Sexualität, falsch, weil sie die dominanten Diskurse der weißen ›Mehrheitsgesellschaft‹ und damit deren Herrschaft nur fortsetzte«.

Es gehe um »eine Verbindung von Theorie und Aktivismus – und dies in rigider, militanter und gänzlich unironischer Weise. Die Identitätspolitik ist die daraus abgeleitete Praxis.« Und leider sei es so, »dass sich die identitätspolitischen Forderungen von der sozialen Realität immer weiter entfernen«.[175]

Wie viel Hass auf die eigene Kultur muss in mitteleuropäischen und nordamerikanischen Woken stecken, wenn sie ihre kulturelle, wissenschaftliche und zivilisatorische Leistung derart verkennen, ja Vernunft und Demokratie als Werkzeuge zur Ausbeutung anderer Kulturen deuten? Ist das Masochismus? Flagellantentum?

Hat »der Westen«, der so viel Unglück über die Welt gebracht hat, nicht auch seine Lernfähigkeit bewiesen? »Welche Zivilisationen stellen sich dergestalt selber infrage?«, schreibt Josef Joffe, ehemaliger Herausgeber des heute mehr woken als liberalen Wochenblatts *Die Zeit*. »Dagegen ist Critical Race Theory wie ein moralisches Hütchenspiel, wo der weiße Loser von vornherein feststeht. Verloren gehen hart erkämpfte liberale Werte, die entweder für alle oder keinen gelten. Die Aufklärung hat nicht das Kollektiv, sondern das Individuum mit unveräußerlichen Rechten ausgestattet: Leben, Freiheit und das Streben nach Glück.« Und er fügt warnend hinzu: »Die Rechte des Einzelnen werden nicht durch Hautfarbe, Glauben und Herkunft definiert. Solche ›Sortierung‹ hatten wir schon einmal – von der Sklaverei bis zum industriellen Massenmord.«[176]

Emotional aufgewühlt: »Rassismus ist Alltag in Deutschland«

Niemand wird bestreiten, dass es in Deutschland Xenophobie und Fremdenhass gibt – wie vermutlich in jedem Land auf dieser Erde. In einem Fall wie dem des AfD-Rechtsauslegers Alexander Gauland, der erklärt, er wolle neben einem Menschen wie dem Fußballspieler Jérôme Boateng nicht leben, fällt es schwer, den Begriff Rassist zu vermeiden. Die Zahl derartiger Ignoranten scheint aber glücklicherweise stetig zu schrumpfen. »Leute anderer Rasse« wollen laut World Values Survey (2020) ganze 3,7 Prozent der befragten Deutschen nicht in der Nachbarschaft haben. Es gibt Länder, da beträgt das Ergebnis das Zehn-, ja fast das Zwanzigfache.

Das Deutsche Zentrum für Integrations- und Migrationsforschung (DeZIM) will dennoch den Beweis erbringen, dass Deutschland durch und durch rassistisch ist. Die Bundesregierung stellt der Organisation, 2017 gegründet, seit 2022 fast fünf Millionen Euro jährlich aus dem Budget des Familienministeriums zur Verfügung. Dafür werden »Studien durchgeführt«, wie es auf der DeZIM-Webseite heißt, »Ursachen, Ausmaß und Folgen von Rassismus in Deutschland« ergründet und ein »NaDiRa« erstellt, ein Nationaler Diskriminierungs- und Rassismusmonitor.[177] Den NaDiRa braucht Deutschland dringend, denn »Rassismus ist Alltag in Deutschland«, wie Direktorin Naika Foroutan postuliert. »Er betrifft nicht nur Minderheiten, sondern die gesamte Gesellschaft, direkt oder indirekt.«[178]

Dass Rassismus Alltag in Deutschland sei, dem stimmen

auch 61 Prozent der Befragten für die DeZIM-Studie mit dem Titel »Rassistische Realitäten«[179] zu. Sogar 90 Prozent bejahen die Aussage, dass es in Deutschland Rassismus gibt. Vier von fünf Befragten glauben, dass Menschen »sich auch ohne Absicht rassistisch verhalten« können. Immerhin 35 Prozent hatten noch keinerlei Berührung mit Rassismus. Dagegen wurden 22 Prozent schon einmal rassistisch behandelt (ein Drittel davon häufig), 49 Prozent gaben an, »eine rassifizierte Person zu kennen, die von rassistischen Erfahrungen erzählt hat«. (Es ist nicht zu vermuten, dass die Befragten selbst das Wort »rassifizierte Person« gewählt haben. Das DeZIM versteht darunter »Schwarze Menschen, Muslim*innen, Asiat*innen, Sinti*zze und Rom*nja, Jüdinnen und Juden sowie Osteuropäer*innen«.) 45 Prozent haben schon einmal einen »rassistischen Vorfall« beobachtet, und ein großer Teil von ihnen war dadurch »emotional aufgewühlt« – übrigens mehr als die Opfer dieser Taten.

»Verschiedene hypothetische Situationen werden von 80 % der Befragten vor allem dann als rassistisch wahrgenommen, wenn sie Schwarze oder jüdische Menschen betreffen«, heißt es in der Studie. »Geht es in den gleichen Situationen um Muslim*innen oder Osteuropäer*innen, sind es hingegen nur 70 %.« Dabei fällt auf, dass das Adjektiv »jüdisch« klein geschrieben ist, »schwarz« dagegen groß? Ist Antisemitismus im Vergleich das kleinere Übel?[180]

Dass man Menschen nicht mehr fragen solle, woher sie kämen, findet eine Mehrheit »absurd« – so die Wortvorgabe der Studie. Freilich gilt das heute schon als Rassismus, weil die Frage das Gegenüber ausschließe; andererseits bedeutete, nicht zu fragen, Farbenblindheit und auch, die Existenz von Rassismus zu leugnen. Weiße Menschen sind deshalb so oder so Rassisten, westliche Gesellschaften von Natur aus rassistisch. Weshalb der Journalist Ulrich Reitz vom »Wieselwort ›Rassismus‹« spricht, »das inzwischen so inflationär geworden ist wie die Geldentwertung und sich genauso selbst entwertet hat. Wenn beinahe alles ›Rassismus‹ ist, ist bald nichts mehr Rassismus.«[181]

Der Leiter des Rassismusmonitors, Cihan Sinanoğlu, demonstriert via Twitter gern seine Abscheu gegen Europa, das »ein rassistisches Grenzregime errichtet« habe, »das Flucht kriminalisiert und Menschen entmenschlicht«. Kritische Stimmen zur Ernennung von Ferda Ataman zur Bundesbeauftragten für Antidiskriminierung sind für ihn »der beweis dafür wie tief rassismus in der gesellschaft verankert ist. dass sich auch die integrationsmigras an diesen rassistischen diskursen beteiligen zeigt wie rassismus durch gruppen hindurch geht.« Kann und will so jemand ernsthaft Wissenschaft betreiben? Oder ist das doch eher Aktivismus?[182]

Für derartige woke Aktivisten können nur Weiße Rassisten sein. Wer behaupte, auch die »Rassifizierer« erlebten Rassismus, offenbare nur seinen eigenen Rassismus. Soziale Ungleichheiten zwischen Zugereisten, Einwandererfamilien und Urbevölkerung seien ebenfalls auf Rassismus zurückzuführen. Falsch ist für die Ideologen auch die Annahme, dass Rassismus eher ein Problem des rechten Rands ist. Die Frage, weshalb bestimmte Zuwanderergruppen in Schule, Hochschule und Karriere erfolgreicher abschneiden als andere, ist selbstredend tabu. Ebenso die Bemerkung, dass es auch unter weißen Deutschen trotz all der Privilegien (unschuldige) Arme und Abgehängte gibt.

Sebastian Wessels wagte es, in der *Berliner Zeitung* zu fragen: »Doch wenn Menschen als Hilfsarbeiter oder sogar Flüchtlinge in ein Land kommen, vielfach die Landessprache nicht sprechen, sich nicht auskennen, keine Kontakte haben und keine kompatible Ausbildung mitbringen – bedarf es dann einer besonderen Erklärung, dass diese Zugewanderten im Durchschnitt weniger verdienen als Menschen, die im Land aufgewachsen sind, dessen Sprache sprechen und sein Bildungssystem durchlaufen haben? Wie könnte es anders sein? Wie kann es nichts mit den Minderheitengruppen selbst zu tun haben, dass manche von ihnen im Durchschnitt mehr und andere weniger verdienen als die ›nicht von Rassismus Betroffenen‹?«[183]

Dem ist zuzustimmen. Ungleichheit bleibt vor allem ein soziales Problem, Bildung beginnt schon vor der Schule. Es spielt noch immer eine entscheidende Rolle, ob ein Kind in einer bildungsbürgerlichen oder einer bildungsfernen Familie aufwächst – ob türkisch, syrisch, iranisch oder deutsch. Staatliche Förderung kann das nicht mehr in jedem einzelnen Fall ausgleichen. Für den US-Autor Ibram X. Kendi aber bleibt jede Ungleichheit zwischen ethnischen Gruppen Rassismus. 2019 forderte er, auch das berichtet Wessels, einen Verfassungszusatz, wonach ethnische Ungleichheit als Beweis für rassistische Politik zu gelten habe. Außerdem verlangte er ein Ministerium für Antirassismus, in dem Experten »ein Vetorecht für alle politischen Entscheidungen sowie die Befugnis haben sollten, ›Disziplinarmaßnahmen‹ über Behördenvertreter zu verhängen, die ›ihre rassistischen Politikkonzepte und Vorstellungen nicht freiwillig verändern‹«. Kendis griffige Formel: »Das einzige Mittel gegen rassistische Diskriminierung ist antirassistische Diskriminierung.«[184]

Doris Liebscher, Leiterin der Ombudsstelle der Berliner Landesstelle für Gleichbehandlung, schloss sich dem an: Sie wünschte sich vom Bundesverfassungsgericht, es möge in den nächsten Jahren entscheiden, dass es keinen Rassismus gegen Weiße gebe. Das erlaube dann Quoten für »migrantifizierte und rassifizierte Menschen«, weil sie dann »verfassungsrechtlich geboten« wären. Wessels griffige Antwort: »Das wäre eine Diktatur.«[185]

Blind auf dem Islamistenauge: Was die Burka mit dem Gendern zu tun hat

Die feministische Linguistin Luise F. (Frohmut) Pusch hat ihr Leben der Ungerechtigkeit der »Männersprache« gewidmet. Um Frauen in der Sprache sichtbar zu machen, plädierte sie für das Binnen-I, später für das »generische Femininum«. Von ihr ist das Wort überliefert: »Der wahre Feind ist das ›generische Maskulinum‹, das Frauen besser unsichtbar macht als jede Burka.«[186]

In der woken Szene kann sie damit heute nicht mehr reüssieren. Dort ist die Burka, welche die Frauen unsichtbar macht, kein Thema. Wenn Deutschland über Zwangsehe oder »Ehrenmord« in den muslimischen Communitys spricht, ist dort – nichts zu hören. Dabei gibt es in Deutschland viele muslimische Frauen, die genau das erleiden müssen.

Wer wie Necla Kelek und Ahmad Mansour offen darüber spricht, wird via Twitter als »Kronzeug*innen der ›Islamkritik‹« gebrandet, was den Genannten üble Beleidigungen und Todesdrohungen einbrachte. In Frankreich erhielt die Journalistin Zineb El Rhazoui, die bei *Charlie Hebdo* arbeitete, Morddrohungen, nachdem sie gesagt hatte: »Der Islam muss sich der Kritik stellen.« Der Frankfurter Ethnologin Susanne Schröter brachte ihre Konferenz »Das islamische Kopftuch – Symbol der Würde oder der Unterdrückung?« den Vorwurf der »Islamophobie« und anhaltende öffentliche Diffamierungskampagnen ein, Vorlesungen mussten abgesagt werden. Zana Ramadani war hochschwanger, als ihr *Spiegel*-Bestseller *Die verschleierte Gefahr* erschien. Offenbar gewaltbereite Muslime attackierten sie danach über die »sozialen Medien« mit Beleidigungen und beängstigenden Drohungen: »Hure« las sie täglich, »Wir treten dir den Bastard aus deinem Bauch« oder »Guck mal besser unter dein Auto«. Wer sich heutzutage kritisch über Islamismus äußert, erntet den Vorwurf der Islamophobie.

Ferda Ataman (siehe oben) findet es in Ordnung, deutsche Bürger als »Kartoffeln« zu bezeichnen, wenn Hautfarbe und Herkunft sie als Ureinwohner ausweisen. Durch Äußerungen über Zwangsehe und »Ehrenmord«, Unterdrückung von Frauen, Antisemitismus, Rassismus und Homophobie in islamischen Gemeinschaften ist sie noch nicht aufgefallen. Für Ataman ist eine Berichterstattung über Clan-Kriminalität rassistisch. Sie billigt und unterstützt damit die reaktionär-patriarchalen Strukturen dieser Familienbanden, schützt Gewalttäter und lässt Opfer allein, die oftmals selbst aus Migrantenfamilien stammen.

Alice Schwarzer machte auf das Versagen der Woken mit Blick auf das muslimische Patriarchat aufmerksam. Sie nennt das Kopftuch »Symbol der faschistoiden Islamisten«. Es gebe kein religiöses Gebot, das Kopftuch zu tragen, sagt sie. »Es ist eine düstere patriarchale Tradition, die vom politischen Islam wiedererweckt wurde. Im Namen des Kopftuchs werden Frauen entrechtet, unterdrückt, gefoltert, getötet. Mit welcher Rührung schauen wir uns heute die Bilder der todesmutigen Frauen mit offenem Haar in Iran an! Mein Gott, dass sie es wagen! Wie stolz sie den Kopf heben und ihr Leben dafür riskieren! Da kann ich doch ein Kopftuch nicht mehr in Unschuld tragen!«[187]

Und vor Jahren, als der sogenannte Islamische Staat jesidische Frauen jagte und versklavte? »Haben Sie irgendwelche Campus-Demonstrationen dagegen gesehen? Und diese Leute sagen, sie seien Aktivisten! Dies ist ein ungeheuerliches moralisches Versagen«, urteilt Schwarzer. »Wir sind mit realer, tatsächlicher Sklaverei konfrontiert – und im Gender-Studies-Lager und unter dessen Aktivistinnen herrscht Grabesstille.«[188]

Wenn man woke Menschen auf ihre Double Standards aufmerksam macht, kontern sie mit dem Wort Whataboutism. Die Jesidinnen und die heldenhaften iranischen Frauen passen offenbar nicht ins Weltbild der Woken, die den Islam als Religion des Friedens und der Freiheit für Frauen sehen und jegliche Kritik als rassistischen Akt. Aber die Frauen im Iran sehnen sich nach Freiheit, wie wir sie verstehen. Sie kämpfen den gegenwärtig wichtigsten Kampf des Feminismus, und die Genderfeministinnen vergessen ihre Schwestern, verleugnen geradezu, dass Menschen im Iran (wie auch in der Ukraine) für unsere Werte einstehen.

Den Woken ist der Islam authentisch, sie verteidigen eine Tradition, die politischen und religiösen Fanatikern nützt, Frauen unterdrückt und – übrigens auch das – Homosexuelle foltert. Wer das in Deutschland hervorhebt, wird von den woken weißen Wohlstands-Kids »Nazi« genannt.

Ist es möglich, dass dieses Wegschauen, das Nicht-sehen-Wollen, dafür verantwortlich ist, dass in Deutschland kein universitärer Lehrstuhl zum Islamismus existiert und der Expertenkreis Politischer Islamismus im Innenministerium aufgelöst wurde? »Befürchtet man unliebsame Ergebnisse?«, fragte eine Gruppe von Koryphäen aus Wissenschaft und Politik im Dezember 2022 in einem Gastbeitrag in der *FAZ*. »Die wissenschaftliche und gesellschaftliche Aufarbeitung zum Islamismus wird bisher vermieden«, schrieben sie. »Wir wissen wenig über Geldflüsse, Hintermänner, ausländische Unterstützer und die Verbreitung islamistischer Inhalte in Moscheen und Organisationen, die Kooperationspartner der Regierung bleiben.« Es gehe nicht nur um das Thema Gewalt und Anschläge, sondern »um den ideologischen Nährboden des Kampfes für die Durchsetzung des Islams, auf dem Gewalt, Verachtung, Intoleranz, Hass, politische Machtansprüche und auch ein islamisch begründeter Antisemitismus wachsen«. Das sei kaum je Gegenstand von akademischer Forschung oder politischem Handeln. »Ohne Wissen um die Sprengkraft der islamistischen Ideologie sind wir für die Auseinandersetzung mit den Feinden der demokratischen Gesellschaft denkbar schlecht vorbereitet. Wer sich publikumswirksam über Gewalt gegen Frauen und Homosexuelle in Qatar empört, kann zu islamistischen Organisationen in Deutschland mit ähnlicher Ideologie nicht schweigen.«[189]

Jürg Altwegg berichtet für die *FAZ* aus Frankreich. An der Elitehochschule Institut d'Études Politiques (IEP, »Sciences Po«) klagen Professoren über den Niedergang nicht nur der intellektuellen »Excellence«, sondern der Allgemeinbildung. »Die Minderheiten haben Sciences Po in den Griff genommen und frönen der ›Intersektionalität‹ aus Islamgauchismus [Islam-Linke], Antirassismus und Feminismus«, schreibt Altwegg.[190] Es komme zu Zensur und Selbstzensur als Folge von Cancel Culture.

Dem Deutschen Klaus Kinzler, Dozent am Sciences Po in Grenoble, wurde »Islamophobie« vorgeworfen, er wurde auf Mauerinschriften als »Faschist« bezeichnet und ihm das Schicksal von Samuel Paty angedroht, der kurz zuvor geköpft worden war. Kinzler lebte sechs Wochen unter Polizeischutz.

Was hatte er getan? Kinzler hatte sich gegen den Titel einer Veranstaltung im Rahmen der Aktionswoche »Gleichheit und der Kampf gegen Diskriminierung« gewendet: »Rassismus, Antisemitismus und Islamophobie«, nannte sich die Veranstaltung. Es sei falsch, sagte er, Rassismus und Antisemitismus (eine Form von Rassismus) gleichwertig neben den schwammigen Begriff der Islamophobie zu stellen. Juristisch gesehen seien Rassismus und Antisemitismus illegale Handlungen, die strafbewehrte Delikte sind, eventuell sogar Verbrechen. Das Wort »Islamophobie« komme dagegen im Strafrecht nicht vor. Rassismus und Antisemitismus richteten sich gegen Personen, Islamophobie dagegen richte sich gegen ein Gedankengebäude, eine Religion, eine Ideologie, sagte er im Interview mit dem Deutschlandfunk. »Diese legitime und völlig legale Kritik an Religionen ist ja bei uns in Westeuropa seit der Aufklärung ein wesentlicher Teil unserer Kultur, der Freiheit, der Meinungsfreiheit, der Demokratie.« Es treffe zu, es gebe Diskriminierung von Muslimen. Dagegen müsse man kämpfen. Aber »Islamophobie« sei »ein politischer Kampfbegriff geworden. Erdogan benutzt ihn täglich, und Islamisten in aller Welt benutzen ihn, um all die als Rassisten zu bekämpfen, die den Islamismus kritisieren.«

Dass sein Institut ihn daraufhin im Regen stehen ließ, hat für Kinzler einen nachvollziehbaren Grund: Es liege daran, dass »die Mehrzahl der jüngeren Dozenten und Professoren nach einem Generationenwechsel sehr, sehr stark von diesen amerikanischen Gender Studies, Decolonial Studies und Islamophobia Studies geprägt sind und sehr identitäre Positionen haben«. Sie seien in der Mehrheit. Deshalb seien der Direktorin die Hände gebunden gewesen, sagte Kinzler, »weil sie gegen diese Mehrheit ihrer Lehrer und Forscher eigentlich überhaupt nichts tun kann«. Sciences Po in Grenoble sei »ein Sozialforschungsinstitut, wo eben eine Art Monopol dieser neuen identitären Sozialforschung herrscht und auch mit Aggression und mit Einschüchterung durchgesetzt werden möchte«. Es finde eine »immer stärkere Vermischung zwischen Wissenschaft und Aktivismus« statt. Und dabei merkten sie nicht, dass sie den Muslimen »einen schlechten Dienst erweisen, denn sie drängen sie alle in diese Opferrolle und machen aus den Muslimen – mehr oder weniger Menschen zweiter Klasse, die nur noch als Opfer wahrgenommen werden«.[191]

Statt also Forschung über den Islamismus durch das Stigma Islamophobie zu verunmöglichen, statt das Opfernarrativ vom »antimuslimischen Rassismus« zu verbreiten, wäre anderes angebracht: für ein besseres Verständnis der islamistischen Netzwerke zu sorgen, damit alle Menschen in Frankreich, aber auch in Deutschland, in ganz Europa sicherer leben können, auch muslimische Mädchen. Denn Menschenrechte gelten für alle.

Antisemitismus 2.0: »Extrem fresher und angesagter Antizionismus«

Auch wenn Antisemitismus zweifellos auf Seiten der Rechten angesiedelt ist, so gibt es ihn doch auch unter Linken. Warum waren auf Klimademonstrationen, zum Beispiel in Lützerath, Palästinenserfahnen zu sehen? Vor allem: Weshalb schritten die woken weißen Organisatorinnen nicht ein? Und wieso deckt die woke Linke den Antisemitismus von Muslimen, der Teil ihrer Sozialisation sei, mit »Alternativerklärungen«, wie der Psychologe und arabische Israeli Ahmad Mansour meint. Wieso wird als islamophob und rassistisch diffamiert, wer darauf hinweist, dass Zugewanderte auch eine Bringschuld haben. Diese Menschen zu schonen, vermeintlich zu schützen, sie und die angehenden Themen außerhalb der Diskussion zu lassen, sei auch eine Form von Rassismus, sagte er bei der Eröffnungsveranstaltung der bürgerlichen Denkfabrik »Republik21«. Warum wird bei Morden an Frauen der Begriff Femizid bemüht, während »Ehrenmorde« ignoriert werden?

Wieso schlägt sich Amnesty International (AI) so eindeutig auf die Seite der Araber? »Der bewaffnete Konflikt zwischen Israel und bewaffneten palästinensischen Gruppen im Gazastreifen im Mai 2021 ging mit offensichtlichen Kriegsverbrechen und möglichen Verbrechen gegen die Menschlichkeit einher«, steht im Jahresbericht 2021 über »Israel und besetzte palästinensische Gebiete 2021«. Der Vorwurf richtete sich konkret gegen »unverhältnismäßige und rücksichtslose Angriffe der israelischen Streitkräfte«, 242 Menschen seien im Gazastreifen getötet worden, weitere 75 im Westjordanland. »Zu den rechtswidrigen Angriffen Israels gehörten auch gezielte Luftschläge gegen medizinische Einrichtungen und medizinisches Personal.« Im Bericht ist die Rede von Misshandlungen, Folter, willkürlichen Verhaftungen: »Israels systematische Diskriminierung von Palästinenser_innen in Israel und in den besetzten palästinensischen Gebieten kam dem völkerrechtlichen Verbrechen der Apartheid gleich.«[192]

Es war der Publizist Sascha Lobo, der als einer der Ersten auf »woken Antisemitismus« hinwies. »Wokeness ist angesichts von strukturellem Rassismus, Frauenhass, Behindertenfeindlichkeit und Homo- sowie Transphobie richtig und eine linke und linksbürgerliche Position – die aber bei überraschend vielen Leuten nicht für Juden und Jüdinnen gilt.«

Was konkret meinte Lobo? Der AI-Bericht enthalte »Bigotterien und Dämonisierungen des Landes Israel«, das immer noch die »einzige rechtsstaatliche Demokratie im Nahen Osten« sei. Israel sei kein »Apartheid-Staat«, auch arabische Israelis, ein Fünftel der Bevölkerung, seien – im Gegensatz zu Südafrikas Schwarzen früher – mit allen Rechten und Pflichten versehen. Natürlich gebe es in Israel Rassismus, »wie in allen anderen Ländern«. Aber das mache Israel ebenso wenig zu einem Apartheid-Staat wie Deutschland, Großbritannien oder Uruguay. »Israel als ›Apartheid-Staat‹ zu bezeichnen, ist antisemitisch und nicht antirassistisch, antikolonial oder sonst wie woke.«

Der woke Antisemitismus, fährt Lobo fort, »profitiert davon, dass einerseits zu Recht Rassismus immer intensiver diskutiert wird – dass aber gleichzeitig in den Augen vieler ansonsten um Diskriminierung besorgter Menschen Israel-bezogener Antisemitismus einen blinden Fleck darstellt«. Essenz des woken Antisemitismus sei: »gegen jede Diskriminierung, außer sie betrifft Juden und Israelis«.

Offenbar ist unter den Woken vergessen, dass der neue Staat noch kaum gegründet war, da fielen die Armeen von Ägypten, Transjordanien, Syrien, Irak und Libanon in Palästina ein, um es zu »befreien«. Für die Araber war der 14. Mai 1948 »Nakba«, eine Katastrophe, für Israel die Erfüllung eines langen Traums. Und so nimmt Lobo auch Fridays for Future und Black Lives

Matter aufs Korn, weil deren internationale Accounts 2021 mit Tweets Palästinenser unterstützten. Das sei im Mai 2021 geschehen, just, als die palästinensische Terrororganisation Hamas gegen Israel kämpfte. »Wer exakt zu diesem Zeitpunkt so eindeutig Partei ergreift, unterstützt die zweifellos antisemitische Hamas, egal, was sonst noch so begleitend oder entschuldigend behauptet wird.« Der woke Antisemitismus sei die »vielleicht jüngste Stinkblüte des Antisemitismus«.[193]

Woher kommt der linke Israelhass? Weil Israel als Besatzungsmacht gesehen wird? Weil jetzt ausgerechnet jene an der Macht sind, die 1995 mit ihrer Agitation das Osloer Friedensabkommen von 1993 torpedierten? Weil Benjamin Netanjahu und der heutige Minister für nationale Sicherheit, Itamar Ben-Gvir, am Mord an Premierminister Jitzhak Rabin zumindest moralisch beteiligt waren?[194] Weil Frieden seither keine Zukunft mehr hat, Israel sich über die UN-Resolution zur Teilung des Lands hinwegsetzt? Das wäre ja alles kritik-, zumindest diskussionswürdig. Aber so weit denken die Woken nicht. Ihre Front steht felsenfest: Sie wenden sich gegen den Kampf von Imperialisten und Rassisten gegen das palästinensische Volk, die Opfer dieses Imperialismus. In ihrer Ideologie ist Israel ein Kolonialstaat, sind die Israelis weiße Menschen, also Täter. Sie sind – wie die Mehrheitsbevölkerung in ganz Europa und den USA – »white supremacist colonizers«, die mit »ethnischen Säuberungen« die nichtweißen Ureinwohner vertreiben. Die Juden fallen also auf die Seite der Täter. Umso mehr, wenn in Israel fanatische religiöse Nationalisten an der Macht sind.

Die Gründerin von Fridays for Future, Greta Thunberg, leitete einen Tweet von Naomi Klein (#GazaUnderAttack) über Israels Operation Guardian of the Walls weiter, in dem diese über Rauchgranaten in der Al-Aqsa-Moschee, israelische Bomben auf Gaza und »Kriegsverbrechen auf Kriegsverbrechen« berichtete. Aber hatte die Hamas zuvor etwa nicht – während des Ramadans – Hunderte von Raketen gegen israelische Städte und Siedlungen geschickt?

Die deutsche Hauptorganisatorin von FFF, Luisa Neubauer, distanzierte sich von dem »mehr als hochproblematischen Post« und verwies darauf, dass auch Greta Thunberg eine »Klarstellung« verschickt habe. Darin heißt es: »Um es glasklar zu sagen: Ich bin nicht ›gegen‹ Israel oder Palästina. Unnötig zu sagen, dass ich gegen jede Form von Gewalt oder Unterdrückung bin, egal von wem. Und nochmal – es ist niederschmetternd, die Entwicklungen in Israel und Palästina zu verfolgen.« Das allerdings lässt viele Fragen offen.

Die Schriftstellerin Mirna Funk hatte derartige unreflektierte Äußerungen auf *Zeit online* schon im Juni 2021 verurteilt als »extrem fresher und angesagter Antizionismus, für den sich nun wirklich jeder begeistern kann«. Für die linken Antisemiten stehe ein Jude wieder »quasi an der Spitze der Unterdrücker. Weit über dem verhassten *white supremacist* hockt er mit seiner großen Hakennase und den Taschen voller Geld.« Junge Jüdinnen und Juden, die »leidenschaftlich Seite an Seite mit den *woke warriors* marschierten und sich für eine bessere Welt einsetzten«, hätten ihre politische Heimat verloren. »Denn Intersektionalität, also das Bewusstsein dafür, dass ein Mensch aus mehreren Gründen diskriminiert werden kann, hört da auf, wo Juden anfangen. Damit ist die gesamte linke Social-Justice-Bubble theoretisch Sperrgebiet für Juden.« Sie hätten verstanden, »dass sie aus allen aktivistischen Migra-, Antirassismus-, LGBTQI- und People-of-Color-Räumen nicht nur ausgeschlossen sind, sondern dort als Endgegner gehandelt werden«.

Die Social-Justice-Bewegungen, so Mirna Funk, »die sich selbst, vermutlich fälschlicherweise, als links definieren und fest daran glauben, progressiv zu sein, repräsentieren das Gegenteil von freiheitlichem Denken und Handeln: Sie sind in Teilen autoritär und ideologisch. Sie sind nicht nur der unterkomplexen Idee verfallen, wir lebten in einer dichotomen Welt von Unterdrückten und Unterdrückern. Sie sitzen auch dem Irrtum auf, es gebe eine absolute Wahrheit. Und die trügen sie in die Welt. Sie liegen richtig, und alle anderen, die ihren moralischen Standards nicht entsprechen, liegen falsch.« Sie hätten »sich verrannt. Dass nun genau diese Bewegungen aktuell den Antisemitismus gleichermaßen befeuern wie ignorieren, war zu erwarten«.[195]

Die woke Welt ist reich an Widersprüchen. Statt die Rechte von Frauen weltweit zu reklamieren, wird die Unterdrückung von Musliminnen ignoriert, statt das Recht auf Selbstverteidigung eines von Feinden umgebenen Staates zu achten, werden diese zu Opfern stilisiert und deren Angriffe legitimiert. In ihrer Kurzsichtigkeit übersehen die linken Woken alles, was nicht in ihre ideologische Schablone passt. Mit Christian Morgensterns Gedicht »Palmström« ignorieren sie Fakten, »weil nicht sein kann, was nicht sein darf«. Mit der auch schon verpönten Pippi Langstrumpf sagen sie »3 x 3 macht 6« und »Wir machen uns die Welt, wie sie uns gefällt«.

Sternchenmacher: Die Wegbereiter der Wokeness

7. Houses of Wokeness: Vorauseilender Gehorsam in Kultur und Medien

Dass in der Welt der Kultur nicht nur Durchschnittsweiße avancieren, sondern außergewöhnliche Charaktere allerlei Identitäten, ist eine Binse. Insofern ist es auch nicht aufregend, dass dort überproportional viele aus der LGBTQ-Community vertreten sind. Aufregend ist, dass von denen dauernd moralisierend über angeblich unterrepräsentierte Minderheiten geklagt wird.

Steven Spielbergs Film *The Fabelmans* spielt zwischen 1952 und 1965 in einer jüdischen Familie. Ein bekannter Kritiker, Richard Brody, bemängelt im *New Yorker* neben einigen anderen Punkten, dass der autobiografische Streifen um einen Jungen, der seine Liebe zum Drehen von Filmen entdeckt und entwickelt, keinen »Sinn für Geschichte« habe. Unter anderem fehlen ihm Bezüge zu wichtigen historischen Daten bezüglich der Bürgerrechtsbewegung und des Marsches auf Washington. Er wundere sich, dass der Film ohne People of Color auskommt. »Gab es Schwarze oder Lateinamerikaner in Arizona, in Kalifornien?«, fragt er rhetorisch. »Falls ja, muss Spielberg sie als sehr scheu und ruhig erlebt haben.«[196] Darauf kommen wir noch einmal zurück.

Dem Vorwurf, benachteiligte Gruppen auszuschließen, will sich heute niemand mehr aussetzen. Deshalb gibt es in Disney-Produktionen zum Beispiel eine neue Marvel-Heldin mit zwei

Müttern, gleichgeschlechtliche Beziehungen also: In *Doctor Strange in the Multiverse of Madness* erzählt America Chavez, wie sie ihre beiden Mütter verlor, Elena und Amalia Chavez. Für Karey Burke, Präsidentin von Disneys General Entertainment Content, ist das alles noch zu wenig, Disney habe »nicht genug LGBTQIA-Hauptdarsteller« im Angebot, »nicht genug Geschichten, in denen schwule Charaktere einfach nur Charaktere sein dürfen«. Diesen »nicht-inklusiven Trend«, kündigte sie an, werde sie ändern.[197]

Aus diesem Grund gibt sich die ganze Film- und Fernsehbranche Diversity-Richtlinien und Regeln – weitgehend unter dem Radar des Publikums.

So auch die Amazon Studios, die Filmproduktions-Gesellschaft des Unternehmens. Seit Juni 2021 sind bei Filmproduktionen Geschlechter- und Herkunftsquoten festgelegt. Außerdem sollen nur noch Schauspieler engagiert werden, »deren Identität (Geschlecht, Geschlechtsidentität, Nationalität, Ethnizität, sexuelle Orientierung, Behinderung) mit den Figuren übereinstimmt, die sie spielen sollen«. Für das weltweite Prime-Video-Publikum will Amazon so »Stimmen quer durch alle Nationalitäten, sexuellen Vorlieben, Generationen, Religionen und Geschlechter verstärken«. Die neuen Regeln sollen Vorgaben sein, »um authentische Geschichten erzählen zu können«.[198]

Das hat nicht nur Folgen für die Besetzung von Rollen (dazu mehr weiter unten), sondern für die Produktionsfirmen generell. Der Regisseur und Producer einer Kölner Filmproduktion, die auch für US-amerikanische Medien arbeitet, berichtet, dass dort viel stärker als in Europa auf Diversitätsregeln aufmerksam gemacht wird. Erstmals sei das bei Gesprächen 2016 aufgefallen, noch ohne Konsequenzen. Inzwischen heiße es jedoch ganz offen: »›Ihr seid zu männlich und zu weiß.‹ Ihr habt bessere Chancen bei uns, wenn ihr mehr Frauen und mehr nichtweiße Menschen auf der Webseite hättet.«

Diese Voraussetzungen für eine Zusammenarbeit werden in den USA nicht subkutan vermittelt, sondern auf den Webseiten der Unternehmen öffentlich ausgestellt.[199] Zum Beispiel bei der öffentlich-rechtlichen Senderkette PBS, deren Leitungsebene über die Maßen divers ist: Die »Diversity Guidelines« (Vielfaltsrichtlinien) sehen vor, im Primetime-Programm verstärkt Erzähler, Moderatoren, Themen, Experten und Produzenten von unterrepräsentierten Gruppen zum Zug kommen zu lassen, konkret: Schwarze, Vertreter indigener Völker, Farbige, LGBTQ+-Menschen und solche mit Behinderungen. Das soll sich im ganzen Angebot widerspiegeln, ebenso beim Personal hinter der Kamera und in den Schlüsselredaktionen.

Produktionspartner von PBS sollen einen »Leitfaden für die Vorplanung« beachten, in dem sie auch angehalten werden, dafür zu sorgen, dass produzierende/koproduzierende Partner die DEI-Prinzipien – Diversity, Equity and Inclusion (Vielfalt, Gleichberechtigung und Inklusion) – befolgen. Produzenten müssen einen Bericht anfertigen, aus dem hervorgeht, »ob die im Plan beschriebenen DEI-Ziele erreicht, übertroffen oder verfehlt wurden«. Im letzteren Fall »müssen die Produzenten innerhalb von 45 Tagen nach Abschluss der Dreharbeiten Einzelheiten dazu liefern, welche Aspekte als schwierig zu erreichen empfunden wurden und warum. Ein Abschlussbericht, der die Erfolge und Herausforderungen des Projekts im Zusammenhang mit DEI anspricht, ist mit der Abschlussberichterstattung/Lieferung fällig.« Konkrete Quoten sind nicht genannt.[200]

Die gibt es aber in Großbritannien, landesweit. Und so hat sich auch Channel 4 »Commissioning Diversity Guidelines« und ein »Black to Front«-Projekt verordnet, um ethnische Vielfalt, Inklusion von Behinderten und LGBTQ+ und allen anderen »unterrepräsentierten Gruppen« nicht nur via Mitarbeiterzahl, sondern in allen Rollen in Produktionsteams obligatorisch zu machen: vor und hinter den Kameras, in der oberen

Führungsebene und bei der Budgetverteilung. Zwanzig Prozent der Moderatoren sollen einer ethnisch diversen Gruppe angehören, zehn Prozent behindert sein und fünf Prozent LGBTQ+. Mindestens die Hälfte der Charaktere bei Filmen sollen Frauen sein. Für eine Behindertenrolle muss ein behinderter Schauspieler eingesetzt werden. »Es ist zwingend erforderlich, dass wir Inhalte von und über ungehörte Stimmen und unterrepräsentierte Gruppen ausstrahlen.«[201]

Einen U-Turn scheint dagegen Netflix hinter sich zu haben. 2022 verlor der Streamingdienst nach langem Aufschwung erstmals Nutzer. Das hatte mehrere Gründe: Preis, mehr Konkurrenz, Account-Sharing. Elon Musk, Eigentümer von Tesla und Twitter, diagnostizierte eine weitere Ursache: »Das Woker-Geist-Virus macht Netflix unschaubar.« Monate zuvor hatte er Wokeness bereits als »eine der größten Bedrohungen der Zivilisation« bezeichnet, weil die Bewegung »eine humorlose Gesellschaft voller Verurteilungen und Hass« schaffe. Offenbar hält Musk nicht viel von Serien über einen schwangeren Japaner, beruflich erfolgreiche Gehandicapte und ältere Frauen, die mit jungen Bürschchen Händchen halten. Auch bei den deutschen Nutzern kam Derartiges nicht gut an. Eine Umfrage der *Wirtschaftswoche* ergab damals, dass 35 Prozent der Befragten es falsch finden, dass Netflix sein Programm diverser und inklusiver gestalten möchte, nur 30 Prozent sahen das positiv.[202]

Das Unternehmen reagierte. Noch im April änderte es die »Netflix-Kultur«. Weil die Vorlieben und die Ansichten des Publikums unterschiedlicher nicht sein könnten, biete Netflix eine Vielfalt an Geschichten an, »auch wenn wir manche Titel nicht mit unseren persönlichen Werten vereinbaren können. Je nach Position müssen Mitarbeitende möglicherweise an Titeln arbeiten, die sie als verletzend empfinden. Wer damit Schwierigkeiten hat, die große Bandbreite an Inhalten zu unterstützen, ist bei Netflix möglicherweise nicht gut aufgehoben.«[203]

Backlash oder Besinnung zum Vernünftigen? Es klingt so, als wolle das Unternehmen einer Verengung des Programms vorbeugen oder es wieder breiter machen. Schließlich ist Netflix ein Börsenmodell, das im Vergleich zum Öffentlich-Rechtlichen Rundfunk (ÖRR) noch relativ kleine Nutzerzahlen ausweist. Deshalb müssen seine Produktionen interessanter werden – auch für eine andere Zielgruppe als die jungen Woken. Denn die Massen sind träge, sie schauen gern das Gewöhnliche.

Das Fernsehen erwacht: Wokeness im alten weißen Fernsehen

Die Klage über zu viel Staatsnähe und Kungelei in überalterten Rundfunkräten ist in Deutschland Legende. Nun kommt ein weiteres Kriterium hinzu: Gesellschaftlich benachteiligte Gruppen seien dort »nur selten anzutreffen«, klagt Fabian Goldmann in einer Studie, herausgegeben vom Verein Neue Deutsche Medienmacher*innen unter Beteiligung von Leitmedien.de (Sozialhelden e. V.), dem Lesben- und Schwulenverband in Deutschland (LSVD), der MaLisa Stiftung, der ProQuote Medien und der Queer Media Society. Die Fernsehräte seien noch »sehr weiß und relativ alt«, sagt darin J. Luca Renner, laut Twitterprofil »Queerdenker*in, ZDF-Fernsehrät*in ARTE Deutschland, Beirät*in (LSBTTIQ) – lesbisch – non binary (sie/ihr)«.[204] Um allen denkbaren Minderheiten Sitz und Platz in den Räten zu ermöglichen, schlägt Goldmann vor: »rotierende Sitze, Losverfahren, Plätze, für die sich Organisationen nach ein oder zwei Amtszeiten neu bewerben können, … um auch kleineren gesellschaftlichen Gruppen Teilhabe zu ermöglichen, ohne die Gremien ins Uferlose wachsen zu lassen.«[205]

Das wäre vermutlich nur Kosmetik. Denn Rundfunkräte sind gar nicht mehr nötig, um den ÖRR auf woke zu trimmen.

Es sind die Redaktionen selbst, welche die Forderungen der lautstarken Randgruppen bedienen, die längst nicht nur in den Redaktionen, sondern auch in den freien Produktionsgruppen und in den Casting-Gesellschaften eingerückt sind. Auch einzelne Intendanten unterstützen eine merkwürdige Übererfüllungsbeflissenheit, weil sie meinen, damit das jüngere Publikum wieder zurückholen zu können.

Über Jahrzehnte hat sich erwiesen: gut, dass wir den ÖRR haben. Aber man kann diese Macht auch missbrauchen – gegen den erklärten Willen des Publikums. Niemand ordnet das an, es gibt keine schriftlich festgehaltenen Richtlinien. »Es ist ein Trend, ein Zeitgeist«, meint die erfahrene und ausgezeichnete Dokumentarfilmerin Sigrid Faltin in einem persönlichen Gespräch. Es gebe inzwischen die Erwartung, »dass ein PoC auftaucht oder eine queere Person. Das kann eine Redaktion aber nicht einklagen. In den Drehbuchbesprechungen wird jedoch schon mal gesagt: Könnte diese Figur nicht auch so und so sein?«

Aber wieso legen alte weiße Redakteure inzwischen so viel Wert auf Diversity? »Man liest das in den Zeitungen und sagt: Mensch, das müssen wir auch machen«, so Faltin. Das werde in den Redaktionskonferenzen diskutiert, in den Sendern sei »eine große Aufgeschlossenheit da«. Sogar die Älteren in den Redaktionen machten mit, weil sie »glauben, dass das von ihnen erwartet wird. Die Angst vor dem Shitstorm ist gewaltig. Und sie wollen auf der richtigen Seite der Geschichte stehen.«

Sie hält das für richtig, »weil dieses junge Publikum jahrzehntelang von den Öffentlich-Rechtlichen vernachlässigt worden ist«. Die Beschäftigten seien irgendwann »aufgewacht, und jetzt gibt es einen riesigen Nachholbedarf, um Leute wieder beizuholen, die sie eigentlich schon verloren haben. Das erklärt diesen radikalen Schwenk«. Faltin hält das Thema inzwischen aber für »überrepräsentiert«.

Sigrid Faltin erinnert an die Zeit, als sie jung war. »Das gab's immer, dass die junge Generation aufgeschlossener war, woker, und die Alten kopfschüttelnd danebenstanden«, sagt sie. Sie habe früher versucht, in den Sendern Themen der alternativen Szene und Hausbesetzungen unterzubringen. Damals seien die Chefs im Südwesten noch sehr konservativ gewesen. Heute sei das liberale Gedankengut »Mainstream geworden mit meiner Generation. Worüber die AfD heute Gift und Galle spuckt. Für die ist der ÖRR ›linksliberal versifft‹.«

Das damalige konservative Weltbild sei verschwunden. »Meine Eltern haben sich schwergetan mit Homosexualität«, sagt sie. »Vielleicht so schwer, wie ich mich heute mit Transsexualität von Pubertierenden tue. Aber das Leben zieht weiter.« Und so kommt es, dass Til Schweiger bei seinem Film *Manta Manta – Zwoter Teil* mit der Forderung konfrontiert wurde: »Da muss ein Elektro-Auto rein.«[206]

Quoten für Vielfalt: Folgen für die Produktion

Es gibt Forscherinnen, die noch immer behaupten, Frauen seien im deutschen Film und Fernsehen »ausgeblendet«. Gefördert von der Stiftung MaLisa der Schauspielerin Maria Furtwängler und deren Tochter haben sie außerdem herausgefunden, dass es im TV »so gut wie keine Personen mit Behinderung« gebe. »Auch verschiedene sexuelle Orientierungen sind so gut wie unsichtbar.« Andere beklagen eine unzureichende Darstellung von »geschlechtsspezifischer Gewalt« oder dass »Personen mit einem zugeschriebenen Migrationshintergrund oder einer nicht ›weißen‹ ethnischen Zuschreibung« nur halb so häufig gezeigt würden wie in der Bevölkerung verteilt. Und so fassen die Forscherinnen die Ergebnisse »überspitzt« dahingehend zusammen, es »dominiert der mittelalte, weiße, heterosexuelle und nichtbehinderte Mann unser Fernsehen und prägt dessen Bild«.[207]

Ein durchschnittlicher TV-Konsument und Kinogänger wundert sich im Jahr 2023 über diese Wissenschaftlerinnen: Sonntagabend ermitteln in der ARD-Dauersendung *Tatort* deutlich mehr Kommissarinnen als in den realen Polizeidienststellen, zahlreiche Kommissare ohne lange weiß-deutsche Ahnengalerie, Homosexuelle und eine schwarze Ermittlerin. Im *Tatort* morden und töten deutlich mehr Frauen als in der Realität und weniger junge Männer mit Migrationshintergrund. Das Publikum scheint beides zu akzeptieren.

Es akzeptiert auch einen sehr nachdenklichen Transmenschen im *Polizeiruf 110*,[208] der sicherlich Kandidat für Fernsehpreise ist, und die Besetzung des Krimis *Unbestechlich*; dort gab es sechs Hauptrollen: Die drei Täter sind weiß, zwei Männer und eine Frau, deren Ehemann im Rollstuhl sitzt; die Helden arbeiten beim LKA und sind ein dunkelhäutiger Mann und eine Frau, die sich am Ende als nicht heterosexuell outet. Das Publikum akzeptiert selbstverständlich dunkelhäutige Sprecher und Moderatorinnen mit arabisch klingenden Namen, türkischstämmige Regisseure und muslimische Schauspielerinnen. *Die Bergretter* (ZDF) müssen sich als Rahmenhandlung für einen Volkshochschulexkurs übers Klima hergeben. Das Publikum liebt die Übertragungen von Fußballspielen, die so multikulti besetzt sind wie das *Raumschiff Enterprise*, und schaut mit zunehmender Begeisterung Frauen beim Kicken zu; in den Freitagabend-Talkshows sitzen alle denkbaren Geschlechter und Herkünfte.

Auch der Grimme-Preis wird überdurchschnittlich inklusiv und divers vergeben. In der Fernsehwerbung – auch das ja häufig ein Kunstwerk jenseits dieses Planeten – versuchen alle, die bunte Regenbogenwelt von Benetton zu übertreffen. Und im Jugendsender Funk von ARD und ZDF wird die Resilienz des Publikums getestet. Wenn dort die Reihe *Auf Klo* läuft, dann erklärt eine Redakteurin, die sich als queer »labelt«, Gender so: »Trans, inter, nicht-binär, genderqueer, genderfluid, agender … Man weiß nicht genau, wie viele Geschlechter es gibt. Aber hoffentlich kommen noch ganz viele dazu. Hauptsache mehr als zwei.« Zeigen wir Nachsicht, Funk ist eine schräge Kinderspielwiese, die sich die Gebührenzahler leisten, aber nicht anschauen müssen.

Alle Gender, Herkünfte, sexuellen Orientierungen sind im deutschen Fernsehen alltäglich repräsentiert. Diversity über alles. Der ÖRR ist anscheinend schon weiter, als Quotenfans glauben machen.

Die kommerziellen Sender wollen dem nicht nachstehen: Bei RTL durfte sich jüngst auch eine Transfrau erniedrigen lassen. Bei *Ich bin ein Star – holt mich hier raus* erklärte sie ganz unverkrampft, dass und wie aus ihrem Penis eine Vagina geworden sei. Damit Jolina Mennen (»Ich bin als biologischer Junge zur Welt gekommen«) und das Publikum auch etwas lernen, erteilte der Sender gleich noch Sprachnachhilfe made in USA: »Er wurde als Mädchen geboren« sei ein verbotener Satz, so wie »Er ist biologisch eine Frau«. Heute heißt das auch bei RTL: »Ihm wurde bei der Geburt das weibliche Geschlecht zugewiesen.«[209]

Alles möglich. Aber auch richtig? Fortschrittlich? Die Berlinale – kurzer Ausflug ins Kino – vergab 2023 einen Bären an eine Neunjährige für die Rolle eines Transkinds. Daran gibt es durchaus Kritik aus der Branche: »Wenn du das diesjährige Berlinale-Programm anguckst, denkst du manchmal: Dein:e Protagonist:in sollte besser queer oder trans sein, damit dein Film genommen wird«, sagt Sigrid Faltin, die gendert und den Mangel an Regisseurinnen und Drehbuchautorinnen beklagt.

Irritierend ist, dass Forscherinnen wie die oben genannten zur Analyse der TV-Produktionen die mitwirkenden Menschen in Kategorien einteilen dürfen: »Schwarz/People of Color (erkennbar an dunkler Hautfarbe«, »Südostasiatisch/Ostasiatisch (erkennbar an der Form der Augen)«. Solche Zuordnungen sollten jedoch auch unter aufgeweckten Menschen tabu sein, weil sie so schrecklich nach NS-Rassenkunde riechen. Fragen nach dem Privat-, gar dem Sexualleben und möglichen baldigen Schwangerschaften waren früher verpönt, es war Privatsache, wer mit wem verkehrt. Aber wenn's der Wahrheitsfindung oder der moralischen Selbstvergewisserung dient, gibt es bei den Sensiblen und Achtsamen doch eine Menge Toleranzspielraum.

Die Erwartungen und »Elastizität« der Redaktionen verändert das Schreiben von Drehbüchern: Statistisch gesehen seien die meisten Menschen in Gefängnissen Männer, sagte uns eine erfolgreiche, seriöse Drehbuchautorin.[210] Die meisten davon seien männliche Migranten bis Mitte zwanzig. »Wer darf Täter sein?«, fragt sie. »Männlich, jung, Migrationshintergrund?« Und wer nicht? Frauen? Schwule? Transsexuelle? Die Antwort ergibt sich möglicherweise aus der Einschätzung der Redaktionen, wie viel sie einzelnen Gruppen zumuten zu dürfen glauben.

Darüber hinaus scheinen in den Medien grundsätzliche Fragen erörtert zu werden: Darf eine heterosexuelle Frau überhaupt noch Männerrollen schreiben? Oder Kinderrollen? »Ich war mal ein Kind«, erzählt die genannte Drehbuchautorin, »ein Mädchen, aber darf ich auch über Jungs schreiben? Als Autorin sage ich: Meine künstlerische Freiheit darf nicht beschnitten werden durch die Anforderungen, dass ich nur noch das schreibe, was ich authentisch erlebt habe und damit authentisch schildern kann. Das wäre eine extreme Beschränkung meines Berufsbilds, und das kann ich weder akzeptieren noch tolerieren.«

Sie, die lieber anonym bleiben will wie viele, mit denen wir geredet haben, spricht von »Verrenkungen«, die sie mache, um dem angepeilten Publikum eine Identifikationsfigur zu liefern. Aber Diversität müsse sich aus dem Stoff ergeben. »Aufgesetzte Diversität bringt uns nicht weiter.« Und doch sagt sie: »Ich bin

Dienstleisterin. Und am Ende des Tages bleibt immer die Frage: Was kann ich dem Sender verkaufen.« Letztendlich entscheide die Redaktion. »Ich mache ein Angebot, und wenn das nicht akzeptiert wird, habe ich die Wahl zwischen dem Kompromiss oder dass ich gehe.«

Kehren wir noch einmal zurück zu Amazon Prime, wo die Identität des Schauspielers (Geschlecht, Geschlechtsidentität, Nationalität, Ethnizität, sexuelle Orientierung, Behinderung) mit den Figuren, die sie spielen, übereinstimmen soll. Das bedeutet, dass kein Schweizer in künftigen Produktionen Hitler verkörpern darf (ein Österreicher schon), keine Frau mehr Hamlet, Schwule keinen heterosexuellen Liebhaber; kein englischer Schauspieler wird mehr für sein Spiel eines indischen Freiheitskämpfers und Pazifisten einen Oscar erhalten (Ben Kingsley); Tom Hanks käme nicht mehr für seine Rolle in *Philadelphia* infrage, Julianne Moore dürfte keine Alzheimerkranke mehr spielen (*Still Alice – Mein Leben ohne Gestern*), Dustin Hoffman keinen Autisten (*Rain Man*); keine dänisch-aschkenasische Amerikanerin käme mehr infrage für die Rolle einer transsexuellen Frau (Dante Gill), die wie ein Mann auftritt – ach, das war schon 2018 nicht möglich, die cis-Frau Scarlett Johansson musste nach Protesten, unter anderem von Transgender-Kollegen wie Trace Lysette, von der Rolle zurücktreten.

Ausgeweitet auf andere Bereiche des Kulturbetriebs bedeuten die Amazon-Richtlinien: Udo Jürgens dürfte nicht mehr über das Heimweh eines griechischen Gastarbeiters singen,[211] kein Heterosexueller über die Liebe unter Männern philosophieren, kein Millennial über Boomer urteilen. Darf künftig noch (wie 2021 in der Hamburger Staatsoper) eine Frau Donald Trump spielen? Kein Mensch darf mehr im Theater ein Tier verkörpern – auch Tiere haben Rechte. Und Götter! Verflucht sei, wer es noch einmal wagt. Und sollte mal wieder ein Mörder zu besetzen sein, dann nehmt – einen Mörder.

Andreas Bernard hat diese Entwicklung in der Hamburger Wochenzeitung *Die Zeit* aufgegriffen und kommentiert: »Die Wahrhaftigkeit der Fiktionen soll also gedeckt werden von der Identität der Darsteller.« Er erteilt den woken Menschheitsverbesserern eine Lehre über die Rolle des Schauspielers – anhand des »Paradoxes über den Schauspieler« von Diderot. »Der Schauspieler ist nicht diese oder jene Person, er spielt sie nur und spielt sie so gut, dass Sie ihn mit ihr verwechseln«, heißt es dort. »Das vollständige Fehlen von Empfindsamkeit« sei gerade »die Voraussetzung für erhabene Schauspieler«, das »kalte Blut« des Schauspielers, ein »kühler Kopf, Urteilskraft, erlesener Geschmack, mühsames Studium, große Erfahrung und ein sehr gutes Gedächtnis«. Bernard: »Der glaubwürdigste Schauspieler ist genau der, dessen Innenleben möglichst unberührt von der gespielten Rolle bleibt.« Sein klares Urteil: »An die Stelle von ästhetischen Prozessen tritt ein autoritäres kulturhygienisches Programm.«[212]

Mehr Diversität im Film: Filmförderung goes woke

Der Ruf nach Diversität wird gehört. Aber woher kommt er? »Die Wünsche kommen zunächst aus der Gesellschaft, von gesellschaftlichen Gruppen, die sich politisch Gehör verschaffen wollen, um ihre spezifischen Anliegen durchzusetzen«, glaubt ein bekannter deutscher Filmproduzent. »Deren Anliegen werden von politischen Vertretern aufgenommen und in konkrete Vorgaben umgesetzt. Das geht dort am leichtesten, wo es um öffentliche Budgets geht.«

Verteilt wird das Geld auch bei Einrichtungen der Filmförderung. Die Filmförderung Hamburg/Schleswig-Holstein hat sich und damit auch den Filmproduktionen schon 2020 Regeln für »mehr Diversität im Film« gegeben. Deshalb soll, wer Fördermittel für einen Film beantragt, eine »Diversity Checklist« ausfüllen. »Sehen wir im geplanten Filmprojekt Menschen mit Behinderung? Wie viele Frauen sind in leitenden Funktionen am Projekt beteiligt? Gibt es im Team People of Colour? Und wenn nein: Warum nicht?« Gefragt wird auch, welchem Geschlecht Produzent, Regisseur, Drehbuchautor zuzuordnen sind. Die Checklist beruhe auf gesetzlichen Grundlagen (genannt ist das Allgemeine Gleichbehandlungsgesetz von 2006) sowie auf Ansätzen ausländischer Filmförderinstitute und werde »im Dialog mit der Branche« weiterentwickelt. »Wir wissen, dass diese Checklist nur ein Anfang sein kann.«[213]

Für einen Produzenten wie den genannten hat das ganz praktische Folgen: Um das Häkchen an den Checklisten setzen zu können, müsse er zuerst bei Regisseurinnen anfragen. Wenn die keine Zeit hätten, müsse er belegen, dass er sich bemüht hat. Zum Stoff: Es genüge nicht mehr, von einer Kellnerin zu erzählen, die zwei Kinder durchbringen will. Die Hauptfigur müsse allerlei Identitäten abdecken. »Der Fokus ist längst weg vom alleinigen Anliegen der Künstler und ihrem Bemühen um Stoff und Publikum.« Zum Personal: Wie soll ein Produzent einem Schauspieler erklären, »dass er eine Rolle nicht spielen darf, weil sein oder ihr Geschlecht nicht das der Rolle ist«. Er müsse Listen führen und dafür Leute fragen, welchem Geschlecht sie sich zugehörig fühlten, sagt unser Produzent. Wie geht das, wenn Menschen ihr Geschlecht nicht nennen wollen? Es gibt auch Menschen, für die es eine Zumutung ist, ihr Geschlecht diskutiert zu wissen.

Letztlich komme man an solchen Vorgaben aber nicht vorbei, »weil Filmproduktionen nun mal von der Förderung und vom öffentlich-rechtlichen Rundfunksystem abhängig sind. Wir sind abhängige Dienstleister. Die Sender werden immer mächtiger. Und Einzelentscheidungen immer riskanter. Nicht zuletzt auch, weil Compliance immer mehr gestärkt wird. Es geht »um die neue Gesellschaft verbunden mit einer Generationengeschichte bis hin zur Systemfrage. Mit den neuen Regeln wachsen die Jungen in dieses System hinein, sie werden dazu erzogen, sich gremienmäßig zu verhalten.«

Gut erzählen: Wie der Film sich unter dem Druck der Wokeness verändert

Jüngst fiel in Deutschland der Film *Das Wunder von Kapstadt* auf. Wer ihn gesehen hat, wird sich an »Lisa« erinnern. Es geht – das jedenfalls suggeriert der Titel – um die erste gelungene Transplantation eines menschlichen Herzens, vorgenommen am 3. Dezember 1967 vom Team des südafrikanischen Pfarrersohns und Chirurgen Christiaan Barnard. Regisseurin Franziska Buch (auch Leiterin der Filmakademie Baden-Württemberg) beginnt den Vorspann mit dem am unteren Rand eingeblendeten Hinweis: »Inspiriert von einer wahren Geschichte«.

Wahr ist, dass Christiaan Barnard 1967 in Kapstadt die erste Transplantation gelang (der Patient überlebte leider nur 18 Tage). Wahr ist auch, dass Barnard ein verdammter Frauenheld war, aber unter Medizinern eher als schlechter Chirurg galt. Und wahr ist, dass es einen Schwarzen gab, Hamilton Naki, der als Gärtner arbeitete, dessen darüber hinausgehende Rolle als medizinischer Helfer allerdings nicht eindeutig zu sein scheint (er soll in verborgenen Räumen Tieren Organe entnommen haben und die Operationstechnik mitentwickelt haben). Alle Namen sind im Film genannt, und man bekommt den Eindruck, es handle sich tatsächlich um eine wahre Geschichte.

Doch mit der bahnbrechenden Operation in Südafrika beginnt der Film nicht. Er beginnt vielmehr in Deutschland. Dort lebt eine alleinerziehende Mutter, die eine Tochter von einem Mediziner hat, der die schwangere Geliebte verließ und sich nie um sein Kind kümmerte. Dieses Kind ist inzwischen erwachsen und will Karriere machen – als Herzchirurgin bei ihrem nichtsahnenden Vater, der inzwischen eine Koryphäe auf dem Gebiet ist.

Der *Weser-Kurier* preist den Film mit den Worten an: »Ein ARD-Drama rückt nun die – echten sowie fiktionalen – Teammitglieder Barnards in den Fokus, die aufgrund ihrer Hautfarbe oder ihres Geschlechts um ihren Ruhm gebracht wurden.«[214]

Wegen ihres Geschlechts um den Ruhm gebracht wird im Film die Tochter des deutschen Professors. Er zieht ihr einen betrügerischen Nachwuchschirurgen vor, woraufhin sie zu Barnard reist, um dort ihre Karriereziele zu verfolgen. »An diesem Punkt setzt in *Das Wunder von Kapstadt* die Realität ein«, ist im *Weser-Kurier* zu lesen. Genau das aber ist unwahr, weil an diesem Punkt die Fiktion sich fortsetzt.

Bisher war nicht bekannt, dass eine deutsche Medizinerin Entscheidendes zum Erfolg von Barnard beigetragen hätte, schon gar nicht die Tochter eines deutschen Herzchirurgen. Er ist genauso erfunden wie die den Film tragende Story um eine junge Frau, die nach oben will – in der Medizin, gar in der Chirurgie, im Jahr 1967. Lisa war nie in Kapstadt, um »sich an einer medizinischen Weltpremiere zu beteiligen«. Und sie hat Hamilton Naki nie getroffen.

Aber er wird zu Recht eine Figur im Film. »Dass Naki und viele andere aufgrund von Diskriminierung im Schatten gewirkt haben, ist ein blinder Fleck der historischen Betrachtung«, sagt der Produzent des Dramas, Christian Popp, laut *Weser-Kurier.* (Naki hat allerdings längst auch in der Wikipedia Einlass gefunden.) »Erfolg und Fortschritt einer Gesellschaft hängen davon ab, ob Menschen nach ihren Fähigkeiten beurteilt werden und nicht nach ihrer Hautfarbe oder ihrem Geschlecht.« Naki habe als Schwarzer nicht einmal den Operationssaal betreten dürfen, ist korrekterweise zu lesen, und dass er nie ins Rampenlicht treten konnte. »Christiaan Barnard hingegen konnte durch die Transplantation schnellen Weltruhm erlangen und in der Folge ein luxuriöses Leben führen.« Wie moralisierend!

»Das betraf auch die Frauen in der Medizin der 60er-Jahre«, meint Popp. Deshalb sei der Film ergänzt um »eine Protagonistin, die dem Sender zufolge ›stellvertretend für Frauen steht, deren Beitrag für diese außerordentliche medizinische Leistung in der Geschichtsschreibung ausgeblendet wird‹«. Eine echte Dr. Lisa Scheel habe es in Barnards Team nie gegeben. Unter der Überschrift »Von vergessenen Helden« resümiert die Autorin des *Weser-Kuriers*: »Die Perspektive der von *Ku'damm*-Star Sonja Gerhardt verkörperten Ärztin ermöglicht den Machern des Films jedoch, einen erstaunlich umfassenden Blick auf die strukturellen Hürden der damaligen Zeit zu bieten – und gleichzeitig eine medizinische Ausnahmeleistung als das zu zeigen, was sie im Jahr 1967 war: ein wahres Wunder.«[215]

Es ist ein Film, klar. Aber er wird nicht als Fiktion gesehen, da, wo er Fiktion ist, weil von Anfang an der Eindruck erweckt worden ist, Lisa sei eine reale Figur. Dass Lisa ins Skript geschmuggelt wurde, wird bei der Filmförderung sicher ein gutes Argument gewesen sein …

Kehren wir noch einmal zu Richard Brodys Kritik an Steven Spielberg zurück. Andreas Scheiner fragt in der *NZZ*, ob Spielberg etwa seine Mitschüler zur Hälfte mit Schwarzen hätte besetzen sollen, auch wenn sie das nicht waren? Er stellt klar: »Spielberg macht sich die Vergangenheit nicht diverser, als er sie in Erinnerung hat. Er verweigert sich einer forcierten Zeitgeistigkeit und bläst seine persönliche Geschichte nicht zum sozialrealistischen Problemkino auf. Das macht diesen Regisseur aus, und es unterscheidet ihn von so vielen jüngeren Filmemachern, die in ihrem Bestreben, das ›Richtige‹ zu erzählen, nicht mehr wissen, wie man gut erzählt.«[216]

Wie befreiend!

Wokeness in den Medien: Aktivismus statt Journalismus

Bari Weiss ist Journalistin, Jüdin und lesbisch. Drei Jahre arbeitete sie bei der *New York Times,* sie war geholt worden, um Redaktion und Leserschaft die Sicht des anderen Amerika nahezubringen, die in der altehrwürdigen linksliberalen Zeitung vernachlässigt worden war. Die Redaktion habe keine Ahnung von Amerika als Ganzes gehabt, schreibt sie 2020 in ihrem Abschiedsbrief, weshalb die *NYT* das Ergebnis der Wahl Donald Trumps nicht im Ansatz vorhergesehen habe.

Weiss verließ das Blatt, weil sie sich gemobbt fühlte, und hinterließ ein klares Urteil: Die *NYT* habe die zentrale Bedeutung des freien Austauschs von Ideen für eine demokratische Gesellschaft missverstanden, in der Redaktion habe sich »ein neuer Konsens herausgebildet: dass Wahrheit kein Prozess des gemeinsamen Entdeckens ist, sondern eine Orthodoxie, die bereits einigen wenigen Erleuchteten bekannt ist, deren Aufgabe es ist, alle anderen zu informieren«. Als Adolph Ochs 1896 die *NYT* übernahm, lautete dagegen sein Ziel: »aus den Spalten der *New York Times* ein Forum für die Erörterung aller Fragen von öffentlicher Bedeutung zu machen und zu diesem Zweck intelligente Diskussionen aller Meinungsschattierungen einzuladen.«

Sie spricht von Zensur und Selbstzensur, Twitter sei zum ultimativen Editor der Zeitung geworden. »Geschichten werden so ausgewählt und erzählt, dass sie das engste Publikum befriedigen, anstatt einem neugierigen Publikum zu ermöglichen, etwas über die Welt zu lesen und dann seine eigenen Schlussfolgerungen zu ziehen.« Das Blatt sei mehr und mehr das derjenigen geworden, »die in einer fernen Galaxie leben, einer, deren Anliegen zutiefst aus dem Leben der meisten Menschen entfernt sind«. Hinter vorgehaltener Hand sei die Rede von einem neuen »McCarthyism«.[217]

Bari Weiss hat angemerkt, dass etwa 95 Prozent der Leser der

NYT sich als Demokraten, Liberale und Progressive bezeichnen. »Das erklärt die politische Richtung, in die sie geht. *Fox News* wiederum wird hauptsächlich von Konservativen und Republikanern gesehen. Das Prinzip ist aber das gleiche.« Bei der *NYT* habe es »eine Art moralische Panik«[218] gegeben wegen »Black Lives Matter«.[219]

Mittlerweile frisst die Revolution ihre Kinder: Die *NYT* sieht sich inzwischen Angriffen von Transmenschen ausgesetzt, weil sich das Blatt auch hin und wieder kritisch äußert (siehe Kapitel 4). Offenbar sitzen die Blattmacher zwischen allen Stühlen.

Leider versteht sich auch in Deutschland ein wachsender Teil des journalistischen Nachwuchses als »Aktivist*in«, als verlange guter Journalismus nicht, zu berichten, was ist, statt das Geschehen selbst zu gestalten; Abstand zu halten, Fakten zu sammeln und abzuwägen, statt sich selbst ins Schlachtengetümmel zu werfen. Wenn etwa Angestellte des ZDF in den sozialen Medien es als »Ideologie« und als »Antifeminismus« sehen, wenn »Familie als Stütze der Gesellschaft«[220] angesehen wird, dann ist dieser Sender auf dem Weg, sich von der Mehrheit seines Publikums zu entfernen. Wenn die *Tagesschau* in einem Beitrag über einen Gesetzentwurf des Familienministeriums die Formulierungen »entbindende Person« und »gebärende Person« verwendet, dann schüttelt das Publikum den Kopf. Aus dieser Sackgasse rettet auch keine halbherzige Erklärung mehr, man habe niemanden diskriminieren wollen. Weil der Beitrag »zu Missverständnissen geführt« habe, seien die Begriffe durch das einfache Wort »Mutter« ersetzt worden, kann man mittlerweile auf tagesschau.de nachlesen. Bayerns Ministerpräsident Markus Söder (CSU) bezeichnete das zu Recht als »Woke-Wahn«.[221]

Der CDU-Vorsitzende Friedrich Merz sprach es auf dem Parteitag im September unmissverständlich aus: Die Sender, die von allen in Deutschland lebenden Menschen finanziert werden und einen staatlichen Bildungs- und Informationsauftrag haben, sollten sich an Regeln halten, »die wir uns alle in diesem Land gegeben haben – auch für die Verwendung der deutschen Sprache«.

Weil die Mehrheit der Menschen sich in dieser Frage gegängelt fühlt, klingt auch der ehemalige ZDF-Chefredakteur Peter Frey so unglaubwürdig, wenn er gegenüber der Deutschen Presse-Agentur behauptet: »Was uns unterstellt wird, nämlich dass wir in erzieherischer Absicht auf das Publikum einwirken, entspricht überhaupt nicht der Wirklichkeit.« Dann ist es eben eine Kapitulation. Vor allem jüngere Frauen hätten »nach der Uni selbstverständlich ihre Sprechweise hier eingebracht«, sagte Frey. »Ich fühle mich damit auch nicht wohl. Aber sollte ich das verbieten?«[222] Warum eigentlich nicht? Es hätte aber auch genügt, als Chef auf die Regeln der deutschen Rechtschreibung hinzuweisen.

Doch trotz all dieser Regeln und Zugeständnisse: Die LGBTQ-Gemeinde fühlt sich im ÖRR noch immer nicht genügend repräsentiert. Anderen geht das Gewese um das Geschlecht weit über das Erträgliche hinaus: So hat eine Initiative von Wissenschaftlern und Ärzten die »Falschberichterstattung des öffentlich-rechtlichen Rundfunks« aufgegriffen, der sich »die Darstellungen der ›queeren‹ Transgenderideologie zu eigen macht und dabei naturwissenschaftliche Tatsachen leugnet. … Der klar umrissene Begriff des Geschlechts, das die anisogame Fortpflanzung ermöglicht, wird vermengt mit psychologischen und vor allem soziologischen Behauptungen, mit dem Ergebnis, dass konzeptionelle Unklarheit entsteht.« Selbst in der früher harmlosen *Sendung mit der Maus* würden Kinder und Jugendliche indoktriniert. Die gebührenfinanzierten Sender sollten wieder »biologische Tatsachen und wissenschaftliche Erkenntnisse wahrheitsgemäß darstellen«. Die Wissenschaftler sehen »Errungenschaften der Frauenbewegung bedroht« und Frauenförderung und den Schutz von Frauen vor Gewalt ausgehöhlt.[223]

Selbst schwule Männer wie Florian Greller (siehe Kapitel 3) kritisieren die »Omnipräsenz von queeren Themen beim ÖRR«. Es sei ja »schön, dass uns der ÖRR nach langer Zeit endlich akzeptiert und dass ein schwuler Kuss mehr gefeiert als angefeindet wird, aber viele Menschen sind offenbar einfach nur noch genervt davon, dass sie gefühlt permanent damit konfrontiert werden«. Folge könnte sein, dass »eine überforderte Gesellschaft« sagt, »dass es jetzt genug sei, und dann trifft es alle unterm Regenbogen, auch und vielleicht gerade schwule Männer und lesbische Frauen«.[224] Eine erfreulich hellsichtige und unideologische Stimme.

Wokeness in Verlagen: Über Sensitivity Reader und absurde Zensur

Dieses Buch ist ein Beweis dafür, dass es die Meinungsfreiheit in diesem Land nicht nur auf dem Papier gibt, auf dem das Grundgesetz festgehalten ist. Allerdings bedarf es einigen Muts, dem woken Trend die Stirn zu bieten – sofern dies überhaupt beabsichtigt ist.

Wie erbärmlich das Schauspiel von Verlag, Autorin und Übersetzerin in spe, die es nicht wagten, die Gedichte von Amanda Gorman, die zu Joe Bidens Amtseinführung ein Poem vortragen durfte, wie geplant von einer von der Autorin anerkannten Übersetzerin übertragen zu lassen – wegen eines Zwischenrufs einer sogenannten Aktivistin!

Wie bedauerlich die »absurde Zensur« (Salman Rushdie) von Roald Dahls Büchern, weil darin Wörter wie »fett« und »hässlich« vorkommen.

Wie peinlich, wenn Protagonisten in einer Handlung aus dem vorigen Jahrhundert gendern müssen.

Wie elend, wenn der altehrwürdige Ravensburger Verlag

das Buch zum Film *Der junge Häuptling Winnetou* (und eine Version für Erstleser) vom Markt nimmt und sich in den Staub wirft. Und umso mehr, als die Verantwortlichen nicht wegen der schlechten Qualität des Produkts um Verzeihung baten, sondern wegen der »vielen negativen Rückmeldungen« von Menschen, deren Gefühle verletzt worden seien. »Wir danken Euch für Eure Kritik«, ließ der Verlag via Instagram wissen.

Wie schade wäre es schließlich, wenn junge Menschen keine Freudentränen mehr vergießen könnten, wenn sie die Filmversion von *Die unendliche Geschichte* sehen, nicht mehr *Momo* lesen dürften, sich nicht mehr vor den grauen Herren gruseln, Kassiopeia »voll cool« finden und *Jim Knopf und Lukas der Lokomotivführer* nicht mehr verschlingen dürften, weil ein früherer Fan von Michael Ende sagt: »Trotzdem betrachte ich als Erwachsener sein Werk nun – wie von allen anderen Autor*innen – auch (rassismus-)kritisch.«

Von Menschen wie ihm will der Ravensburger Verlag künftig alle Manuskripte prüfen lassen. Der Mann ist geboren in Berlin, verbrachte seine Kindheit meist in der Türkei, studierte Turkologie und Islamwissenschaft an der Freien Universität Berlin und »verdingt sich als Diversity- und Empowerment-Trainer, Sensitivity Reader« und anderes. Auf seiner Webseite nennt er sich außerdem »homosexueller Moslem mit türkischer Zuwanderungsgeschichte«. Dort sieht man ein Foto, auf dem er eine Kappe trägt mit der Aufschrift »Princess«. Er schreibt: »Schön, dass Sie da sind, und viel Spaß beim Stöbern!«

Wir finden in seinem Blog Berichte über Situationen, die er und sein Mann erleben, wenn sie händchenhaltend durch Berlin gehen. Bedauerlich, dass es selbst dort Menschen gibt, die mit Homosexualität noch ein Problem haben. Heute allerdings interessiert uns, wie er seine Arbeit als Sensitivity Reader versteht: Wegen seiner Vita fühlt er sich befähigt, zu Themen wie »antimuslimischer Rassismus«, »gendersensible Sprache«,

»männliche Homosexualität«, PoC, Rassismus und Sexismus zu beraten. Er habe »Romane, Artikel, Kurzgeschichten, Hörbücher, Presseerklärungen, Lernprogramme, Webseiten und Drehbücher für Fernsehserien als Sensitivity Reader betreut«. Sensitivity Reading sei dafür da, »ungewollt produzierten Bullshit wie diskriminierende Stereotype zu verhindern«.

Wir wollten mit ihm über seine Arbeit sprechen. Leider war er dazu nicht bereit. Erstens stehe er generell nicht für Interviews zur Verfügung. Und »Zweitens: Ich würde nicht an einem Buch teilnehmen wollen, das den Titel *Woke* hat. Ich fühle mich nicht wohl dabei.« Das ist sein gutes Recht. Unser gutes Recht ist es, aus öffentlichen Quellen zu zitieren.[225]

Keine Reaktion gab es auch auf die Einladung zum Gespräch an die Betreuerinnen einer weiteren Webseite für Sensitivity Reading.[226] Das Team besteht aus fünf Menschen, die sich wie folgt positionieren: »migrantische, muslimische Frau« nennt sich die erste, die weiteren bezeichnen sich als »Woman of Color«, »pansexuell und panromantisch und lebt in polyamoren Beziehungen und Beziehungsanarchie«, »hat Glasknochen und benutzt einen Rollstuhl«, sowie »auch intersektionaler Feminismus« ist ihr »ein Anliegen«, versucht, »Menschen mit psychischen Erkrankungen eine Stimme zu geben, außerhalb der bestehenden Klischees«.

Auf ihrer Webseite steht, Sensitivity Reader wiesen »auf Mikroaggressionen und stereotype oder klischeehafte Darstellungen und Narrative« hin. »Sensitivity Reader*innen prüfen Texte, aber auch Filme oder gesprochene (sic!) auf verletzende oder missverständliche Darstellungen und Ausdrucksweisen. Es geht dabei nicht darum, Themen zu verbieten oder gar zu zensieren, sondern darum, Autor*innen zu helfen, die richtigen Worte zu finden, für das, was sie eigentlich Ausdrücken (sic!) möchten. Es geht um Authentizität und den sensiblen Umgang mit Marginalisierung und Diskriminierung.«

Sensible Themen seien »solche, deren falsche Darstellung negative Auswirkungen auf die Betroffenen haben. Schreibt man über andere Lebensweisen (Menschen verschiedener Herkunft oder Communitys), ist es nicht ungewöhnlich, dass aus Unkenntnis ein falsches Bild vermittelt wird. Dadurch werden Vorurteile oder Stigmatisierungen reproduziert und verfestigt.« Klar also: Sensitivity Reader sind »Personen aus marginalisierten Gruppen, die sich mit den Diskursen um ihr Thema auseinandersetzen und einen Bezug zur Literatur haben«. Sie »bemühen sich, verschiedene Sichtweisen aus ihrer Gruppe zu repräsentieren«.

Klingt vernünftig. Klingt nach einem lukrativen Geschäftsmodell mit Zukunft. Klingt nach Zensur und verändert Literatur. Hilmar Klute hat in der *SZ* von einer »Hegemonie der Hasenfüßigkeit« in Verlagen geschrieben. Dass diese neue Institution nur von Menschen aus marginalisierten Gruppen mit authentischer Lebenserfahrung ausgefüllt werden kann, versteht sich. Aber sind sie auch geeignet, über das Seelenleben der alten Weißen zu urteilen? Oder braucht künftig jedes Buch, jeder Film mehrere Sensitivity-Betreuer, einen Board of Sensitivity?

Beim breiten Einsatz dieser neuen Schreibschiedsrichter stünde zu befürchten, dass wir künftig in Romanen von keinen authentischen Rassisten und Sexisten mehr lesen werden. Natürlich gendern dann auch weichgespülte Nazis, die keine rassistischen Witze mehr reißen. Aber vor denen fürchtet sich dann niemand mehr, weil sie so putzig sind wie Hitler, wenn er Blondi streichelt. Alles Schlechte wäre damit endlich aus der Welt verschwunden. Ein Traum.

Erfahrungen mit den neuen Gepflogenheiten bei Verlagen hat Daniel Anderson gesammelt. Der Regisseur, Drehbuchautor und Schriftsteller hatte eine hinreißende Geschichte über zwei »Loser« geschrieben, die sich übers Internet finden und gemeinsam zum Nordkap fahren, um sich dort gemeinsam ins Jenseits zu befördern. »Auf der Reise dorthin retten sie sich immer gegenseitig das Leben, und als sie an der Klippe stehen, stellen sie fest, dass sie sich ineinander verliebt haben und das Leben doch einen Sinn hat.«[227]

Klar, dass zwei »Loser« nicht aussehen wie Superman und Wonder Woman. Andersons Helden achten nicht aufs Äußere, sie sei stark übergewichtig und »immer etwas trutschig angezogen«, so der Autor. »Er ist spindeldürr, hat eine ganz schlechte Körperhaltung und ist überhaupt nicht sportlich. All das, was unter Selbstoptimierung fällt, betreibt er nicht, genauso wenig wie sie.«

Und dann kam die Diversity Readerin ins Spiel, und Anderson erinnerte sich daran, dass er in der DDR acht Monate Haft in Bautzen verbüßt und Berufsverbot erhalten hatte, weil er Kunst machen wollte statt Propaganda. Im März 2023 schrieb uns Anderson: »Ich habe den Kampf gegen die ›sensitiv Readerin‹ verloren. Meinen Verlagsvertrag habe ich aufgelöst, da es am Ende des Prozesses nicht mehr das Buch war, über das ich einen Vertrag geschlossen habe.« Er wollte nicht akzeptieren, dass »wir von einem moralisierenden Totalitarismus bedroht werden, dessen Ziel es ist, uns bis zum Letzten zu kujonieren«. Sein Buch war »bis zur Unkenntlichkeit verstümmelt. Was aber das Wichtigste daran war, ist, dass das Buch so langweilig geworden wäre, dass es niemand mehr hätte lesen wollen. Was jetzt aus dem Buch wird, weiß ich nicht.«

Zu diesem Zeitpunkt hatte der Verlag bereits die Filmrechte verkauft und reichte Anderson an Netflix weiter. Die Geschichte wiederholte sich. Auf fünf, sechs Seiten legte die Sensitivity Readerin dar, was sie zu ändern empfehle. Wichtigster Punkt: Eine der beiden Hauptrollen solle, wenn der Autor das mittrage, divers besetzt werden. Nun ruht das Projekt. »Ich bin bereit, meinen Vertrag zu erfüllen«, sagt Anderson, »aber nicht unter diesen Bedingungen.« Immerhin gibt es Hoffnung: Die Redakteurin, die den Stoff betreute, sei abgelöst worden. Auswirkung der neuen Netflix-Kultur?

Unser Filmproduzent ist auf Andersons Seite: »Man muss seine Stoffe auch vertreten. Wir akzeptieren nicht alles.« Unsere Drehbuchautorin würde eine solche Assistenz »auf keinen Fall« akzeptieren. »Wenn ich es nicht schaffe, sensibel mit meinem eigenen Text umzugehen, dann ist das unprofessionell.« Sie kennt einen wunderbaren Cartoon, in dem ein Comedian im Museum ausgestellt sei. Davor steht ein Vater mit seinen Kindern und sagt: »Die Komödie starb Anfang des 21. Jahrhunderts aus, es waren zu viele Menschen verletzt.«

Ideologisches Erziehungsprogramm: Wokism auf der Bühne

Sie haben ihn kommen sehen, den Sturm des Publikums aufs Theater. Nach zwei Jahren Pandemie. 2022. Aber sie kamen nicht, die Leute. Was soll man aber auch erwarten, wenn Vorlage und Produktion Titel wie *Brüste und Eier* (Thalia Theater) vergeben?

Warum flieht das Publikum die Theater? Noch Corona-Angst? Oder ist es doch die »generelle Entwicklung im Theater zum Dramaturgenstrebertum und zur Blasenbildung im Namen des Korrekten, Woken und Guten«, die die Theaterkritikerin Christine Dössel in der *Süddeutschen Zeitung* diagnostizierte? Dazu all das, »was da allein innerbetrieblich im Argen liegt«, die »brennenden Fragen«, über die beim Theatertreffen in Berlin in der Akademie der Künste gesprochen wurde, »hauptsächlich von Frauen, viele davon People of Colour«, wie Dössel anmerkt, also: »heiße Eisen wie Geschlechtergerechtigkeit, Machtmissbrauch, Diversität, Inklusion, Vereinbarkeit von Beruf und Familie, Reform patriarchaler Strukturen«.

Es geht bei dieser Frauenrunde um Fragen wie »Intersektionalität« und »Nachhaltigkeit« – Dössel spottet: »denn das Theater muss jetzt auch noch die Welt retten« –, um »diverses Theater«, »Critical-Whiteness-Workshops« und dergleichen mehr. Alles wichtig, zweifellos. Dössel jedoch fragt bang: »Aber wo bleibt die Kunst? Die Inhalte sollten auf dieser Liste ganz oben stehen. Das zu schaffen, ist das heiße Thema der Saison. Denn stell dir vor, das Theater löst alle Probleme – und keiner geht hin.«[228]

Auch in den Münchner Kammerspielen bleiben die Zuschauer aus. 55 Prozent Auslastung in den fünf Monaten bis Februar 2023. »Miserabel«, kommentiert Dössel, während das Volkstheater oder die Berliner Schaubühne fast ausgelastet seien. »Intendantin Barbara Mundel fährt mit ihrem Ansatz von Diversität, Inklusion und Artivismus einen Kurs woker politischer Theaterkorrektheit, der kaum ankommt.«

Gerade das angestammte Münchner Publikum fühle sich »nicht angesprochen, auch nicht mehr erwünscht; und dieses Publikum ist nicht etwa rückwärtsgewandt und elitär, es liebt nur gutes Theater«. Die Kammerspiele nennt Dössel »didaktisch und moralisch bevormundendes Theater«, in dem man sich »unter Niveau angesprochen fühlen« dürfe. Alles sei gut gemeint, aber »oft nicht gut gemacht. Ästhetisch und inhaltlich ist vieles sensationell dürftig. Langweilig, vordergründig, sofort durchschaubar. Das Gros der Inszenierungen begnügt sich damit, Botschaften zu vermitteln, queere, feministische, antirassistische Positionen zu vertreten oder – Lieblingswort – zu ›empowern‹.« Dössel sieht eine »Abkehr von Sprache, Literatur und klassischen Stücken zugunsten einer sozio- und diskurspolitischen Agenda mit Interventionen, Themenfestivals, ›Sisterhoods‹«, und das »gehe »am Kerngeschäft des Theaters vorbei – auch an der Stadt«.[229]

Es sieht so aus, als hätten die Freunde des Theaters gerade –

Achtung: Whataboutism – andere Interessen, als die Woken beim Agitieren und Missionieren zu beobachten? Vielleicht beschäftigt das Publikum mehr als die Zukunft einer woken Wunschwelt die reale existierende Gegenwart: der Krieg eines irren Diktators in Europa und die Frage, ob man noch Pazifist sein kann, abgesoffene Flüchtlingsschiffe vor Italiens Küste, die Betreuung von ukrainischen Exilanten in der Kellerwohnung, Klimawandel und die Frage, ob es noch erlaubt ist zu reisen? Die Inflation und ihre Folgen? Jedenfalls erscheint es in diesen Zeiten lächerlich, wenn, wie an einem kleinen Theater in den Niederlanden geschehen, Samuel Becketts Stück *Warten auf Godot* abgesagt wird, weil darin – von Beckett so zu Lebzeiten verfügt – ausschließlich Männer auftreten sollten. Der 26-jährige Regisseur sagte, er sehe sich »in einem absurden Traum gelandet«.[230]

Auch große Häuser erweisen sich als »House of Wokeness«. Am Schauspielhaus zu Zürich scheint die Intendanz das Publikum »überfordert« zu haben. Der Vertrag von Nicolas Stemann und Benjamin von Blomberg wurde im Februar 2023 nicht verlängert. Fünf Jahre zuvor waren sie angetreten, »Theater für alle« zu machen. Aber das, was sie darunter verstanden, schmeckte den wenigsten. »Geringere Auslastung, sinkende Erträge, ein Defizit in Millionenhöhe«, meldete die *NZZ*. Das Theater produziere am Publikum vorbei, und das sagten nicht nur die Bürgerlichen. Thomas Ribi erkannte »ein ideologisch verbohrtes Theater«, das Haus habe dem Publikum viel »ideologisches Beiwerk« präsentiert, ein »am woken Zeitgeist orientiertes Erziehungsprogramms« verordnet, einen »ideologisch verengten, politisch eindimensionalen Diskurs« gepflegt und »Anklage erhoben, Schuld zugewiesen«. Der erhobene Zeigefinger aber sei künstlerisch kein überzeugendes Statement.[231]

Die künstlerische Leitung habe sich zu oft auf ein Programm versteift, welches das Publikum vor allem wegen Verbrechen gegen den Planeten und Minderheiten schuldig sprach, hieß es andernorts. Das Publikum habe »die Tendenz zur festen Burg der woken Weltordnung« immer weniger goutiert. »Es wirkt, als sei das Theater Opfer eines Stellvertreterkrieges zwischen einer identitätspolitischen Linken und Freunden tradierter Privilegien geworden. Mit ihrer etwas penetranten politischen Selbstpositionierung haben die Intendanten das ihre zu diesen Grabenkämpfen beigetragen.« Und so stellte die *SZ* die Frage: »Waren die Intendanten zu woke?«[232]

Der Schauspieler und Fernsehmoderator Harald Schmidt kann mit »Elternzeit. Quality Time. Wokeness. Awareness« nichts anfangen. Er wisse von Häusern, »da gibt es keine Kritik mehr. Da werden nur noch Befindlichkeiten geäußert. Wie da eine Probe funktionieren soll, weiß ich nicht.« Er habe an der Schauspielschule Zürich einen Workshop für Improvisation gegeben. Da sei er schnell der Opa gewesen, der vom Theaterkrieg erzählt habe. »Die hatten von Peter Zadek oder Ulrich Wildgruber noch nie gehört. Zeitung lesen sie schon mal gar nicht, auch nicht online. Die Hälfte kam leicht übermüdet zehn Minuten zu spät, links einen Kaffeebecher, rechts ein Croissant, Beine hoch aufn Stuhl. Denke ich, Kinners, ich hab mein Leben lang so ein Hochleistungsdenken gehabt – und ihr? Auf die Frage nach ihrem Traumtheater kam die Antwort: ›Also für mich muss es menschlich stimmen.‹«[233]

Manchen Theatern scheint das auch zu gelingen, sie sind ausverkauft. Peter Laudenbach weiß auch, wann: »Das Theater geht weiter, auch in harten Zeiten – zumindest wenn es sich für sein Publikum interessiert.« Schwierig werde es, »wenn die Bühnen sich mit dem gängigen Diskursvokabular aus den Seminarräumen der *cultural studies* gegen die uneingeweihten Normalos aus der lästigen Außenwelt abschotten«.[234]

Unkultur in der Kultur: Wokism, Cancel Culture, kulturelle Aneignung

Nicht nur im Film und im Theater, die Kultur insgesamt ist die Lieblingsspielwiese der Wokeness. Auch das Lenbachhaus in München versteht sich offenbar als Tugendwächter. Das Haus gab dem Publikum jüngst Orientierungshilfen. Unter einem Bildnis des Heiligen Georg, der, auf einem Schimmel sitzend, einen Drachen aufspießt, wies ein Sternchen und ein Pünktchen in Blau auf einen Infokasten hin, der dem Bild das Attribut »Toxic masculinity« zuweist. Auch das Bild *Kandinsky und Erma Bossi am Tisch* zeige »toxische Maskulinität«. Und August Mackes *Blumen im Garten, Clivia und Pelargonien* soll etwas mit Kolonialismus zu tun haben.

Den Berliner Philharmonikern, wo allzeit »klaffende Finanzlöcher«[235] beklagt werden, genügt es offenbar nicht mehr, das Publikum mit Musik zu erfreuen. Das Haus sieht sich in der Pflicht, auch einen sogenannten Philharmonischen Diskurs zu »hosten«, wo »aktuelle Fragen und Aspekte aus Politik, Gesellschaft, Kultur und Geschichte« behandelt werden sollen, »Themen, die bewegen, berühren, neugierig machen«. Am 17. Januar 2023 trafen sich Tessa Ganserer, einer der ersten transsexuellen Abgeordneten des Bundestags, und der Sexualwissenschaftler Martin Dannecker, »eine der zentralen Figuren der schwulen Emanzipationsbewegung«. Konkretes Thema im Rahmen des Saisonschwerpunkts »Identitäten« war »die geschlechtliche Selbstwahrnehmung als Teil des ›Ichs‹«. Da war wenig Musik drin bei den Philharmonikern, dafür eine Menge Aktivismus, der den Auftrag des Hauses weit überdehnt.

Ronja Maltzahn dagegen hätte gern Musik gemacht, aber sie durfte nicht. Fridays for Future hatte sie eingeladen, aber kurz vor dem Auftritt erkannt, dass die Sängerin mit ihrer Frisur – sie trug Dreadlocks – sich einer kulturellen Aneignung schuldig gemacht habe. In der FFF-Sprache: »Schwarze Widerstandssymbole haben auf weißen Köpfen nichts zu suchen.« So ging es auch der Band Lauwarm, die in Bern jamaikanische Reggae-Musik spielen wollte (einige ebenfalls mit Dreadlocks). Es gab Einwände, der Veranstalter beendete das Konzert, weil Gäste »sich unwohl gefühlt« hätten. Auch eine Tanzgruppe älterer Damen, das AWO-Ballett Rheinau aus Mannheim, das unter dem Motto »Weltreise mit dem Traumschiff« in Kostümen als Pharaoninnen oder mit Sombrero als Mexikaner verkleidet auf der Bundesgartenschau auftreten wollte, sah sich unvermittelt dem Vorwurf »kultureller Aneignung« ausgesetzt. Die Gründerin und Chefin des Balletts verstand die Welt nicht mehr: »Ich weiß nicht, was ich Schlimmes gemacht haben sollte. Wir haben niemanden beleidigt oder diskriminiert.«[236]

Derartige Vorwürfe sind – entschuldigen Sie bitte – sehr an den Haaren herbeigezogen. »Gleiche rechtliche Freiheit bedeutet allerdings, dass jedermann seine Haare so tragen kann, wie er es möchte«, wendet der Münsteraner Juraprofessor Peter Oestmann ein. »Wenn bestimmte soziale Gruppen das Recht beanspruchen, über das Aussehen ihrer Mitmenschen rechtlich verbindlich zu entscheiden, ist die freie Entfaltung der Persönlichkeit nichts mehr wert.« Seinen Studenten scheint das nicht bewusst zu sein. Die künftigen juristischen Kapazitäten hielten die Absage des Konzerts und die Kündigung des Vertrags für unproblematisch. »Niemand kam auf die Idee, dass es rechtliche Vorgaben für Frisuren überhaupt nicht gibt. Wenn der moderne Staat nicht wachsam bleibt, droht die Wiederkehr längst überwundener ständischer Strukturen unter dem Deckmantel der Diversität und der Identitäts-Wokeness.«[237]

Und die Musik? Peter Fox, der die »Zukunft pink« sieht und dessen Musikvideos Diversität ostentativ leben, hatte zwar offengelegt, dass er Beats aus Süd- und Westafrika genutzt habe, aber nicht ausdrücklich das Subgenre Amapiano mit den typischen Basstrommeln genannt. Der aktivistische Journalist Malcom Ohanwe prangerte das mit dem Hinweis auf die europäische Kolonialgeschichte an: »Es ist so eine Art Basar. Man kann sich alles nehmen, man nimmt sich Rohstoffe, nimmt sich Sprachen, man nimmt sich Kultur.«[238]

Bei Maischberger antwortete Helge Schneider auf die Frage, ob ein weißer Musiker Jazz spielen darf oder Reggae: »Ich, als Musiker, ich empfinde die Musik wie ein Überwesen.« Die Musik sei da. Und er »nur der ausführende Musiker«. Wenn jemand also sage, das sei kulturelle Aneignung, »das interessiert mich einen Scheißdreck. Das ist eine Uniformierung.«[239]

Ist Musik überhaupt möglich, ohne auf Überliefertem aufzubauen? Wie weit sollten wir zurückgehen? Bis Bach? Jede Kultur baut auf Altem, Bekanntem auf und entwickelt es weiter. Ist es kulturelle Aneignung, wenn eine schottische Musikgruppe auf Kuba mit Einheimischen Salsa spielt? Unterdrückt der Dudelsack etwa die Timbales? Nein, das ist gemeinsame Liebe zur Musik und gelebte Völkerverständigung.

Daraus können sich wunderbare Win-win-Situationen ergeben. Der amerikanische Musikjournalist Daniel de Visé erzählt in seiner B.B.-King-Biografie darüber, wie Mick Jagger bei einer Pressekonferenz zur ersten Tournee der Rolling Stones in den USA nach seinen Vorbildern gefragt wurde: Muddy Waters. Afroamerikanische Musik war in den 1960ern bedeutungslos gegenüber Pop und Rock'n'Roll. Die Rolling Stones holten den schwarzen Blues auf die Bühnen – zurück, muss man sagen. Und B.B. King wurde ein Weltstar. »Eine US-Tour zusammen mit den Rolling Stones 1969 machte ihn endgültig zum König des Blues«, schreibt Christoph Wagner in der *NZZ*, »wobei die musikalische Einverleibung der afroamerikanischen Musik durch die britischen Bürgersöhne einer tiefempfundenen Wertschätzung, ja fast religiöser Verehrung entsprang.«[240]

Dem woken Jungvolk ist das egal. »Was Helge Schneider zum Thema kulturelle Aneignung zu sagen hat ist scheissegal«, twitterte eine deutsche Autorin und Aktivistin namens Jasmina und erntete reichlich Retweets und Herzchen aus ihrer Blase. Werden demnächst Gemälde überpinselt? Statuen von dicken Menschen (Bodyshaming) mit dem Meißel verschlankt? Ist es, wenn eine schwarze Tänzerin zur Aufführung von *Schwanensee* sich weiß schminken soll, Diskriminierung, Rassismus oder kulturelle Aneignung? Und dürfen die Pyramiden stehen bleiben, obwohl Sklaven sie aufgetürmt haben?

Das alles soll mal jemand verstehen, der nicht woke ist. »If You're Woke, You Dig It.« Wenn du erwacht bist, wirst du es verstehen. Der dunkelhäutige Schriftsteller William Melvin Kelley benutzte das Wort »woke« 1962 in der *New York Times*. Die Woken haben das Wort gekapert, klarer Fall für kulturelle Aneignung. Der damals 24-jährige Kelley benutzte dort auch das Wort »negroes«.[241]

Die Kurzsichtigkeit der Woken und ihrer Apologeten

Im November 2022 machte Ayad Akhtar auf ein Phänomen in seinem Land aufmerksam, in den USA. Der Sohn pakistanischer Einwanderer und vielfach ausgezeichnete Schriftsteller und Dramatiker ist seit 2020 Präsident des PEN America, und was ihn beschäftigte, hatte mit der Produktion von Büchern zu tun. Besser gesagt: mit der Nichtproduktion von Büchern. Akhtar sprach über eine wissenschaftliche Biografie von Medgar Evers – einem der wichtigsten Protagonisten der amerikanischen Bürgerrechtsbewegung der Sechzigerjahre. »Der Autor gilt als führender Evers-Fachmann«, sagte Akhtar auf einem Kongress des PEN Berlin. »Doch sein Buchprojekt findet keinen Verlag. Niemand will es machen. Nicht jetzt, nicht in diesem Klima: Denn Medgar Evers war ein Schwarzer, und der Autor des Buches ist weiß.« Und er ergänzte: »Ich erwähne die Geschichte nicht, weil sie einzigartig wäre – das ist sie nicht.«

Akhtar schreibt über seine Erkenntnis, dass für jene, die darin kulturelle Aneignung erkennen, offenbar »die Gefahren der Aneignung weit größer seien als die Vorteile der Empathie«. Statt Kulturpflege stützten sie Empörung. Längst gehe es nicht mehr »um ästhetisches und erzählerisches Urteilsvermögen« und die Frage, ob jemand »eine Geschichte ›gut‹ zu erzählen« wisse. Es habe sich »eine verhängnisvolle Art Auffassung von menschlicher Kreativität herausgebildet. Immer häufiger geht es nicht mehr um die Vorstellungskraft, sondern um Machtverhältnisse.« Ein »manichäisches Denken« habe sich herausgebildet, eine Entscheidungselite von Auserwählten, denen Weiße als Inhaber der Macht suspekt seien und der Aufstieg von Nichtweißen in Machtpositionen von vorneherein als gut gelte. Das gehöre inzwischen »zum Klima, das im Kulturbetrieb Amerikas gegenwärtig herrscht«.[242] Leider nicht nur dort, Europa und Musterschüler Deutschland ziehen beflissen nach.

Aber in der woken Blase gibt es nichts, was nicht noch zu toppen wäre: In den USA geriet die Auseinandersetzung um kulturelle Aneignung 2018 in Fahrt, als der Blockbuster *Black Panther* in den Kinos lief. Michelle Obama empfahl ihn, es gab drei Oscars. Alle Afrikaner und schwarze Menschen auf der ganzen Welt hätten zufrieden sein können, weil der Streifen zeigte, wie Schwarze, kluge Männer und starke Frauen, dafür sorgen, dass die Welt ein besserer Ort wird, wie es auf US-amerikanisch heißt. Doch dann schüttete die afrikanische Bloggerin Zipporah Gene Wasser in den Wein. »Black America, Please Stop Appropriating African Clothing and Tribal Marks.« Schwarze Amerikaner sollten die Finger von afrikanischen Kleidern und

Stammesinsignien lassen, wütete sie. Niemand dürfe ohne Verständnis der religiösen und historischen Hintergründe einfach Fula-Nasenpiercings, Djellaba-Kopfbedeckungen oder Yoruba-inspirierte Tattoos tragen. Jonathan Fischer stellte in der *Süddeutschen Zeitung* fest: »Jetzt sind Räuber wie Beraubte ›colored people‹«.[243] Die Sicht der Kämpfer gegen kulturelle Aneignung ist bedenklich eindimensional.

Die Kultur ist jedenfalls ein Tummelplatz, auf dem zumindest die Regenbogenmenschen sogar überproportional stark vertreten sind; eine Minderrepräsentanz kann dagegen unter Tage und bei der Müllabfuhr vermutet werden, also in den »schmutzigen«, körperlich schweren Berufen. Dort sind manche Zuwanderergruppen häufig zu finden. Aber in der Kultur finden sich mehr als 8 Prozent Nicht-Heterosexuelle, mehr als 4 Prozent Nicht-Binäre, mehr als 0,02 Prozent Transmenschen. Und wer hätte auch – gute Arbeit vorausgesetzt – etwas dagegen einzuwenden?

Was gewöhnliche Menschen allerdings stört, sind die anhaltenden Klagen dieser Gruppen, sie seien unterrepräsentiert, benachteiligt; was stört, ist die aufgekratzte Besessenheit der Woken mit ihrer eigenen Identität, mit der Sexualität, ihre narzisstische Selbstbespiegelung, ihr Glaube an das Besondere ihres Wesens. Die Masse der Menschen mag dem eine Weile zusehen, erst interessiert, vielleicht voyeuristisch, schließlich gelangweilt. Gewöhnliche, aber ehrenwerte Menschen stören sich an der Sozialpädagogisierung des Lebens nach den Regeln jener, die sich notorisch »nicht rücksichtsvoll und vertrauensvoll« begegnen oder »unwohl« fühlen. Sie haben andere Probleme. Sie werden abschalten, sich über die GEZ-Beiträge ärgern, Kino und Theater meiden, keine Bücher mehr lesen, jedenfalls keine weichgespülten.

Die meisten Menschen respektieren oder tolerieren die Lebensweise Andersdenkender, wollen damit aber auch nicht permanent konfrontiert werden. Leben und leben lassen. Wenn die woken Diversen aber der Gesamtgesellschaft ihren Willen aufdrücken wollen, dann könnte sich das ändern.

8. Diskursfeindliche Orthodoxie: Wissenschaft im Würgegriff der Woken

Die Hochschulen sollen sich durch schlichte intellektuelle Rechtschaffenheit auszeichnen und die Welt entzaubern. Heute ersetzen jedoch Gefühle Argumente, eine Minderheit aus jugendlichen Heißspornen und bereitwilligen Vollstreckern will die Freiheit von Forschung und Lehre unter moralischen Vorbehalt stellen und die akademische Debatte untergraben. Von Max Weber lernen hieße aber: »Politik gehört nicht in den Hörsaal.«

Der amerikanische Philosoph Peter Boghossian ist offensichtlich ein humorvoller Mann. Er ist Autor einer Studie, deren Ergebnis war, dass Hundehalter fast immer eingreifen, wenn ihr Hund einen anderen Rüden besteigt, wenn er das aber bei einer Hündin versucht, dann lassen die Tierfreunde es häufiger geschehen. Das spiegle die »rape culture« in der Mensch-Tier-Beziehung wider.

Haben Sie es bemerkt? Diese Studie war fake, ein sogenannter Hoax. Zwanzig derartige pseudowissenschaftliche Artikel hat Boghossian verfasst, die meisten im Team mit der Autorin Helen Pluckrose und dem Mathematiker James Lindsay (University of Oregon).

Noch ein Hoax gefällig? Als Mitglied der fiktiven Southeast Independent Social Research Group verfasste er zusammen mit Lindsay ein pseudowissenschaftliches Papier mit dem Titel: »The Conceptual Penis as a Social Construct«: Das 3000 Wörter starke Papier begann mit dem Satz: »Der androzentrische wissenschaftliche und metawissenschaftliche Beweis, dass der Penis das männliche Fortpflanzungsorgan ist, gilt als überwältigend und weitgehend unumstritten.«[244] Unter dem Einsatz von Jargon wie »discursiv« und »isomorph«, allerlei unsinnigen Versatzstücken wie »pre-post-patriarchal society«, Slangwörtern für Penis, Kränkungen gegen Männer und Anspielungen auf Vergewaltigung (»Manspreading« sei gleichbedeutend mit Schändung des umliegenden leeren Raums) kommen sie zum Ergebnis, dass Penisse Produkte des menschlichen Geistes seien, schädlich und problematisch für die Gesellschaft und zukünftige Generationen. »Der konzeptionelle Penis stellt erhebliche Probleme für die Geschlechtsidentität und die reproduktive Identität innerhalb der sozialen und familiären Dynamik dar, ist für entrechtete Gemeinschaften aufgrund der Geschlechts- oder reproduktiven Identität ausgrenzend, ist eine dauerhafte Quelle des Missbrauchs für Frauen und andere geschlechtsmarginalisierte Gruppen und Einzelpersonen«, steht dort, und der Penis sei die »performative Quelle von Vergewaltigungen und der konzeptionelle Treiber hinter einem Großteil des Klimawandels«.

Es sieht so aus, als hätten die Jargon-Jongleure beim Schreiben eine Menge Spaß gehabt. Aber nicht schnöder Schabernack trieb sie, die Fakes hatten ein Erkenntnisziel: Sie wollten zeigen, dass es möglich ist, völlig absurde »Forschungsergebnisse« zu publizieren, wenn sie sich nur moralisch auf der Höhe der Zeit befinden.

»Wir gingen davon aus«, erläuterte Boghossian später im Onlinemagazin *Skeptic*, »dass wir, wenn wir nur in unseren moralischen Implikationen klar wären, dass Männlichkeit an sich schlecht ist und dass der Penis irgendwie die Wurzel dessen ist, wir den Artikel in einer angesehenen Zeitschrift auch veröffentlichen könnten.« Der Hoax wurde nach Begutachtung tatsächlich veröffentlicht – im Mai 2017 unter dem Pseudonym Peter Boyle.[245]

Alle diese Fake-Essays waren in der Sprache der Critical Social Justice (CSJ) geschrieben. Was ist CSJ? Man könnte es ein an westlichen Idealen ausgerichtetes Glaubenssystem nennen, eine Religion oder eine Ideologie, die stets das Gute will, aber leider häufig das Böse schafft. Boghossian sagt: »So wie Christen die Bibel und Muslime den Koran haben, so haben eben Anhänger der Gender Studies ihr eigenes Glaubensbekenntnis.« Er sieht in den USA eine »neue Orthodoxie« am Werk, die jeglicher wissenschaftlicher Evidenz entbehre. »Wer diese Orthodoxie nicht teilt, gilt als Häretiker. Die Deutungshoheit liegt vor allem bei jüngeren Fächern, die den Zusatz ›studies‹ führen. Sie verfügen an den Universitäten über den nötigen organisatorischen und institutionellen Rückhalt.« Unglücklicherweise hätten schlaue Leute diesen Ideen, »die unter dem Titel ›Diversität‹, ›Gleichheit‹, ›Inklusion‹, ›Trigger-Warnung‹, ›Safe Spaces‹ oder ›Mikro-Aggressionen‹ kursieren«, zum Durchbruch verholfen.[246]

Die Sache läuft also gut für die »Grievance Studies«, wie Boghossian diese Lamento-Studienfächer nennt, von denen es auch in Deutschland immer mehr gibt: allerlei Geschlechterstudien von »Gender und Diversity« bis »Gender und Queer Studies«, ohne die kaum eine Hochschule mehr auskommt, bis hin zu Transcultural Studies, wo »eurozentrische Erzählungen« dekonstruiert werden, und »Critical Studies« (etwa in Wien), die sich »vor allem an jenen kritischen Positionen [orientieren], die u. a. von den Gender Studies, den Post- und Decolonial Studies, Subaltern Studies, Cultural Studies und Queer Studies, aber auch von der Frankfurter Schule, dem Poststrukturalismus und der Dekonstruktion inspiriert worden sind«. Und so weiter. Allein in Deutschland existieren rund 250 Lehrstühle für Gender Studies, kaum ein Mann hat es darauf geschafft. Die Herren strengen sich offenbar nicht genügend an.

Das theoretische Fundament dieser »studies«, so Boghossian, sei dürftig. »Deren Radius breitet sich dennoch mimetisch aus, sie sickern in das Bewusstsein der Menschen ein und verändern ihre Wahrnehmung der Realität.« Antiliberale, antiaufklärerische Werte würden etabliert und institutionalisiert, um damit »Inklusions-, Diversity- und Equity-Büros mit heterodoxen Ansichten gegen Fakultätsangehörige zu bewaffnen«. Die Universität sei »eine ideologische Mühle, in der Studenten mit diesen Glaubenssätzen indoktriniert werden, während zugleich immer mehr konservative Stimmen ausgesondert werden«.[247]

In Anlehnung an den Theologen Martin Niemöller[248] warnt er: »Als sie die Konservativen holten, sagte ich nichts. Als sie die Moderaten holten, sagte ich nichts. Und als sie dann die Linksliberalen holten, bemerkte ich, dass ich ein Problem habe.«

So geschah es auch Boghossian, der zehn Jahre als Assistenzprofessor für Philosophie lehrte und beklagt, dass die Universität sich von »einer Bastion der freien Forschung in eine Fabrik für soziale Gerechtigkeit verwandelt, deren einzige Inputs Rasse, Geschlecht und Opferrolle und deren einzige Outputs Klage und Spaltung« seien.[249] Irgendwann merkte er, dass Ermittlungen nach dem Bundesgesetz zum Schutz von Menschen vor Diskriminierung aufgrund des Geschlechts gegen ihn liefen. Studenten waren zu ihm gekommen und hatten ihm erzählt, ein Ermittler habe sie gefragt, ob sie etwas darüber wüssten, dass er seine Frau und seine Kinder geschlagen hat. Daraus wurde ein Gerücht, das sich bald an der Universität verbreitete. In zwei Toiletten in der Nähe der philosophischen Fakultät und an Boghossians Bürotür fanden sich bald Hakenkreuze mit seinem Namen, einmal garniert mit einem Säckchen Kot. Die Universität schwieg. Sie schwieg auch, als seine Veranstaltungen gestört wurden. Nach anhaltenden Schikanen – er wurde bespuckt und bedroht – und nachdem er eingesehen hatte, dass er seiner Universität das Grundrecht, die Freiheit zu hinterfragen, nicht zurückbringen konnte, schrieb er seine Kündigung.[250] Peter Boghossian wurde nicht gecancelt, oh nein, er ist »freiwillig gegangen«.

Cancel Culture: Neuer Rassismus an deutschen Hochschulen

»3½ Fragen« der Redaktion der Wochenzeitung *Die Zeit* ist eine kleine, hin und wieder feine Rubrik. In der Ausgabe vom 22. November 2022 gab Axel Meyer, Professor für Zoologie und Evolutionsbiologie in Konstanz, pointierte Antworten über sein Leben auf dem Campus. Beeindruckt hat ihn demnach »das Free-Speech-Movement und die liberale, progressive Geschichte meiner Alma Mater Berkeley«. Das habe ihn geprägt. »Wir waren wunderbar farbenblind, gegenüber der Haut- und Passfarbe unserer Kommilitonen – im besten Sinne von Martin Luther Kings Fokus auf das Individuum und weg von alten Vorurteilen.« Derzeit dagegen konstatiert er »einen zivilisatorischen Rückschritt zu voraufklärerischer Identitätspolitik, Tribalismus und, in meinen Augen, sogar neuem Rassismus«. Er beklagt »Duckmäusertum und längst überwunden geglaubtes Gedankengut, das Menschen in Kategorien einteilt«. Das gefährde »Gesellschaft und Academia. Denn Aktivismus scheint wichtiger zu sein als die Suche nach ›Veritas‹, also Wahrheit – die eigentliche Aufgabe von Universitäten. Der woke Kulturkampf »bedingt Selbstzensur und verlangt Neusprech«.

Nicht jeder will das wahrhaben. Für den Literaturwissenschaftler Adrian Daub, der in Stanford lehrt, ist die Debatte um Cancel Culture und Wokeness irrelevant, ein »Elitendiskurs«, der in Zeitungsredaktionen und in den Fakultäten reüssiere und darauf basiere, »dass in der digitalen Welt mediale Macht nicht mehr ganz so hierarchisch funktioniert« und möglicherweise »die scheinbar Mächtigen plötzlich die armen Opfer sein können«. Eine »moralische Panik« habe die Privilegierten erfasst, unterstellt er. Dabei gehe es bei den »Cancel-Culture-Alarmtexten« bloß um »Aufmerksamkeitsökonomie«. Daub nennt es »absurd« zu behaupten, dass »provinzielle Vorfälle«, etwa, »was Studierende an einem College in der Gegend von Seattle treiben«, den westlichen Liberalismus und die Aufklärung tangieren könnten.

Er spottet über »deutsche Musterschüler:innen«, die Meinungsfreiheit und offene Gesellschaft verteidigten, wenn die in den USA »ins Hintertreffen« gerieten. Dabei griffen sie auf einen »Fundus historischer Vergleiche« zurück; schon »im Rahmen des McCarthyismus warnten erzkonservative Gruppen vor Kommunist:innen an der Fakultät«, später Ronald Reagan. In keinem Cancel-Culture-Essay dürften »McCarthy, die chinesische Kulturrevolution, Robespierre, die RAF, die DDR« fehlen. »Der klassische Cancel-Culture-Aufregertext lebt davon, dass er konstant Verbindungen zwischen Gegenwart und Vergangenheit, Anekdote und System aufbaut, ohne diese jemals explizit zu untermauern.«

Nachdem er die um Aufmerksamkeit heischenden »Eliten« mit Putin, Precht, Wagenknecht und (natürlich darf der nicht fehlen) Sarrazin sowie den Rechtextremisten Caspar von Schrenck-Notzing in seinen Cancel-Culture-Sack gesteckt und »ein gewisses Maß an Antiamerikanismus« diagnostiziert hat (ein Totschlagargument), ist es nicht mehr weit zum Nazivorwurf: Die Texte, bis hinein »ins liberale Feuilleton«, bedienten »eine ganz bestimmte Lust«, nämlich »die Lust, einmal wirklich rechts klingen, einmal ganz scharfe Töne spucken zu dürfen – alles im Dienst der freiheitlich-demokratischen Grundordnung, versteht sich«. Dabei handle es sich bei der ganzen Sache um einen »Backlash, der die liberale Demokratie überhaupt erst bedroht«.[251]

Alles heiße Luft also?

Das Netzwerk Wissenschaftsfreiheit um die Migrationsforscherin Sandra Kostner und die Politologin Ulrike Ackermann hat sich 2021 vorgenommen, »die Freiheit von Forschung und Lehre gegen ideologisch motivierte Einschränkungen zu verteidigen und zur Stärkung eines freiheitlichen Wissenschaftsklimas beizutragen«. Die verfassungsrechtlich verbürgte Freiheit von Forschung und Lehre werde »zunehmend unter moralischen und politischen Vorbehalt gestellt«, Freiheit von Forschung und Lehre würden »wissenschaftsfremde Grenzen schon im Vorfeld der Schranken des geltenden Rechts« gesetzt, »Einzelne beanspruchen vor dem Hintergrund ihrer Weltanschauung und ihrer politischen Ziele, festlegen zu können, welche Fragestellungen, Themen und Argumente verwerflich sind«, heißt es im Manifest des Netzwerks. Die Organisation dokumentiert inzwischen mehr als 700 mehr oder weniger schlagende Beispiele von Angriffen auf die Wissenschaftsfreiheit in Deutschland. Sie geht davon aus, »dass die zahlreichen und gravierenden angelsächsischen Beispiele auch in dieser Hinsicht Schule machen«.[252]

Da ist der Fall Javier Álvarez-Vázquez aus Leipzig. Der renommierte Philosophiedozent wollte im Wintersemester 2022/23 ein Seminar über »Historisch-Genetische Theorie der Geschlechterbeziehung: Subjekt – Identität – Liebe« veranstalten. Álvarez-Vázquez gedachte, sich mit seinen Studenten »kritisch mit der Klärung der Grundlagen der Geschlechterbeziehung« und der »geschlechtlichen ›Machbarkeitsfaszination‹ seitens der Medizin sowie der Pharmaindustrie« auseinanderzusetzen. Eine Gruppe von Studenten, etliche queer, wandte sich daraufhin anonym an *Leipzigs Unabhängige Hochschulzeitung*, weil sie eine »transphobe« Veranstaltung mit »transfeindlichen Inhalten« befürchteten. Der Vorwurf gegen Álvarez-Vázquez: Die Literaturliste enthalte nur Fachartikel von cis-Männern, aber keine »genderqueere Erfahrung und sogar cis-weibliche Perspektiven werden umschifft«, monierte eine queere Philosophiestudentin gegenüber dem Blatt. Er habe nur Texte gesucht, die »die eigene transfeindliche Meinung« untermauerten. Eine Trans-Studentin warf der Universitätsleitung Versagen bei der Freigabe der

Lehrveranstaltung vor, dem Institut für Philosophie »ein systematisches Versagen in der ›Awarenessstruktur‹«. Die Aufforderung, sich im Seminar damit auseinanderzusetzen, lehnte sie ab, »denn eine solche Diskussion gehe ihr als Betroffene persönlich nahe«.[253]

Wenig später berichtete die *FAZ*, dass die erste Seminarsitzung von rund dreißig Aktivisten gestürmt, der Dozent niedergebrüllt und körperlich bedroht und der Slogan »Queerfeindlichkeit tötet« an die Tafel geschrieben worden sei. Álvarez-Vázquez verlegte das Seminar ins Internet und erstattete Strafanzeige.[254]

Ein weiteres Beispiel: Der Politikwissenschaftler Jürgen Plöhn von der Martin-Luther-Universität Halle-Wittenberg (MLU) wies seine Studenten darauf hin, dass sie die »ideologiefreie Hochsprache« verwenden sollten, »wie sie allgemein verstanden und gesprochen wird«. Er bewertete Gendersprache als Fehler. Nachdem sich Studenten beschwert hatten, Plöhn aber darauf beharrte, entzog die Institutsleitung ihm die Lehrbefugnis, was sie aus juristischen Gründen zurücknehmen musste. Aber seither bietet er keine Seminare mehr an, weil sie seit dem Sommersemester 2022 nicht mehr prüfungsrelevant sind, Studenten keine Credit Points mehr erwerben können.

Die Wirtschaftsjuristin Alessandra Asteriti wiederum ist ein zwiespältiger Fall. Sie berichtet in einem Beitrag für die Online-Plattform Substack: »Wie man sich Feinde schafft und seine akademische Karriere ruiniert«. Die Juniorprofessorin zitiert aus E-Mails, die an die Leitung der Leuphana, ihrer Universität Lüneburg, gingen: »Es scheint, dass einer Ihrer Professoren misandristische und transphobe Ansichten hat. Wenn keine Maßnahmen ergriffen werden, werde ich mich an die deutschen Polizeibehörden wenden.«[255]

Was war geschehen?

Asteriti, die sich durchaus mit Menschenrechten und Genderfragen beschäftigte, hatte im Dezember 2019 einen längeren Twitter-Thread abgesetzt, in dem sie sich damit beschäftigte, »warum die körperliche Unterscheidung von Männern und Frauen im internationalen Recht wichtig« sei: »weil Ausbeutung, Unterdrückung oder Benachteiligung von Frauen sonst nicht darstellbar wären«. Daraufhin ging eine E-Mail an die Hochschulleitung, in der sich eine Person aus dem Vereinigten Königreich über Asteritis angebliche »schädliche Anti-Trans-Rhetorik« beschwerte. Sie bat »dringend, Alessandras Anstellung zu überdenken oder sie zumindest zu einem Schulungskurs für Gleichberechtigung und Vielfalt zu bringen«.

Im September 2020 sollte Asteriti auf einer von Studenten organisierten Konferenz ein Panel leiten. Weil einige Studenten wegen der sich über »Transphobie« beschwerenden Studenten »in Panik gerieten«, sei sie vom Vorsitz zurückgetreten.

Die Attacken auf ihrem persönlichen Twitter-Konto gingen weiter, sie berichtet von Morddrohungen an ihre universitäre E-Mail-Adresse. Die Antwort: »Sie sind ein Stück Scheiße und niemand hat Sie bedroht. Hören Sie auf zu lügen, verrückte alte Frau. Sie sind wie eine schreckliche Version eines Nazis, ich hoffe, Gott hilft Ihnen.«[256]

Dann setzte Asteriti selbst einen Tweet ab: »Es gibt nur Männer und Frauen. Wir alle sind frei, unsere Persönlichkeit auszudrücken, aber ich muss nicht glauben, dass ein Mann eine Frau ist, weil er Nagellack trägt. Wer sich einer verstümmelnden Operation unterzieht, hat eindeutig psychische Probleme.« Die Attacken setzten sich fort. Die Universität, um Hilfe gebeten, löschte lediglich Asteritis E-Mail-Account auf der Webseite. Und der Asta und Aktivisten forderten von der Hochschule »eine öffentliche Distanzierung von den transfeindlichen Äußerungen der Junior Professorin Alessandra Asteriti«.

Ein Treffen mit vier Studenten verlief chaotisch, sie wurde als TERF beschimpft. Ein Mädchen habe, wie Asteriti berichtet, gesagt, wenn sie nachts allein unterwegs wäre, hätte sie »vor einer Frau mittleren Alters genauso viel Angst wie vor einem Mann mittleren Alters«, denn »Frauen vergewaltigen auch«. Asteriti »war so besorgt über diese junge Frau, die das Gefühl hatte, dass sie ihren Instinkt nicht nutzen konnte, um sich zu schützen, weil ihre Ideologie sie einer Gehirnwäsche unterzogen hatte, weshalb sie glaubt, ihr Instinkt sei transphob«. Und weiter: »Es kam mir vor, als spräche ich mit Mitgliedern eines Kults.« Asteritis Vertrag wurde nicht verlängert.[257] Die Universität begründete das damit, dass die maximale Vertragsdauer der Juniorprofessur erreicht war.[258]

Welche Themen können an Hochschulen noch diskutiert werden, worüber kann noch gestritten statt gezankt oder gar bekriegt werden? Was ist gedeckt durch Wissenschafts- und Meinungsfreiheit?

Ulrike Ackermann bedauert, dass in westlichen Demokratien »die Grenzen des Sagbaren immer enger gezogen werden und sich Vorsicht breitmacht im öffentlichen Raum«. Das sei »höchst beunruhigend«.[259] Sie weist darauf hin, dass »in den letzten Jahren immer mehr Gelder des Bundesministeriums für Bildung und Forschung in die Neuschaffung von Professuren für die systematische Rassismusforschung geflossen sind, insbesondere im Sektor der Migrations- und Integrationsforschung«.[260] Bei der Drittmittelförderung gebe es »forschungsfremde Vorgaben, angelehnt an die amerikanische DEI-Klausel, den Prinzipien der Diversität, Gerechtigkeit und Inklusion zu folgen«, ein Leitbild, dem inzwischen auch immer mehr deutsche Hochschulen folgen. »Flankiert wird dies durch die institutionelle Verankerung von Diversitätsbeauftragten und die Einführung interdisziplinärer Diversity-Studiengänge.«

Der Mittelbau unterliege ohnehin schon einem »Konformitätsdruck«, weil 80 Prozent der dort Beschäftigten nur befristete Verträge hätten. »Will man eine der wenigen Professuren ergattern, erfordert dies in der Regel, sich den inhaltlichen Vorstellungen der Berufungskommission anzupassen.« 40 Prozent der Hochschullehrer fühlten sich in der Lehrfreiheit eingeschränkt (Allensbach 2021). Weil die Drittmittelforschung ausgedehnt und die universitäre Grundfinanzierung gekürzt werde, gebe es immer mehr Projektförderung. »Im Kampf um Ressourcen werden dann just jene Anträge bewilligt, die in ihren Forschungsdesigns den politisch-moralischen Leitbildern der Förderinstitutionen entsprechen.«[261] Eine zentrale Rolle spielt dabei zweifellos die Deutsche Forschungsgemeinschaft (DFG).

Regenbogenbunte Diversity: Forschungsförderung der DFG in 14 Identitäten

Männer hätten das Bildungssystem errichtet, und Männernetzwerke und -seilschaften verhinderten, dass mehr Frauen Professuren erlangten, heißt es immer noch. Schon eine geraume Zeit greift die Deutsche Forschungsgemeinschaft (DFG) deshalb Frauen durch »forschungsorientierte Gleichstellungsstandards« (FOG) unter die Arme. Wird in einem männerdominierten Fach eine Frau Chefin eines Sonderforschungsbereichs, gibt es zur Fördersumme noch einmal 80.000 Euro zusätzlich. Das nennen Professoren wie Josef Pfeilschifter und Helmut Wicht, beide am Institut für Allgemeine Pharmakologie und Toxikologie an der Goethe-Universität Frankfurt am Main tätig, »handfeste positive Diskriminierung«.[262]

Trotzdem ist der Frauenanteil auf den W3-Professuren in zehn Jahren bis 2020 nur um neun Prozentpunkte gestiegen. Während der Anteil der Frauen bei Hochschulabschlüssen noch 53 Prozent beträgt, bei den Promotionen immerhin noch 46 Prozent, sind es unter Professoren und in Führungspositionen der Hochschulen nur rund ein Viertel. Laut Statistischem

Bundesamt waren 2021 nur 27 Prozent der hauptberuflichen Professuren an deutschen Hochschulen mit einer Frau besetzt, ein Prozent mehr als im Jahr zuvor. Deutlich mehr interessierten sich die Frauen dabei für Kunst- und Kulturwissenschaften (69 Prozent) sowie Geisteswissenschaften (42 Prozent), noch immer sehr eingeschränkt für die Fächergruppe Ingenieurwissenschaften (15 Prozent). Bei abgeschlossenen Habilitationen betrug der Frauenanteil 34 Prozent.

Der Trend ist unübersehbar: Viele Frauen kehren der Wissenschaft den Rücken, arbeiten Teilzeit und in befristeten Verträgen. Und trotzdem sind unter den Neuberufenen 39 Prozent Frauen – bei knapp 30 Prozent Bewerberinnen. »Dieser Fortschritt wird wohl schon jetzt mit einer Aufweichung der Chancengerechtigkeit erkauft«, meint Thomas Thiel in der *FAZ*. Insofern seien bei der Berufung Frauen »wohl überrepräsentiert. Das deutet eine Ungleichbehandlung der männlichen Bewerber an.«[263]

Aber das ist nicht alles. Ulrike Ackermann sieht an den Hochschulen einen »Politisierungsschub«, der seit den 1990ern eine neue Qualität erhalten habe. Es gehe um »Umerziehung«, Austausch der Eliten und Eroberung von Macht. »Aus Emanzipationsbewegungen, die zu Recht nach Teilhabe und Gleichberechtigung für alle verlangten, sind partikularistische Bewegungen geworden, die ihren Gruppeninteressen folgen und rigide Identitätspolitik betreiben. Aus der Suche nach Erkenntnis und Wahrheit in pluralistischen Debatten, aus konstruktiver Kritik an bisherigen wissenschaftlichen Traditionen ist ein Kampf um Macht und Ressourcen – begleitet von Rede- und Denkverboten – geworden, der beunruhigende totalitäre Züge angenommen hat und der Herrschaft neuer Dogmen den Weg bereitet.«[264]

Ungemach droht dabei nicht nur den alten weißen Männern. Auch für weiße heterosexuelle Frauen, die an die Spitze wollen, wird die Luft dünner. Denn schon meint die DFG, ihre FOG

(»forschungsorientierte Gleichstellungsstandards«) genügten nicht mehr. Und deshalb hat die DFG die FOG zu FOGD erweitert, »Forschungsorientierte Gleichstellungs- und Diversitätsstandards«. Pfeilschifter, der auch Vizepräsident des Deutschen Hochschulverbands ist, und Wicht kommentieren das so: »Man ist auf den regenbogenbunten Zug der Diversity aufgesprungen.«

Seit Sommer 2022 lautet nun das Ziel der DFG, »die Gleichstellung aller Personen mit unterschiedlichen Geschlechtern, Hintergründen, Erfahrungen und Eigenschaften in der Wissenschaft nachhaltig zu befördern«.[265] Jede einzelne Mitgliedseinrichtung der DFG trage die Verantwortung dafür, nicht nur ein angemessenes Verhältnis »insbesondere von Frauen und Männern auf allen wissenschaftlichen Karrierestufen« zu schaffen, sondern auch weitere »Diversitätsdimensionen, wie Geschlecht und geschlechtliche Identität, sexuelle Orientierung, Alter, ethnische Herkunft und Nationalität, soziale Herkunft (beispielsweise unter folgenden Aspekten: ökonomische Situation, Herkunft aus nicht akademischer Familie, Migrationsgeschichte), Religion und Weltanschauung, Behinderung oder chronische/langwierige Erkrankung« seien »in den Blick zu nehmen«. Das gilt selbstverständlich auch für »Intersektionalität und seine Bedeutung«, also »das Zusammenkommen mehrerer Unterschiedsdimensionen in einer Person«. Soll das heißen, je mehr »Unterschiedsdimensionen«, desto mehr – Pluspunkte? Förderung? Karrierechancen?

Ob das Grundgesetz da mitmacht? Wo doch niemand wegen seines Geschlechts, seiner Abstammung, seiner Rasse, seiner Sprache, seiner Heimat und Herkunft, seines Glaubens, seiner religiösen oder politischen Anschauungen »benachteiligt oder bevorzugt werden« darf. Offenkundig ist es jedoch zur Prüfung der Qualität von Anträgen inzwischen nötig, allerlei Identitäten der Antragsteller zu erheben, zu registrieren und zu bewerten.

Persönliche Merkmale, die zu erfragen vernünftigerweise nach langen Kämpfen vor allem von Frauen aus Gleichheitsgründen nicht gestattet war, werden nun in Rechnung gestellt. Das Private, darunter das Intimste – sexuelle Orientierung, Religion, auch Herkunft –, wird öffentlich, zumindest in den DFG-Entscheidungsgremien.

»Das greift ja nun weit über ›m/w/d‹ hinaus«, stellen Pfeilschifter/Wicht fest. »Da hätten wir, wenn wir uns nicht verzählt haben, vierzehn übergeordnete Identitäten, in die das infrage stehende Individuum, bitte schön, sich einzusortieren habe oder in die es einzusortieren sei.« Und sie befürchten weitere Identitäten, die künftig zu beachten sein werden. »Der DFG schwebt da offenbar so eine Art von sehr differenziertem tabellarischen ›Diversitätskataster‹ vor, das bei Forschungseinrichtungen anzulegen und hernach freilich auch zu rapportieren sei«, ahnen sie. Und sie vermuten, dass die Datenerhebung eventuell gegen die Regularien des Daten- und Persönlichkeitsschutzes verstoße.[266]

Gegen Diversität wollen die beiden ja gar nichts gesagt haben, die könne durchaus befruchtend und erkenntnisfördernd sein. Aber die ideologischen und politischen Programme der Diversitäts- und Identitätspolitik seien »im Kern antiaufklärerisch, totalitarismuskritisch, konstruktivistisch und vor allem machtorientiert«. Statt Sachfragen würden nun Machtfragen gestellt. Ausgerechnet in den Geisteswissenschaften, den Geschichts- und Sozialwissenschaften, schlage das Diversitätsmanagement gerade um »in eine neue Totalität, nämlich den hobbesschen bellum omnium contra omnes, den Kampf um das jeweils schlagkräftigste (Opfer-)Narrativ und um die Macht über die Konstruktion der dazugehörigen Sachverhalte«.[267]

Aber ist es nicht gut, wenn eine Organisation versucht, »etwaige Barrieren in den Förderprogrammen und -verfahren ab- und entsprechende individuelle Unterstützungsmaßnahmen auszubauen«, wie DFG-Präsidentin Katja Becker die Bestrebungen der DFG in der *FAZ* nennt?[268] Wenn sie betont, dass »herausragende Wissenschaft unter anderem ein breites Spektrum an Erfahrungen, Kompetenzen und Ideen sowie einen vielstimmigen Diskurs« erfordert? Und wenn sie doch »erweiterte und faire Teilhabe« erreichen will und betont, niemand dürfe wegen außerwissenschaftlicher Kriterien, wie etwa Geschlecht, Alter oder auch der Herkunft, benachteiligt werden? Und was, schließlich, wäre einzuwenden, wenn »gegebenenfalls karrierehemmende Wirkungen von Diversitätsdimensionen« zu neutralisieren und der wissenschaftliche Wettbewerb und die Förderverfahren der DFG »durchlässig für strukturell unterrepräsentierte Gruppen zu gestalten« sind?[269]

All das verstieße sehr offensichtlich gegen den Grundsatz der Chancengleichheit, weil »außerwissenschaftliche Kriterien« klar ersichtlich eine Rolle spielen. Wie anders wäre denn die Bemerkung zu deuten, dass »das Zusammenkommen mehrerer Unterschiedsdimensionen in einer Person (Intersektionalität und seine Bedeutung)« berücksichtigt werden sollte, wie es in einer zweiseitigen Handreichung über die »Forschungsorientierte Gleichstellungs- und Diversitätsstandards« der DFG vom 29. Juni 2022 hieß? Wozu sonst erstellt man diesen Kriterienkatalog? Und wozu sollen laut Becker »die Hochschulen beispielsweise bei der Beantragung eines Sonderforschungsbereichs neben ihrem wissenschaftlichen Arbeitsprogramm auch ein Konzept zur Förderung der Gleichstellung im Verbund und an der Hochschule vorlegen«?[270]

Der Widerspruch in der Argumentation ist offenkundig, aber Becker versichert in bedauernswertem Bürokratendeutsch: »Der zentrale Aspekt bei der Bewertung eines Förderantrags ist und bleibt selbstverständlich die wissenschaftliche Qualität der geplanten und durchgeführten Arbeiten.« Dabei sei – auch hier besteht viel Gedankenspielraum – »die gesamte Breite der individuellen Leistungen in den Blick zu nehmen. Dies erst erlaubt eine inhaltliche und umfassende Bewertung von Leistung und die Einschätzung von zukünftigem Potential. Ausführungen zu Gleichstellung und Diversität fließen – wie zahlreiche weitere Aspekte – in einer Wettbewerbssituation in allen Wissenschaftsbereichen in die Gesamtbewertung eines Projekts ein. Wissenschaftsgeleitetheit und Qualitätsorientierung mit fairen Chancen für die besten Köpfe setzen die Standards für die exzellente Forschung der Zukunft.«[271]

Derartige Milchglasargumentation sorgt nicht für Transparenz, sondern vernebelt. Sie vernebelt die Erkenntnis, dass und wie Identitätspolitik zunehmend die Grenzen dessen bestimmt, was an einigen Fakultäten noch geforscht und veröffentlicht werden darf. Mit anderen Worten: Damit wäre dann dieser »Marsch durch die Institutionen« abgeschlossen.

Übrigens: Die Universität Frankfurt hat sich von den »prominent publizierten Privatmeinungen« ihrer beiden Professoren distanziert. Mit der DFG-Präsidentin teile die Goethe-Universität »die Überzeugung, dass eine zunehmende Heterogenität ihrer Studierenden und Beschäftigten auch die Qualität von Forschung und Lehre steigert«. Glauben heißt natürlich nicht wissen, aber »die Diversität ihrer Wissenschaftler*innen und gegebenenfalls damit verbundene Diskriminierungserfahrungen« wird die Hochschule zweifellos »durch eine Erhebung sichtbar machen«. Thiel kommentiert den Vorgang mit den Worten: »Bei der Meinungsvielfalt stößt die Diversität an Grenzen.«[272]

Moralisierung der Wissenschaft: »Pflicht, Schaden zu vermeiden«

Der Wissenschaftsverlag Springer Nature hat 2022 Leitlinien herausgegeben. Dabei geht es nicht nur darum, dass in der Forschung zwischen Nutzen und potenziellem Schaden abzuwägen ist: von Atomspaltung bis Genforschung. Nein, es geht auch darum, dass Teilnehmer von Studien keine Schäden davontragen dürfen. Das war – und damit eröffnen die Springer-Herausgeber ein Editorial mit dem Titel »Forschung darf nicht schaden« – 1971 beim »Stanford prison experiment« der US-amerikanischen Psychologen Philip Zimbardo, Craig Haney und Curtis Banks geschehen. Damals sollte das Verhalten von Studenten beobachtet werden, die als Gefängniswärter und Gefangene so agieren sollten, wie es der ihnen zugewiesenen Rolle entspreche. Es kam schnell zu allen denkbaren Arten von Gewalt, Grausamkeiten und Niedertracht. Der Versuchsaufbau erfuhr vielfach berechtigte Kritik. Laut Springer Nature habe dieser Versuch auch bleibenden psychischen Schaden bei Teilnehmern hinterlassen (was andernorts bestritten wird).

Längst sind Regeln geschaffen, die bei solchen Experimenten eine ethische Vorabbeurteilung verlangen. Das aber genügt den Springer-Leuten nicht mehr. Akademische Forschung könne nicht nur Teilnehmer verletzen, sondern auch Personengruppen, die gar nicht involviert sind. Dazu gehören Forschungen, »die unter anderem dazu führen könnten, dass Menschen stigmatisiert, diskriminiert oder Rassismus, Sexismus oder Homophobie ausgesetzt werden«. Solche Arbeiten könnten dazu verwendet werden, »die Untergrabung der Rechte bestimmter Gruppen zu rechtfertigen, einfach wegen ihrer sozialen Charakteristiken«.[273]

Springer Nature will diese Lücke schließen. Die Forschungsgemeinschaft solle »potenziell schädliche Auswirkungen der auf

Gruppen angewandten Forschung berücksichtigen«, das Potenzial für Missbrauch und Schadensrisiken für diese Gruppen minimieren und »in ihren Manuskripten eine respektvolle, nicht stigmatisierende Sprache verwenden«. In der Folge ist die Rede von einer »moralischen Verpflichtung, zum Wohle anderer zu handeln«, und der »Pflicht, Schaden zu vermeiden«. Als Kronzeuge zitiert Springer Nature nichts Geringeres heran als den ersten Artikel der Allgemeinen Erklärung der Menschenrechte, wonach alle Menschen »gleich an Würde und Rechten« sind.

Die Frage ist, wer beurteilt, wann Forschung eine Gruppe verletzt und/oder stigmatisiert, und wer legt fest, wann die Würde eines Menschen oder einer Gruppe verletzt ist? Bei Springer heißt es: »Herausgeber, Autoren und Gutachter sollten gemeinsam Nutzen und Schaden erwägen und diskutieren, der sich aus Manuskripten ergeben könnte, die sich mit menschlichen Bevölkerungsgruppen befassen, und diskutieren, wann potenzielle Schäden Überarbeitungen rechtfertigen.« Ethische Bedenken gegenüber Forschungsergebnissen müssten gekennzeichnet werden, wenn sie Hassrede schüren könnten; bei möglicherweise verunglimpfenden Bildern; wenn Inhalte dazu verwendet werden könnten, die Würde oder Rechte einer Menschengruppe zu untergraben; und wenn Inhalte auf andere Weise Schaden anrichten könnten. Obwohl die Fälle nicht immer eindeutig seien, müssten Autoren und Redakteure, wenn durch die Veröffentlichung Personen geschädigt werden, diese Risiken gegen alle Vorteile abwägen, die sich aus der Veröffentlichung ergeben könnten.

Kann es wegen Interventionen von Gruppen, die sich verletzt fühlen, dazu kommen, dass vorab begutachtete und für korrekt bewertete wissenschaftliche Veröffentlichungen zurückgezogen werden? Das erscheint unter dem allgegenwärtigen Diktat des Moralischen nicht unwahrscheinlich. Immerhin will Springer künftig vom Entfernen von zurückgezogenen Inhalten Abstand nehmen. Das verzerre »die historische Aufzeichnung«, heißt es, »erschwert die Rechenschaftspflicht und hindert gegenwärtige und zukünftige Generationen daran, sowohl die Arbeit als auch unsere Handlungen kritisch zu prüfen«. Das heißt: Die von sich verletzt fühlenden Interessengruppen beanstandeten Arbeiten werden mit einem Warnhinweis versehen. Was auf den ersten Blick als vernünftig erscheint, mündet bei längerem Nachdenken in eine Frage: Könnte es sein, dass eine Plattform wie die genannte zum Pranger wird?

Wie Springer wollen auch die Herausgeber der Zeitschrift *Nature Human Behaviour* eingereichte Manuskripte und deren Inhalt ab sofort auch nach moralischen Kriterien begutachten. Darauf wies der in New York lehrende Anthropologe Nicolas Langlitz im Interview mit der *NZZ* hin. »Man bindet Ethiker in den Prozess ein, die wissenschaftliche Arbeiten auf rassistische, sexistische und LGBTQ-feindliche Implikationen abklopfen«, sagte Langnitz. »Es werden keine Studien mehr veröffentlicht, die bestimmte Gruppen stigmatisieren oder die zu politisch ungewollten Zwecken genutzt werden könnten. Autoren, die selbst nicht der untersuchten Gruppe angehören, sollen ihre eigene privilegierte Perspektive reflektieren. Dem liegt die Annahme zugrunde, dass Fachpublikationen so großen Schaden anrichten können, dass der Schutz möglicher Opfer mehr zählt als die Wissenschaftsfreiheit. Im Extremfall wird die moralische Kategorie ›gut/schlecht‹ wichtiger als die wissenschaftliche ›wahr/falsch‹.«

Das leiste der »Moralisierung der Wissenschaft Vorschub. Dieses Menschenbild ist nicht universalistisch, sondern sortiert Menschen nach ihren Identitäten. Deshalb zählt nicht nur, was gesagt wird, sondern auch, wer was über wen sagt«, meint Langnitz. Außerdem führe die Bevorzugung afroamerikanischer und hispanischer Bewerber »zur Benachteiligung Asiatischstämmiger, die im Schnitt die besten Prüfungsergebnisse vorweisen können«. Inzwischen fänden sich auf Bewerbungsschreiben von Studenten psychiatrische Diagnosen, die man früher eher verschwiegen hätte. »In einer Bewerbung stellt man all jene Eigenschaften und Erfahrungen in den Vordergrund, von denen man glaubt, dass sie die Erfolgschancen erhöhen.« Der Konkurrenzkampf werde heute »mit anderen Mitteln geführt. Ich höre Studierende manchmal ihre Sensibilität in Diskussionen damit begründen, dass sie ›Traumata haben‹.«[274]

Die Situation sei »paradox«, schreibt Ulrike Ackermann: »Je besser die Lage der Frauen, Queeren, Schwulen, Lesben, Trans- und Bisexuellen wurde, desto dogmatischer und weltfremder wurden die Theorien des Postfeminismus, der intersektionalen Gender Studies und des Postkolonialismus«, die, wie wir sehen, in alle Bereiche des Wissenschaftsbetriebs eindringen. Gemeinsam sei allen, »dass sie – wie auch schon die Frauenforschung – die Prämisse von wissenschaftlicher Objektivität verwerfen. Stattdessen hat sich die schon erörterte Standpunktheorie ausgebreitet, die Erkenntnis an Gruppenzugehörigkeit (Klasse, Rasse, Geschlecht) koppelt. Daraus wird dann abgeleitet, wer über was forschen und sprechen darf. Es gibt demnach eine weibliche, eine schwule, eine lesbische, eine schwarze, eine transsexuelle oder queere Wahrheit.«[275]

Müsste es nicht zum Nachdenken anregen, wenn eine emeritierte Gender-Studies-Professorin wie Barbara Holland-Cunz resümiert: »Aus der ursprünglich berechtigten feministischen Kritik an der sektenförmigen Hermetik patriarchaler Wissenschaft kommend, geht es im Mainstream der Gender Studies seit vielen Jahren zurück in eine sektiererische Hermetik, nun jedoch mit den eigenen machtvollen Vorzeichen versehen. Die neuen mächtigen Einheimischen – Exkludierte von gestern – adeln sich selbst durch einen neuen Aktivismus … und erzeugen neue Exklusionen.«[276]

Nicht diskutieren, diffamieren: Studenten als Denunzianten

Die Gedanken sind frei? Heute werden sie mitunter in Ketten gelegt. Ausgerechnet an den Hochschulen sorgt ein Klima der Angst dafür, dass nicht mehr offen debattiert wird? So ist es. Beginnen wir in den Vereinigten Staaten. Der in München geborene Politikwissenschaftler und Associate Professor für Internationale Beziehungen an der Johns Hopkins University Yascha Mounk berichtete in der Wochenzeitung *Die Zeit* über eine »Kultur der Selbstzensur« an amerikanischen Universitäten. Eine Mehrheit lässt sich offenbar von einer kleinen Minderheit den Mund verbieten: »Es braucht momentan nur wenige selbst ernannte Zensoren, um die Mehrheit zum Schweigen zu bringen.« Einige seiner Studenten gestanden ihm, sich im Seminar nicht zu äußern, weil zwei bekannte Denunzianten dabei seien, die in der Vergangenheit Kommilitonen via TikTok und Instagram an den Pranger gestellt hätten. Sie seien daraufhin von Partys ausgeladen, von Unbekannten angepöbelt worden. »Meine Studenten wollten nicht riskieren, einer ähnlichen Hexenjagd zum Opfer zu fallen. Deshalb sagten sie im Seminar lieber nichts.« Derartiger »vorauseilender Gehorsam vor den selbst ernannten Vollstreckern« sei »eine neue Normalität«.[277]

Die Foundation for Individual Rights and Expression (FIRE), eine unabhängige Non-Profit-Organisation in den USA, bestätigt diese Einschätzung: Sie stellte nach Befragung von fast 45.000 Studenten fest: »Alarmierende Anteile« der Studentenschaft zensieren sich selbst, wagen es nicht, ihre Ideen und Gedanken auszusprechen und kontroverse Ideen zu diskutieren. Festgestellt wurde auch Intoleranz gegenüber umstrittenen Rednern, mangelnde Klarheit von Verwaltungen bei der Unterstützung der Meinungsfreiheit und dass Störungen von Veranstaltungen oder gar Gewalt als Taktik zur Unterdrückung von freier Rede bis zu einem gewissen Grad für akzeptabel gehalten werden.

Die Columbia University, eine der ältesten und renommiertesten Hochschulen der USA, bekam bei diesem »College Free Speech Ranking 2022« mit Abstand die niedrigste Punktzahl des Rankings mit einer Sprachklimabewertung von »abgrundtief«.[278] Motto der Hochschule: »In lumine tuo videbimus lumen« (In deinem Licht werden wir das Licht sehen).

Und wie steht es in Deutschland um die freie wissenschaftliche Debatte unter Studenten? Das wollten die Sozialwissenschaftler Matthias Revers und Richard Traunmüller wissen. In einer Studie mit eintausend angehenden Sozialwissenschaftlern in Frankfurt stellten sie fest, dass jeder Dritte sich durch beleidigende Aussagen angegriffen fühlt. In der Hälfte aller Fälle ging es um Geschlecht und Sexualität (homophob, frauenfeindlich, sexistisch, »Mansplaining«, sich ausgegrenzt fühlen als Mann), genannt wurde auch eine unzureichende Einhaltung von Sprachnormen (wodurch es zu »speech policing« komme). Die Meinungen von Männern sind offenbar häufiger Kritik ausgesetzt als die von Frauen und ethnischen Minderheiten. Männer fühlten sich dennoch seltener durch Kommentare und Anmerkungen angegriffen als Frauen und sind toleranter gegenüber Andersdenkenden.

Ein beträchtlicher Anteil derer, die sich als linksgerichtet einstufen, sprach sich für die Einschränkung der Meinungsfreiheit aus. Sie zeigten sich weniger bereit, »umstrittene Standpunkte zu Themen wie Gender, Einwanderung oder sexuelle und ethnische Minderheiten zu tolerieren. Studierende rechts der Mitte neigen eher dazu, sich selbst zu zensieren.«

Nur etwas mehr als zwei Drittel wollen es Islamkritikern erlauben, an der Universität zu sprechen, etwa ebenso viele tolerierten Redner, die Unterschiede in den biologischen Fähigkeiten (»skills«) zwischen Männern und Frauen sehen; 59 Prozent wollen auch Gegnern von Einwanderung zuhören, 44 denen, die Homosexualität für eine Sünde halten.[279] In allen Punkten wäre es für einigermaßen sprach- und denkbegabte Menschen ein Leichtes, derart trübe Theorien zu demaskieren. Oder etwa nicht? Und wäre das nicht Aufgabe von Wissenschaftlern und Denkern?

Wenn 60 bis 80 Prozent der Studenten es richtig finden, dass umstrittene Redner an Universitäten sprechen und umstrittene Bücher in der Bibliothek stehen dürfen, heißt das umgekehrt, dass 20 bis 40 Prozent Meinungsfreiheit und freie Rede nicht wichtig sind.

Die Autoren stellten fest: Es gibt ein ideologisch restriktives Diskussionsklima und sozialen Druck an Hochschulen, aber die Mehrheit ist anderen Meinungen gegenüber (noch) tolerant. Ein nennenswerter Teil der Studenten schweigt jedoch, um sich nicht Kritik auszusetzen – häufiger Frauen. An den Hochschulen grassieren vorauseilender Gehorsam, Schere im Kopf und Selbstzensur aus Angst vor der neuen linken Intoleranz.

Wenn der Eindruck nicht täuscht, hat sich in der Debattenkultur etwas verschoben. Während im letzten Drittel des vorigen Jahrhunderts sich als links verstehende junge Leute nicht genug diskutieren konnten und die Konservativen damit herausforderten, sind heute die Konservativen bereit, sich auf die Argumente der »Fortschrittlichen« einzulassen. Die Woken dagegen lassen eine Diskussion gar nicht mehr zu.

Der slowenische Philosoph Slavoj Zizek wirft der woken Linken vor, an der von ihm bekämpften Barbarei mit einem »flachen Diskurs ohne Ironie« selbst teilzunehmen: »Obwohl sie den Pluralismus befürwortet und Unterschiede fördert, ist ihre subjektive Position der Äußerung – der Ort, von dem aus sie spricht – extrem autoritär, lässt keine Debatten zu und erzwingt Ausschlüsse, die oft auf willkürlichen Prämissen beruhen.« Die Verweigerung der Debatte deutet er als »Ausdruck der Angst, dass eine solche Debatte die Schwäche ihrer Position deutlich machen könnte«.[280]

Opfer des Intellekts: Max Weber hat nichts mehr zu melden

Der große deutsche Soziologe und Ökonom Max Weber (gestorben 1920) hat nichts mehr zu melden. »Wissenschaft als Beruf«, so der Titel eines seiner berühmten Aufsätze, bekommt heutzutage eine neue Funktion; die Welt soll nicht mehr entzaubert, sondern die akademische Weltverschwörung der weißen Männer soll weggezaubert werden. Dabei geht es nicht mehr um Intellektualisierung und Rationalisierung, heute soll nicht mehr gewusst werden, sondern geglaubt – an die gute, die richtige Sache. Die Spezialisierung, mit der bei Weber wissenschaftliche Leistung möglich wird, verlagert sich zunehmend auf Nebenschauplätze. Können Wissenschaftler, die sich überwiegend mit Rassismus- und Genderfragen beschäftigen, in ihrem eigentlichen Fach reüssieren? Spezialisten werden? Weber hätte das verneint.

Denn: »Politik gehört nicht in den Hörsaal. Sie gehört nicht dahin von seiten der Studenten«, verlangt Weber und erwähnt lärmende pazifistische Studenten und andernorts antipazifistische Studenten. »Aber Politik gehört allerdings auch nicht dahin von seiten des Dozenten. Gerade dann nicht, wenn er sich wissenschaftlich mit Politik befaßt, und dann am allerwenigsten. Denn praktisch-politische Stellungnahme und wissenschaftliche Analyse politischer Gebilde und Parteistellung ist zweierlei.«[281] Das gelte auch, »weil der Prophet und der Demagoge nicht auf das Katheder eines Hörsaals gehören«. Als Pflicht des Dozenten versteht Weber, »Klarheit und Verantwortungsgefühl zu schaffen, und ich glaube, er wird dieser Leistung um so eher fähig sein, je gewissenhafter er es vermeidet, seinerseits dem Zuhörer eine Stellungnahme oktroyieren oder suggerieren zu wollen«.

Es dürfe nicht sein, dass »Tausende von Professoren als staatlich besoldete oder privilegierte kleine Propheten in ihren Hörsälen« die Rolle eines Heilands spielen, eines Propheten, »nach dem sich so viele unserer jüngsten Generation sehnen«. Hochbedenklich findet es Weber, »wenn es jedem akademischen Lehrer überlassen bleibt, sich im Hörsaal als Führer aufzuspielen. Denn die, welche sich am meisten dafür halten, sind es oft am wenigsten, und vor allem: ob sie es sind oder nicht, dafür bietet die Situation auf dem Katheder schlechterdings keine Möglichkeit der B e w ä h r u n g.« Wenn sich jemand zum Berater der Jugend und zum Eingreifen in die Kämpfe der Weltanschauungen und Parteimeinungen berufen fühle, »möge er das draußen auf dem Markt des Lebens tun: in der Presse, in Versammlungen, in Vereinen, wo immer er will. Aber es ist doch etwas allzu bequem, seinen Bekennermut da zu zeigen, wo die Anwesenden und vielleicht Andersdenkenden zum Schweigen verurteilt sind.«[282] Ganz gewiss sei auf dem Gebiet der Wissenschaft derjenige keine Persönlichkeit, »der als Impresario der Sache, der er sich hingeben sollte, mit auf die Bühne tritt, sich durch ›Erleben‹ legitimieren möchte«.[283] Innerhalb der Räume des Hörsaals gelte keine andere Tugend als »schlichte intellektuelle Rechtschaffenheit«.[284]

Damit beenden wir den Rekurs auf einen alten weißen und nichtsdestotrotz klugen Mann (auch wenn er von »Wilden« sprach, von »Indianern« und »Hottentotten«) und sind doch verblüfft darüber, dass Weber den heutigen Woken viel zu sagen hätte, läsen sie ihn denn. Wenn in Forschung und Lehre statt wissender Intellektueller und Rationaler zunehmend woke Identitäre und deren »Opfer des Intellekts zugunsten einer bedingungslosen religiösen Hingabe«[285] die Oberhand gewinnen, nutzt die vorgebliche Beschwörung, der Wissenschaft zu vertrauen, nichts mehr.

Schon sehen mehr als die Hälfte der Hochschullehrer die Freiheit der Wissenschaft eingeschränkt. Der Deutsche Hochschulverband und die Konrad-Adenauer-Stiftung erkennen eine »Tendenz zur allmählichen Politisierung und Verschärfung des Klimas an den Hochschulen«.[286] Erfreulicherweise formiert sich jedoch auch in Deutschland Widerstand.

Forschung und Lehre: Der Freiheit kein Grab schaufeln

Der Deutsche Hochschulverband (DHV) hatte schon 2019 in einer Resolution »Zur Verteidigung der freien Debattenkultur an Universitäten« aufgerufen: »Die Toleranz gegenüber anderen Meinungen sinkt.« In Deutschland verbreite sich, aus dem anglo-amerikanischen Hochschulraum kommend, eine Entwicklung, wonach »niemandem eine Ansicht zuzumuten (sei), die als unangemessen empfunden werden könnte«. Einige Akteure forderten nicht nur »Rücksichtnahme auf weniger privilegiert scheinende gesellschaftliche Gruppierungen« und das »strikte Einhalten von ›Political Correctness‹«, sondern beanspruchten auch »die Definitionshoheit darüber, was eine Grenzüberschreitung ist. So fühlen sich einige Studierende schon verletzt, wenn an einer Universität eine Professorin bzw. ein Professor oder eine öffentliche Person mit Thesen auftritt, die der eigenen (politischen) Auffassung zuwiderlaufen.«[287]

Universitäten seien Stätten geistiger Auseinandersetzung, hielt der DHV fest. »Die Suche nach Wahrheit und Erkenntnis lebt vom leidenschaftlichen, heftigen und kontroversen Ringen um Thesen, Fakten, Argumente und Beweise. An Universitäten muss daher jede Studentin und jeder Student sowie jede Wissenschaftlerin und jeder Wissenschaftler seine Forschungsergebnisse, Thesen und Ansichten ohne Angst zur Diskussion stellen können« – im Rahmen der Verfassung. Darüberhinausgehende Denk- oder Sprechverbote gebe es nicht. »Wer die Welt der Universitäten betritt, muss akzeptieren, mit Vorstellungen konfrontiert zu werden, die den eigenen zuwiderlaufen.« An den Hochschulen gebe es keine »Verkündung vermeintlich absoluter Wahrheiten«, widersprechende Meinungen müssten respektiert und ausgehalten werden. »Differenzen zu Andersdenkenden sind im argumentativen Streit auszutragen – nicht mit Boykott, Bashing, Mobbing oder gar Gewalt.« Mehr noch: Universitäten müssten »unkonventionellen, unbequemen, unliebsamen Meinungen … ein Forum bieten, solange es Forschungsergebnisse und wissenschaftliche Thesen von Wissenschaftlerinnen und Wissenschaftlern sind. Damit ist unvereinbar, dass sich in letzter Zeit Ausladungen von Personen häufen, die vermeintlich unerträgliche Meinungen vertreten.«

Universitäten müssten »Teil und Forum der gesellschaftlichen Debatte sein. Ein Rückzug in den ›Elfenbeinturm‹ schadet ihr selbst«. Sie dürften »nicht denjenigen nachgeben, die sie maßregeln wollen, am lautesten schreien, mit Gewalt drohen oder sie sogar anwenden«.[288]

Aber das alles scheint nichts zu nützen. Der Marsch durch die Institution Hochschule setzt sich fort. Über die »Universität als Risikozone« schrieb der damalige DHV-Präsident Bernhard Kempen im Juli 2021 in der *FAZ* eindringlich: »Die Freiheit der Wissenschaft ist in Gefahr.« Er diagnostizierte einen »schleichenden Aushöhlungsprozess« und eine »Engführung des wissenschaftlichen Diskurses auf einigen Forschungsfeldern wie der Klimaforschung, der Genderforschung, der Migrationsforschung, der Geschichtsforschung« wegen einer »identitätspolitischen Kampfansage an nahezu alle Formen des postmodernen kulturellen Austauschs«. Er nimmt Anstoß auch »an dem dirigistischen Diktat vermeintlich geschlechtergerechter

Schreibweisen, an der Tabuisierungspraxis der universitären ›Cancel culture‹, an der Etablierung des neuen Attributs ›woke‹, das eine neue, notwendige Bedingung jeder wissenschaftlichen Existenz sein soll«.[289]

Dann wendet er sich der Genderforschung zu, die sich Fragen nach ihrem wissenschaftlichen Selbstverständnis gefallen lassen müsse, »soweit sie die wissenschaftlichen Erkenntnisse der Entwicklungsbiologie, der Genforschung und der Humanmedizin absichtsvoll nicht zur Kenntnis nimmt und sich weigert, die Anschlussfähigkeit ihrer Disziplin in einen transdisziplinären Gesamtkontext zu ermöglichen. Wer behauptet, kolonialgeschichtliche Forschung durch ›alte weiße Männer‹ sei keine Wissenschaft, sondern fortgesetzter Rassismus, ist an wissenschaftlichem Erkenntnisgewinn offensichtlich nicht interessiert (und bedient sich ganz nebenbei eines rassistischen Stereotyps).«

Im Hörsaal dürfe über Vergewaltigung im Strafgesetzbuch auch dann doziert werden, »wenn in der Zuhörerschaft eine Person sitzt, die den Tatbestand mit eigenen traumatisch nachwirkenden Erlebnissen verknüpft. Trigger-Warnungen vor unwillkommenen Lehrinhalten gehören nicht zum Pflichtenkanon des Lehrpersonals.« Studenten müssten damit rechnen, dass die Lehre sie »verwirrt, verstört, unangenehm berührt, dass sie sogar Wunden aufreißt«. Universitäten seien kein geschützter Raum, schreibt Kempen unmissverständlich, sie seien ganz im Gegenteil »eine Risikozone. In ihr besteht fortwährend die Gefahr, dass ein Student mit der Ausübung der Wissenschaftsfreiheit durch andere konfrontiert wird. In ihr bewahrheitet sich ganz besonders, dass das Wesen der grundrechtlichen Freiheit in einer Zumutung liegt: in der Zumutung, den Freiheitsgebrauch der anderen Grundrechtsträger ertragen zu müssen.«[290]

Susanne Schröter ist Professorin am Institut für Ethnologie an der Goethe-Universität Frankfurt am Main, Vorstandsmitglied des Deutschen Orient-Instituts und Senatsmitglied der Deutschen Nationalstiftung. Auch sie urteilt, zugespitzte Identitätspolitik tangiere die Grundlagen von demokratischen Gesellschaften: Freiheitsrechte der Bürger, der Individuen, darunter insbesondere die Meinungsfreiheit, die Kunstfreiheit und die Wissenschaftsfreiheit. Dafür sei in Europa lange gekämpft worden. Viele hätten dafür ihr Leben gelassen, »weil sie es gewagt haben, Autoritäten, kirchliche oder weltliche, herauszufordern oder religiösen Dogmen der Kirchen zu widersprechen«. Freiheit sei die Grundlage dieser Gesellschaft. »Identitätspolitik, woke Politik, woke Ansprüche, woke Zumutungen ... führen dazu, dass Menschen sich nicht mehr beteiligen an der freien Diskussion.« Stattdessen könne es dazu kommen, dass sie sich in ihre Bubble zurückziehen und anfällig werden für Extremismen.[291]

9. Woke Wirtschaft: Diversity ist überall, Diversity über alles

Am woken Wesen soll auch die Wirtschaft genesen. Um zu zeigen, dass sie moralisch auf der richtigen Seite stehen, werben Unternehmen mit dem Regenbogen und bevorzugen möglichst bunte Belegschaften. Was, wenn das alles bloßes Pinkwashing ist? Und was, wenn das alles nichts nützt?

Ein »Token« kann eine Münze sein, eine Zeichenkette aus der Programmiersprache oder ein Mensch aus einer Minderheitengruppe, der benutzt wird, um Vielfalt vorzutäuschen. Heute kann eine schwarze Mitarbeiterin, auf dem Gruppenfoto der Unternehmenswebseite umrahmt von Hellhäutigen, ein Token sein, ein Schauspieler in einer Nebenrolle ebenso. Ist heute eine Dragqueen, ein Homosexueller, eine Nicht-Weiße die neue Quotenfrau?

Die Deutsche Bahn ist zwar nicht als Dienstleistungsheld bekannt, wähnt sich aber auf diversen Rankings für vorbildliche Vielfalt ganz oben. Damit das so bleibt, wird in den für Gendergerechtigkeit zuständigen Abteilungen akribisch darüber gestritten, ob bei der Suche nach einer neuen Fachkraft in der Anzeige Diversity Manager*in stehen soll und darf.

Die Grammatik verlangt den Stern nicht, wenn Manager wie gesprochen (mæn.ɪ.dʒər) als englisches Wort verstanden wird. Gilt Manager als eingedeutschter Begriff, wäre ein Bindestrich zum englischen Diversity zu setzen: Diversity-Manager. Die Bahn könnte natürlich auch jemanden suchen, der zum Diversitätsmanager taugt, aber das klänge zu sehr nach Bahn, zu provinziell, zu wenig weltmännisch, pardon: weltläufig.

Der Duden hat sich festgelegt, schließlich gehört Manager

»zum Wortschatz des Goethe-Zertifikats B1« und ist eine »mit weitgehender Verfügungsgewalt und Entscheidungsbefugnis ausgestattete, leitende männliche Persönlichkeit eines Großunternehmens«. Diese Persönlichkeit könnte sich offenbar von einem schlichten Mann unterscheiden, weshalb die Formulierung so aufgeblasen daherkommen muss. Leider ist der Duden nicht konsequent: Diversity wird nicht geführt, erscheint allerdings gekoppelt mit einem anderen Wort wie ein deutsches: Diversityempfang.

Wir sehen: Deutsch, ohnehin schon als »schwere Sprache« gefürchtet, wird dank des Genderns immer anspruchsvoller. Das kann nicht nur bei lernwilligen Ausländern zu Verzweiflung führen. Entscheidet sich die Bahn für die Version mit dem Sternchen, kann auch bei einer Frau mit Sehschwäche Irritation entstehen, die auf die Anzeige der Bahn aufmerksam wird. Nutzt die Kandidatin die Word-Funktion »Laut vorlesen«, hört sie, dass die Bahn die Position Diversity-Managersternin besetzen möchte. Das darf natürlich auch nicht sein, weil das die Gefühle der Betroffenen verletzen und die Bahn Punkte beim *diversity ranking* kosten könnte.

Wokeness ist längst auch in der Wirtschaft angekommen. Die »Unternehmer-Community« und »Stimme des Mittelstands« Die Deutsche Wirtschaft (DDW) hat »Woke« schon 2021 zum Wirtschaftswort des Jahres gewählt. Der Begriff bezeichne »das korrekte sprachliche, ästhetische und politische Verhalten rund um die Themenfelder Diversität, Klimabewusstsein, Veganismus, Gender-Gerechtigkeit und Antirassismus«, so Jurymitglied Armin Reins. Wokeness sei in der Werbung eingezogen, »wo kaum noch ein Spot ohne Signalbilder von Diversität auskommt«. Stellenanzeigen würden »gegendert«, ganze woke Produktlinien seien entstanden – »von Kleidung bis zu veganem Wasser«. Kundinnen, Meinungsbildner und die Belegschaft hätten ihre Augen überall, ergänzte Frank Dopheide. »Unternehmen, die sich ›asozial‹ verhielten und auf Kosten anderer profitierten, werden an den Pranger gestellt.« Die Zeiten seien vorbei, »in denen sich Unternehmen mit ihrem Wachstum, Profit und Beschäftigungszahlen aus der Diskussion um Ungerechtigkeiten, Diskriminierung und andere schädliche Nebenwirkungen rausreden können«.[292]

Ist das Heuchelei oder Opportunismus, das Sich-fügen in die normative Kraft des Faktischen? Vermutlich ist es purer Geschäftssinn. Offenbar glaubt die Wirtschaft, mit einem woken Kapitalismus beim Publikum punkten zu können. Was auch immer der Treiber sein mag: Wäre es nicht zu begrüßen, wenn Unternehmen mehr erreichen möchten, als Profit zu erzielen? Wenn Vorstände über die nächste Hauptversammlung oder Aufsichtsratssitzung hinausdächten? Wenn der laute Teil der Kundschaft die im Grundgesetz verankerte Sozialverantwortung eines Unternehmens einforderte: »Eigentum verpflichtet. Sein Gebrauch soll zugleich dem Wohle der Allgemeinheit dienen.« Wenn es nicht mehr als einzige soziale Verpflichtung eines Unternehmens gelten würde, Gewinne zu erzielen? Und wenn junge Leute sich für Wirtschaft begeistern, weil sie tickt wie sie selbst? Wenn also Unternehmen »environmental, social, and corporate governance« (ESG) ernstnähmen, mit Nachhaltigkeit und Umweltschutz ans Klima dächten, an soziale Gerechtigkeit für alle Menschen, wenn das Management sich anständig benähme, auf Korruption verzichten und Menschenrechte beachten würde. Wäre das nicht eine schöne, neue Welt?

Diversity beim Personal: Zufriedener, loyaler, erfolgreicher?

Diversität beginnt beim Personal: »Wir ermutigen Frauen, People of Color und Menschen aus der LGBTQ(+)-Gemeinschaft, sich zu bewerben. Geben Sie in Ihrer Bewerbung gerne an, welche Pronomen Sie verwenden (z. B. sie/ihr, er/ihn, sie/ihr usw.).«[293] In Deutschland ist es bei Arbeitgebern von Staat bis Wirtschaft schon lange selbstverständlich, Teile der Gesellschaft zu Bewerbungen zu ermutigen und zu bevorzugen. Im Sinne der Chancengerechtigkeit, die zu schaffen dank § 5 Absatz 5 Satz 2 Landesgleichstellungsgesetz in Berlin anzustreben ist, ermutigen die Arbeitgeber der Hauptstadt »insbesondere Menschen mit Behinderung zu einer Bewerbung. Bewerbungen von Frauen und Menschen mit Migrationsgeschichte sind ebenfalls ausdrücklich erwünscht«. Wo eine »Unterrepräsentanz vorliegt, werden Frauen bei gleichwertiger Qualifikation bevorzugt berücksichtigt«. Schwerbehinderte »werden grundsätzlich zum Auswahlgespräch eingeladen, sofern die fachliche Eignung nicht offensichtlich fehlt. Auch sie werden bei gleichwertiger Qualifikation bevorzugt berücksichtigt.« Auch Personen mit Migrationshintergrund werden »bei gleichwertiger Qualifikation in besonderem Maße berücksichtigt, um den Anteil der Beschäftigten mit Migrationshintergrund entsprechend ihrem Anteil an der Bevölkerung Berlins zu erhöhen«.[294]

Auch in der freien Wirtschaft ist Diversity beim Personal angesagt. Anscheinend sind Unternehmen, in deren Compliance-Abteilungen junge und weitsichtige Manager (m/w/d) direkt von der Universität einziehen, tatsächlich, ernsthaft und redlich bestrebt, Minderheiten zu fördern. Das gibt den durchaus markenbewussten Woken ein gutes Gefühl und erhöht die Kaufbereitschaft; außerdem sorgt das für »gute Presse«, mögen auch die Kosten des Wohlverhaltens den Gesamtgewinn schmälern.

Der Verein Charta der Vielfalt wirbt »Für Diversity in der Arbeitswelt« und behauptet: »Diversity Management wirkt auch nach innen: Es erhöht die Zufriedenheit, die Loyalität und so schließlich auch die Leistungsfähigkeit von Führungskräften, Mitarbeiterinnen und Mitarbeitern. Diversity Management hilft nicht nur bei der Anpassung an gesellschaftliche und wirtschaftliche Trends.« Diversity Management »vermittelt die Kompetenz, in vielfältigen Arbeitsgruppen mit unterschiedlichen Talenten erfolgreich zusammenzuarbeiten«, heißt es in nichtssagendem Marketingdeutsch. »So erzielt erfolgreiches Diversity Management nachweislich bessere Ergebnisse in der Problemlösung, Forschung und Entwicklung.« Belege dafür gibt's allerdings keine.[295]

Anscheinend sorgt Diversity für eine Win-win-Situation: Die Unternehmen sind der Freund der Woken und umgekehrt. Eine Marke, die sich sozial und minderheitenbewusst zeigt, kann eventuell sogar bei den Löhnen und Gehältern auf Verständnis setzen. Denn, hey, Geld ist doch nicht alles. Ist es nicht viel wichtiger, in einem Unternehmen zu arbeiten, mit dem ich mich identifizieren kann? *Das* ist woker Kapitalismus.

Petra Arenberg, Departmentleiterin Psychologie & Gesundheit der SRH Fernhochschule, warnt dagegen: »Im Diversity Management werden meist sicht- und messbare Merkmale, wie Alter, Geschlecht oder ethnische Zugehörigkeit, betrachtet.« Dadurch richte sich die Aufmerksamkeit vornehmlich auf dieses Erkennungszeichen. Wer das erfülle, gelte dann schnell als Quotenmensch. Sie nennt das »Stigmatisierung«, Menschen wollten doch »wegen ihrer Kompetenzen anerkannt und gefördert werden. Sie möchten es aus eigener Kraft schaffen und entziehen sich aktiv dem diversitätsbasierten Auswahlprozess.« In der Folge falle die Entscheidung zugunsten leistungsschwächerer Kandidaten – »mit erheblichen Folgen für die Arbeitsqualität«. Deshalb stehe Diversity Management »im Verdacht, bisweilen die Falschen zu fördern«.[296]

Auch das *Manager Magazin* warnt: »Menschen verschiedener Identitätsgruppen an einen Tisch zu bringen ist keine Garantie dafür, dass sich etwas zum Besseren verändert«, schreiben ausgerechnet Robin J. Ely und David A. Thomas. Die beiden hatten schon 1996 in der *Harvard Business Review* für einen »radikalen Ansatz« von Diversität plädiert, weil Teams mit »Menschen aus unterrepräsentierten Gruppen – wir bezeichnen sie als Identitätsgruppen – einzustellen und stärker ans Unternehmen zu binden … Unternehmen helfen könnten, seine Kernaufgaben besser zu erfüllen« und »effektiver arbeiten als homogene Teams«. Nun aber habe die Forschung gezeigt, »dass sich die Lage dadurch oft verschlechtert, weil bestehende Spannungen und Konflikte verstärkt werden«. Die Behauptung des Nutzens von Diversity sei nicht durch solide Forschungsergebnisse belegt.[297]

Der Vorstandsvorsitzende eines Windkraftunternehmens hat allerdings ganz andere – praktische – Probleme zu bewältigen, wie er uns in einem persönlichen Gespräch mitteilt. Die Politik verlange »weiblichere« Vorstände, sagt er, aber in seiner Branche würden sich kaum Frauen für leitende Positionen bewerben. Also will er eine rein weibliche Recruiting-Firma damit beauftragen, geeignete und bereite Frauen zu suchen. Die Headhunterinnen wenden dagegen ein: Das dürfen wir so nicht ausschreiben, weil verboten.

Vor diesem CEO sitzt bald danach ein junger Mann beim Bewerbungsgespräch. Der fragt nicht nur nach der Frauenquote, sondern nach dem Grad der Diversität. Der CEO erklärt dem Bewerber, dass sich meistens Männer bewerben: Wenn sich keine nicht heterosexuellen und anderweitig diversen Menschen meldeten, wie solle er die Positionen dann besetzen? Der Bewerber bleibt dabei: Er lege viel Wert auf Diversität. Es kam nicht zu einem Abschluss.[298]

Wenn Diversität die zentrale Frage wird, sei es nicht immer

möglich, die fachlich beste Person auszuwählen, weil dadurch die Diversitätsquote verschlechtert werde. Unser Windkraft-CEO berichtet auch – sichtlich verständnislos – von einer Werbeagentur in Berlin-Mitte, deren überaus diverse Belegschaft darauf bestanden habe, die getrennten Toiletten abzuschaffen, weil das diskriminierend sei. Er sei froh, nicht in Berlin zu arbeiten und noch mit »normalen« Menschen zu tun zu haben, die im Alltag einfach nur vernünftig arbeiten wollten – egal mit wem – Hauptsache fachlich top.

Diversity sells? Werbung mit dem Regenbogen

Kurtis Dam-Mikkelsen, der auf einer amerikanischen Hühnerfarm aufwuchs, hat ein zweites Ich: als »Make-up-Künstler« und Dragqueen Miss Fame ist er schon seit Jahren Markenbotschafterin von L'Oréal. Er identifiziert sich als (schwuler) Mann, inszeniert sich als »Vorbild für Millionen von Frauen«. Alles möglich, heute. Anything goes. Und warum auch nicht?

Auch Beiersdorf versprach sich durch eine Dragqueen in den Werbebotschaften offenbar mehr neue Kunden (»Nivea ist für alle da«), ohne dafür mit Abgängen bezahlen zu müssen. Auf den Plakaten von s.Oliver umarmt sich ein schwules Paar, den Twitter-Account von Ford schmückt das Foto eines Pick-ups in Regenbogenfarben. Den Regenbogen zeigen auch Rewe, Axel Springer und Evonik, Tchibo und Nivea, dm und Rossmann bei ihren Hausmarken. Und Lidl wirbt mit einer Bilderbuchfamilie, die im Garten auf einer Couch sitzt, ein cis-Mann, eine cis-Frau (beide weiß) und ein dunkelhäutiges Kind mit stark lockigem Haar. In der Mode- und Kosmetikbranche gibt es längst Models mit Behinderung wie die in Antigua mit Zerebralparese geborene Aaron Philip, die im Rollstuhl sitzt und mit 18 Jahren das erste schwarze körperlich behinderte Transmodel war.[299]

Auch in anderen Industrien zeigen sich längst alle Geschlechter und Gender – und das nicht nur im »Pride Month«, in dem der Regenbogen in keinem Schaufenster mehr fehlt. Zunehmend sollen auch Hautfarbe, Herkunft und Behinderungen das Image heben. Die vielbeklagte Diskriminierung und einen Ausschluss der Diversen gibt es auch in der Wirtschaft nicht. Für jene, die damit noch nicht klarkommen, gibt es allerlei Hilfsangebote. Coca-Cola etwa schickt seine Leute zu Diversity-Trainings, damit sie den richtigen Umgang mit Minderheiten lernen – was freilich die Berliner Niederlassung nicht davor bewahren konnte, dass Klimaschützer den Eingangsbereich mit schwarzer Ölfarbe beschmierten.

Es sieht schön bunt und fröhlich aus, wenn Burger King Austria »Pride Whopper« verkauft, in denen Fleisch, Tomaten und Ketchup zwischen zwei Ober- oder Unterseiten des weichen Brötchens liegen, um – wie affig und angestrengt das wirkt – »ein Zeichen für Gleichberechtigung aller Identitäten und sexuellen Orientierungen« zu setzen. Dem wollte Konkurrent McDonald's nicht nachstehen und bot »Rainbow Sticks« an, frittierte Gemüsestäbchen in Pommes-Hell, Grillhühnchen-Braun und fast-angebrannt. Auch Unternehmen wie Cisco und Autohersteller wie Mercedes-Benz schmücken ihre Web- und Werbeseiten mit der bunten Flagge. Ob sie damit für Inklusion werben wollen oder um Kunden aus der LGBTQ-Gemeinde? Jedenfalls läuft die bunte PR nicht im arabischen Raum, wo solche Botschaften den Umsatz möglicherweise noch nicht fördern.

Aber ist das Werben mit Diversity und Wokeness tatsächlich nützlich? Vielleicht. Vielleicht nicht. Frauen befürworten angeblich Marken, die soziale Zwecke unterstützen, fast doppelt so stark wie Männer und die Gen Z dreimal so oft wie Boomer. Also alles eine Frage der Zeit?[300]

Marketingexperten halten Wokeness für durchaus werbewirksam. Aber es dürfen Zweifel angemeldet werden. Mehr als zwei Drittel der Konsumenten fühlen sich nach einer Umfrage der britischen Markenberatungsfirma The Pull Agency unbehaglich oder unsicher, wenn Marken »woke« Angelegenheiten unterstützen. Ist also woke Werbung ein vorübergehender Trend? Und lohnt sich der ganze Aufwand für Diversität, für Minderheiten, für vermeintlich oder tatsächlich Benachteiligte?

Offenbar meinen viele Manager: Ja, es ist gut, Geschäfte zu machen unterm Regenbogen. Warum sonst sollten sie ihr Herz dafür entdeckt haben, Geld und die Arbeitszeit ihres Personals zu investieren, um sich Qualitätssiegel ins Schaufenster zu hängen. Schon gibt es Firmen, die Unternehmen anbieten, gemeinsam etwas für Gender Equality, Diversity und Awareness zu tun und »ein tolerantes und diverses Umfeld für alle Angestellten zu ermöglichen« (das unausgesprochen offenbar als bis dahin nicht vorhanden vorausgesetzt wird).

Diversity ist ein schönes, ein wachsendes Geschäftsfeld für clevere Zeitgeist-Berater geworden. Offensichtlich besteht ein gewisser Druck, dem Unternehmen unterliegen. Ein Diversity-Lehrer spricht das sehr offen an, geradezu frivol: Firmen und Organisationen müssten den Schaden sehen, der auf sie zukomme, wenn sie kein Diversity-Management betrieben, sagte einer dem *Stern.* »Es ist unfassbar, wie wirtschaftlich schädigend ein Shitstorm heutzutage sein kann.«[301] Klingt wie eine Warnung, ein bisschen auch wie eine Drohung – und wie eine Bewerbung. Solch einen PR-Gau will selbstredend kein Manager verantworten müssen, und deshalb dürfen Millionen Arbeiter und Angestellte sich inzwischen mit der Sexualität derer auseinandersetzen, die neben ihnen stehen oder sitzen.

Auch Charta der Vielfalt hat daraus ein lukratives Geschäftsmodell gemacht. Wer mitmachen will, kann Mitglied im Club werden. »Für die Unterzeichnung wird eine einmalige Verwaltungspauschale von 250,– € zzgl. MwSt fällig.« An die 5000 Unternehmen und Institutionen mit 14,7 Millionen

Arbeitnehmern haben sich inzwischen verpflichtet, »alle Mitarbeiter_innen gleichermaßen zu respektieren – unabhängig von Alter, ethnischer Herkunft und Nationalität, Geschlecht und geschlechtlicher Identität, körperlichen und geistigen Fähigkeiten, Religion und Weltanschauung, sexueller Orientierung und sozialer Herkunft«. Das reicht von einem AWO-Kreisverband, der bei einem »Diversity Morning – Frühstück für Ausgeschlafene« per Videokonferenz monatlich »eine andere Vielfaltsdimension« in den Mittelpunkt stellt, bis hin zu Großunternehmen von Accenture und Adidas bis Siemens und Volkswagen.[302]

Am 23. Mai feiert die Charta der Vielfalt jedes Jahr den Deutschen Diversity-Tag. Bisher war dies der Tag, an dem daran erinnert wurde, dass der Parlamentarische Rat 1949 das Grundgesetz verkündet hatte, mithin der Gründungstag der Bundesrepublik. Fordern die Unternehmen mit ihrer Mitgliedschaft die Republik heraus? Wollen 30 der 40 Dax-Unternehmen, Städte, Bundesländer, Universitäten, Verbände, Vereine und Stiftungen sowie die anderen Mitglieder ein Zeichen setzen für eine andere Republik, ganz so wie die Klimaretter, die das Grundgesetz-Denkmal beschmierten? Schirmherr der Charta der Vielfalt ist übrigens der Bundeskanzler.

Eine Trader-Beratung rät Kunden: »Wenn Sie nach Gelegenheiten für ethische Investments suchen, könnten Sie diese Liste unserer zehn besten LGBT-freundlichen Unternehmen in Betracht ziehen.« Als da sind: Apple, Amazon, Walmart, Microsoft, IBM, Visa, Coca-Cola, PayPal, Starbucks, Accenture als die zehn queerfreundlichsten Unternehmen.[303] Amazon? War das nicht das schlecht bezahlende Unternehmen, in dem niemand sich aufs Klo traute, aus Angst vor dem Verlust des Arbeitsplatzes?[304] Coca-Cola? Ist das nicht das süße Zuckergetränk, das unsere Kinder dick macht und deren Zähne ruiniert? Walmart? War das nicht das Unternehmen, das aufgefallen war, weil es seine Pflegeprodukte für Schwarze in Vitrinen gesperrt hatte (damit sie nicht gestohlen werden, ein klarer Fall von *racial profiling)?* Starbucks? Hat nicht gerade die Deutsche Umwelthilfe festgestellt, dass auch diese Kaffeekette gegen die Mehrwegangebotspflicht verstößt? Und werden nicht noch immer jeden Tag in diesem Land Millionen Pappbecher weggeworfen?

Egal. Offenbar hat beim Geschäftemachen Diversity andere Kriterien abgehängt. Selbst das Statistische Bundesamt hebt die »LGBT+-freundlichsten DAX-Unternehmen« hervor – und bewirbt damit die Quelle der Erhebung, eine Firma, die sagt: »Wir arbeiten als LGBTIQ+ Diversity Expert:innen seit 13 Jahren eng mit Unternehmen und Organisationen zusammen, damit wir gemeinsam Unternehmenskulturen und Arbeitsumfelder nachhaltig und positiv verändern können. Dabei steht das Empowerment von LGBTIQ+ Menschen im Zentrum unserer Arbeit. Und genau dieser Einsatz macht uns zum führenden LGBTIQ+ Social Business in Deutschland.« Ein Unternehmen adelt mithilfe des Statistischen Bundesamts potenzielle Kunden – vielleicht gar solche, die es bereits sind?[305]

Das *Handelsblatt* schätzt, dass Unternehmen für sogenannte DEI-Beratungen (Diversity, Equity, Inclusion) weltweit etwa 7,5 Milliarden US-Dollar ausgeben. Der Markt soll sich bis 2026 mehr als verdoppeln.[306] Nichts dagegen zu sagen, röche es nicht hin und wieder nach »Pinkwashing«. Denn wenn bestimmte Forderungen unterm Strich mehr kosten als nutzen, sind Firmen unter Druck. Sie müssen sich fragen: Was muss ich tun, damit ich möglichst ungestört weiterarbeiten kann? Dazu müssen sie den Eindruck erwecken, sie seien sozial, divers, woke. Sie müssen so tun als ob. Das kostet zwar Geld, aber die Angst vor dem Shitstorm ist eben auch in Unternehmen groß. Folge: Statt tatsächlicher Wokeness kommt es zu woke washing.

Wie weit dürfen und sollen Unternehmen politischen Zielen unterworfen werden? Sind sie etwa Sozialversicherungen? Umweltschutzorganisationen? Gleichstellungsbehörden? Kann ein

Manager es sich leisten, auf Gewinn zu verzichten und die Aktionäre um höhere Renditen zu prellen? Können Fondsanbieter es sich leisten, mit nachhaltiger Anlage schlechtere Ergebnisse zu erzielen als konventionell anlegende Konkurrenten? Manager sind den Investoren und dem Personal verantwortlich. Aber wer wagt es noch, das auszusprechen? Und Konsequenzen zu ziehen?

Solche Fragen stellen sich die Protagonisten einer Gruppe von Gegnern von Nachhaltigkeitsregeln in Unternehmen, unter ihnen Vivek Ramaswamy, Investor und Buchautor (*Woke, Inc.*). Er ist einer der Kandidaten der Republikaner für die nächsten Präsidentschaftswahlen in den USA.[307] Ramaswamy plädiert für Leistung, Profitabilität, Rendite und die finanziellen Interessen der Shareholder und will die Welt der Wirtschaft wieder entpolitisieren. Könnte gut sein, dass der woke Hype im Kapitalismus wieder abebbt.

10. Wokeness in Parteien: Wenn alle Demokraten im selben Teich fischen

Es ist selbstverständlich gut und richtig, dass auch Parteien sich um Minderheiten kümmern. Wenn jedoch deren überzogene Forderungen sich gegen die Interessen der Mehrheit richten und selbst die Union sich unterwirft, wird die Mehrheit den etablierten demokratischen Parteien den Rücken kehren. Wem werden sie sich zuwenden?

Der Verband Schwule und Lesben in der Union (LSU) ist seit 2022 offizielle Parteiorganisation der Christlich-Demokratischen Union (CDU). Auch die Frauen-Union diskutiert mit der LSU über das Selbstbestimmungsgesetz. Und das ist gut so. Politiker wie Norbert Röttgen, Hendrik Wüst und andere setzten sich schon 2021 dafür ein, die Diskriminierung aufgrund der »sexuellen Identität« in Artikel 3 des Grundgesetzes aufzunehmen.

Das will nun auch Berlins CDU, die sich laut Koalitionsvertrag mit der SPD für ein »modernes Selbstbestimmungsrecht« einsetzt. Außerdem hat sie zugestimmt, in der armen »Regenbogenhauptstadt« eine Menge Geld für die »Sichtbarkeit« der LGBTQ-Gemeinde auszugeben: Berlin wird »eine:n ›Queer-Beauftragte:n der Landesregierung Berlin für die Akzeptanz sexueller und geschlechtlicher Vielfalt‹ schaffen«, und »die Bezirke benennen jeweils eine Person als Queerbeauftragte:n als Vollzeitstelle«. Die Koalition will »die besonderen Bedürfnisse von queeren Menschen im Gesundheitsbereich, vor allem die Bedürfnisse von trans* Personen … verstärkt berücksichtigen« und »medizinische Angebote für trans* Personen – mit dem Fokus auf trans* Frauen – fördern und ausbauen«. Mitte April wurde bekannt, dass Alfonso Pantisano den Posten übernehmen könnte, Landesvorsitzender der SPDqueer Berlin und Bundesvorstand des Lesben- und Schwulenverbands Deutschlands (LSVD). Er hatte Jahre zuvor Wolfgang Thierses Worte über linke Identitätspolitik und Cancel Culture als »reaktionär« und »neurechten Sprech« bezeichnet,[308] via Twitter Jan Böhmermanns Sendung vom 2. Dezember 2022 über »TÖRFS« (siehe Kapitel 3) gelobt und Frauen TERFs sowie die Kolleginnen von *Emma* »Hündinnen« genannt.[309]

Die CDU in der Hauptstadt ist damit Vorreiter einer woken Sexualpolitik geworden. Ihrer Wählerschaft dürfte – sobald *sie* die über Rechte von Homosexuellen weit hinausreichenden Folgen erkennt – darüber reichlich verwundert sein. Dabei wäre doch gerade die CDU dazu prädestiniert, sich gegen die Ideologie der Woken zu wehren – wenn nicht sie, welche Partei dann! Das gilt auch für die bayerische Schwester, die CSU, deren Ministerpräsident sich jedoch vom Versprechen eines »Queer-Aktionsplans« offenbar mehr Wählerzuwanderung als -abwanderung erwartet.[310]

Noch scheinen die Anhänger der Union sich über den woken Weg der Partei nicht den Kopf zu zerbrechen. »Im kleinen Kosmos der Kleinstadt ist das Thema ›Woke‹ meiner Wahrnehmung nach kein oder kein großes Thema«, sagt die saarländische Landtagsabgeordnete und frühere Staatssekretärin im Finanzministerium Anja Wagner-Scheid, die auch Mitglied der Frauen-Union ist, in einem Telefonat mit uns. »Man wundert sich eher über das Geschehen und die Diskussionen. Für viele sind diese Veränderungen auch zu schnell.« Da das Thema da sei, sollte sich ihre Partei jedoch damit auseinandersetzen. »Aber nicht auf jeden Zug aufspringen, weil es trendig ist.« Die Ampel schieße mit ihrem Selbstbestimmungsgesetz »weit über das Ziel hinaus«. Die Bundesregierung versuche, »Pflöcke reinzuhauen und unsere Gesellschaft nach und nach zu verändern. Da müssen wir als CDU aufmerksam sein.«[311]

Wagner-Scheid geht es darum, an potenzielle Probleme zu denken: »Wie regelt man es, wenn ein biologischer Mann, der eine weibliche Identität gewählt hat, eine Frauensauna oder ein Frauenhaus betreten möchte? Natürlich gibt es Ängste, und die muss man ernst nehmen. Da muss man sagen: Es braucht konkrete Regelungen dafür von Anfang an. Denn Frauen haben aus gutem Grund Rückzugsmöglichkeiten und brauchen die auch weiterhin in vielen Situationen.«

Wagner-Scheid plädiert für eine verpflichtende Beratung, wenn Kinder und Jugendliche den Wunsch äußern, ihre sexuelle Identität zu ändern und dafür Hormone einnehmen und sich operieren zu lassen: »Was das mit den Jugendlichen macht und dass das nicht einfach rückkehrbar ist, das darf man nicht außen vor lassen.« Auch die Pläne zur »Leihmutterschaft« sieht sie kritisch. Bei der »reproduktiven Selbstbestimmung« gehe es ja nicht nur um das Altruistische, dass eine Frau ihre Schwester bittet, ein Kind für ihren Mann und sie selbst auszutragen. »Es ist eben mehr. Und zwar gewerblich und kommerziell. In Amerika, in der Ukraine und anderen europäischen Ländern ist es Realität, eben ein Geschäft.«

Bei denen, die sich für Avantgarde halten, gibt es für die konservative Partei wenig zu gewinnen. Offenbar gibt es innerhalb der CDU dennoch Zweifel daran, ob sie gewillt ist, sich dem woken Trend zu widersetzen. »Wenn die CDU sich den identitätspolitischen Eiferern nicht entgegenstellt, wird es über kurz oder lang einen deutschen Trump geben«, warnte eine Handvoll CDU-Politiker in der *FAZ*. »Gleiche Rechte, faire Chancen und freie Entscheidungen für alle Menschen – unabhängig von Hautfarbe und ethnischer Herkunft, Geschlecht und sexueller Orientierung, Religion oder Alter: Dafür muss eine zukunftsfähige CDU stehen.« Gleiche Rechte für alle, so ist das zu verstehen, heißt auch: keine Sonderrechte. »Wenn es in der Mitte kein Sprachrohr für Alltagsvernunft gibt (zum Beispiel: dass auch die Existenz von Inter- und Transsexualität nichts daran ändert, dass es genau zwei biologische Geschlechter gibt), dann wird Unbehagen in Wut und Radikalisierung umschlagen.«[312]

Andere Parteien haben sich eindeutig auf die Seite der jungen Avantgarde gestellt. Mit den Grünen sind Tessa Ganserer und Nyke Slawik, zwei offen transgender-lebende Frauen, in den Bundestag eingezogen. Ganserer fiel mit Aussagen wie jener in der *taz* auf: »Ein Penis ist nicht per se ein männliches Sexualorgan.« Kritik wurde aber laut, weil mit Ganserer seit den Wahlen im September 2021 jemand einen grünen Frauenquotenplatz besetze, »der physisch und rechtlich ein Mann ist«.[313] Das kann Feministinnen natürlich nicht gefallen, die Jahrzehnte für Frauenquoten gekämpft haben. Wo Frauenrechte zugunsten von Minderheiten geopfert werden, wo Mordfantasien gegen sogenannten TERFs geäußert werden (siehe Kapitel 3), droht Loyalitätsverlust. Frauen machen mehr als die Hälfte der grünen Wählerschaft aus. Eine Partei, die den Anspruch erhebt, Volkspartei zu werden, muss auch die Interessen der Mehrheitsbevölkerung berücksichtigen, übrigens nicht nur bei Fragen der sexuellen Identität.

Die Grünen seien »gefangen in den gehobenen metropolitanen Milieus akademisierter Mittelschichten und ihrer eigenen Besserwisserei«, urteilt der Politikwissenschaftler Wolfgang Merkel. »Für die untere Hälfte der Gesellschaft sind weder ihre Identitätspolitiken noch die postmaterialistische Umweltpolitik, die Verkehrspolitik und nicht einmal die Klimapolitik attraktiv.« Bis heute merke man der Partei die Herkunft aus dem westdeutschen Wohlstandsmilieu an. »Milieus, Sprechweisen, politische Korrektheit, eine von oben belehrende Weltsicht kommen weder im Osten noch bei alten weißen Männern besonders gut an, die ja noch stets geschmäht werden«, sagte Merkel im Interview mit der *NZZ*.[314]

Auch die Linke rutscht auf dem woken Eisfeld aus: In einer Pressemeldung der Fraktion in Thüringen war die Rede von »Menschen mit Uterus«. Auch sie verprellt damit die Hälfte ihrer Wählerschaft, die Frauen, die auf ihre Gebärfunktion reduziert wird, nur um einer winzigen Minderheit potenzielle Pein zu ersparen. Geht es kurzsichtiger?

Aber es gibt bei den Linken noch größere sprachliche Sauereien zu »bewundern« als bei den Grünen: Sogenannte Volksvertreter des Netzwerks DIE LINKE.queer in Baden-Württemberg haben eine »Anti-TERFS«-Postkarte verbreitet – natürlich auch über die sozialen Netzwerke. Darauf war eine zweifelhafte Botschaft zu lesen: »TERFs can suck my huge trans dick.«[315] Braucht die Welt derartig vulgäre Nachwuchspolitiker?

Und wie findet die Bundesbeauftragte für Antidiskriminierung und Diversity-Unternehmerin Ferda Ataman die genannte »Suck my dick«-Postkarte? Zana Ramadani schrieb ihr einen Brief: »Müssen wir als Nicht-Queer-Frauen diese Art von Beleidigungen und Diskriminierungen hinnehmen? Fühlen Sie sich in Kenntnis einer solchen Widerwärtigkeit nicht dazu berufen, wenn schon nicht als Frau – Entschuldigung, wenn ich davon ausgehe, dass Sie sich als solche definieren –, dann als Bundesbeauftragte für Antidiskriminierung Ihre Stimme zu erheben, etwas zu unternehmen? Wie stehen Sie zu solchen Auswüchsen des unsozialen Miteinanders?«[316] Eine Antwort kam nicht, das war leider auch nicht zu erwarten.

Die Debatten der Parteien in der Mitte drehen sich immer häufiger um Zeitgeistthemen, während sich die Menschen bis hinein in Schwulen- und Lesbengruppen missachtet fühlen. Denen, die den Karren ziehen, hilft der woke Zeitgeist nicht. Auch denen nicht, die sich vor Armut fürchten oder gar schon prekär leben, weil die Erhöhung des Mindestlohns längst von der Inflation aufgefressen ist. Sie werden noch immer ausgebeutet, sie sind die wahren Gedemütigten und Benachteiligten. Diesen Menschen zu helfen war einmal die Kernkompetenz bzw. der Zuständigkeitsbereich der Sozialdemokratischen Partei Deutschlands (SPD). Leider scheint auch sie die untere Hälfte der Gesellschaft vergessen zu haben.

Auf Irrwegen: Die SPD muss sich wieder zu ihren Wurzeln bekennen

Es war einmal eine Zeit, in der lebten die Anführer der SPD für die Arbeiterklasse. Damals hörte man in kleinen, aber bezahlbaren Mietwohnungen noch Volksmusik, während der eingeheiratete Onkel mit dem weißen Kragen schon beim Jazz angekommen war. Etliche linke Politiker stammten noch aus einer Welt, in der die Väter abends aus der Fabrik heimkehrten und nach Schweiß und Metall und manchmal Bier rochen, die Mütter im Kindergarten oder in der Kirche putzten, die Söhne täglich auf dem Bolzplatz kickten und die Töchter in der Musikschule das Spiel der Blockflöte oder der Gitarre lernen durften. Ein bisschen Wohlstand, geschaffen durch die Bemühungen von SPD und Gewerkschaften.

Zu dieser Zeit hatte die SPD sich noch nicht der normativen Kraft des Faktischen gebeugt, dem, was die Prediger des Deus Economicus geschaffen hatten. Die Sozialdemokratie hatte sich noch nicht dem Diktat des internationalen Wettbewerbs ergeben, noch nicht Milton Friedmans Programm akzeptiert, wonach die soziale Verantwortung von Unternehmen ausschließlich darin liege, den Gewinn zu steigern. Und die SPD hatte sich noch nicht in den Debatten der Wokeness verloren, sondern sich um die Massen gekümmert, nicht (nur) um die Minderheiten.

Heute scheint diese Partei die Menschen im Schatten nicht mehr zu sehen. Überall im Politikbetrieb – nicht nur in der SPD – dominieren Juristen, Beamte und Berufspolitiker ohne Berufserfahrung (und mit dem Trend zum jungen Parlamentarier wird sich das häufen) sowie Wirtschaftswissenschaftler, die sich gern von Investmentbankern beraten und von Unternehmens- und Strategieberatern über das wahre Leben aufklären lassen. Sie reden – weil sie sind, was sie sind – wie Ökonomen, Juristen und Beamte.

Rückenschmerzen müssen die Arbeiterführer heute vom ständigen Sitzen erdulden, man trinkt Rotwein und Aperol Spritz, und nach Schweiß riecht hier niemand mehr – außer nach einer gesundheitsfördernden Sporteinheit in der Mittagspause. Und wenn die Schule im Sprengel einen höheren Anteil an Problemkindern aufweist, meldet man die eigenen in der Privatschule an oder beim Einwohnermeldeamt eines besseren Viertels. Sahra Wagenknecht hat sie »Lifestyle-Linke« genannt, die es auch unter den Grünen gibt, der Partei mit den durchschnittlich reichsten Mitgliedern. Die Salonsozialisten – so hieß das früher – wähnen sich progressiv und verantwortungsbewusst. Aber sie leben in renovierten Altbauwohnungen der Großstädte, arbeiten in Stiftungen, Universitäten, Verwaltungen von Bund und Ländern und nicht zuletzt in den Medien. In der ARD bekannten sich schon vor einigen Jahren neun von zehn Volontären zu den linken Parteien.[317] Wagenknecht urteilt: »Sie schauen mit Überheblichkeit auf die Lebenswelt, die Nöte, ja sogar die Sprache jener Menschen herab, die nie eine Universität besuchen konnten, eher im kleinstädtischen Milieu leben und die Zutaten für ihren Grillabend schon deshalb bei Aldi holen, weil das Geld bis zum Monatsende reichen muss.«[318]

Diesen Menschen hilft es nicht, den Parteien dabei zuzusehen, wie sie darüber diskutieren, ob Justin Bieber sich Dreadlocks ins Haar flechten und ein Kind sich an Fasching noch ein Indianerkostüm anziehen darf. Wenn der Vorortzug nicht fährt, interessiert es sie auch nicht, wer mit welcher Identität bei der so beflissen diversen Bahn die Entscheidungen trifft (siehe Kapitel 9), sondern sie wollen wissen, warum der Zug nicht kommt. Wenn Ministerinnen wegen Unfähigkeit gehen müssen, wünschen sich diese Menschen statt Erfüllung der Quote fähigen Ersatz, und das Geschlecht ist ihnen dabei herzlich gleichgültig. Ob ihre Kinder im Unterricht gendern müssen? Lieber hätten sie besser ausgestattete Schulen und längere, kostenlose Kinderbetreuung.

Alte weiße Männer und längst schon Frauen verstehen die offensichtlich angestrebte Neu- und Umverteilung als Angriff gegen sich selbst, auf ihre Lebenswelt, ihre Werte, auf die sie stolz sind – und das angesichts des täglichen Schuftens zu Recht! Dabei fehlt es den meisten nicht an Empathie für Minderheiten, das nicht. Es stört sie, dass über deren Rechte täglich gesprochen und geschrieben wird und um daraus entstehende Privilegien.

Es ist ja offensichtlich: Die »Identitätsgruppe« Arbeiter (und Arbeiterin oder Kassiererin oder Nachtwächter) fühlt sich bei all dem Kümmern um angeblich Benachteiligte und Opfer vergessen. Und wer sich selbst als geplagt und missachtet empfindet, aber nicht zu den umsorgten Gruppen gehört, fühlt sich vergessen, verraten. Wer darüber hinaus noch denkt und gar redet und agiert wie die SPD vor 50 Jahren und deshalb von einem Politiker ebendieser Partei als »Pack« abgekanzelt wird, verlässt die gute Stube. In den USA haben die »deplorables« (Bedauernswerte) Hillary Clinton die Rechnung für ihr unbedachtes Urteil über Donald Trumps »rassistische, sexistische, homophobe, fremdenfeindliche islamophobe« Anhänger präsentiert.

Die SPD schmeißt »Querdenker« im traditionellen guten Sinn, die innerhalb der Partei Alternativen vertreten und mehr Realismus einfordern, aus Grundsatzreferaten. Wolfgang

Thierse, der mahnt, auch an die Menschen zu denken, »die das Gendersternchen nicht mitsprechen wollen«, fühlt sich genötigt zu fragen, ob die SPD ihn noch wolle. Und die Schriftstellerin Eva Menasse, die die SPD laut eigener Aussage schon viele Jahre cool findet, darf im *SZ Magazin* über ein einst schönes, nun aber vereinnahmtes Wort zusammenfassen: »Querdenker ist das neue Arschloch.«[319] Das ist natürlich ein starkes Argument.

Barack Obama hat, übertragen auf die aktuellen Probleme in den Vereinigten Staaten, vor einer derart verengten Politik gewarnt. In seiner Autobiografie *Ein verheißenes Land* schreibt er sehr hellsichtig, »dass man mit einem zu starken Fokus auf Bürgerrechte, polizeiliches Verhalten oder andere als spezifisch Schwarz geltende Themen riskierte, innerhalb der breiten Wählerschaft Argwohn, wenn nicht gar einen Backlash auszulösen«. Weiße Amerikaner seien, gab er zu bedenken, »verärgert über die Unterstellung, alle Weißen seien Rassisten oder ihre eigenen Ängste und ihr tagtäglicher Kampf seien weniger bedeutsam«.[320]

Argwohn gegen Politiker ist offenbar auch in Deutschland gegeben. Die Debattenkultur ist ruiniert. Das Meinungsklima werde allerdings nicht nur von rechts vergiftet, meint Wagenknecht. »Die erstarkte Rechte ist nicht Ursache, sondern selbst das *Produkt* einer zutiefst zerrissenen Gesellschaft. Es hätte keinen Donald Trump und auch keine AfD gegeben, wenn ihre Gegner ihnen nicht den Boden bereitet hätten.« Wieso das? Weil sie »den Aufstieg der Rechten *ökonomisch* vorbereitet« haben – durch zerstörte soziale Absicherung, entfesselte Märkte, indem sie gesellschaftliche Ungleichheit und Unsicherheit »extrem vergrößert« haben. Und weil Linke »die Werte und die Lebensweise ihrer einstigen Wählerschaft, ihre Probleme, ihre Klagen und ihre Wut verächtlich machen«.[321] Selbst wer ihre Äußerungen über Russlands Überfall auf die Ukraine falsch fand, wird ihr in diesem Punkt zustimmen müssen.

Wagenknecht bezieht übrigens ihre Partei, Die Linke, in ihrer Kritik ausdrücklich ein. Und so tut sich eine Leerstelle auf, links, wo das Herz schlägt. Und den größten Teil daran hat die ehemalige linke Volkspartei SPD zu verantworten. Menschen, Familien, die sich auf die Sozialdemokraten verlassen haben, vielleicht schon Generationen lang, fühlen sich alleingelassen und müssen mit Zukunftsängsten leben, weil sie sich von keiner Partei mehr vertreten fühlen – auch nicht von denen, die Fleisch von dem Fleisch der alten SPD sind.

Wer wäre nicht für Klimaschutz, Gerechtigkeit für alle Menschen, auch für Diversität? Wer aber dem Zeitgeist hinterherläuft und andere Themen und Interessen vernachlässigt, bewegt sich nur vermeintlich an der Spitze. Es ist wie bei den TV-Quoten. Wenn alle Sender im größten Teich fischen, schrumpft deren Anteil an der Beute. Das Publikum kann gleichzeitig nur ein Programm wählen, beim Fernsehen wie bei den Wahlen. Wem's nicht gefällt, wer sich nicht berücksichtigt findet, sucht Alternativen. Und das ist das Problem von »Adabei« SPD, die den Hype um Diversity und Identitätspolitik mitträgt.

Die SPD müsste sich um die kümmern, die heute die Drecksarbeit machen: Arbeiter und Handwerker, Friseurinnen und Tellerwäscher, Kassiererinnen und die Nachtwächter der Sicherheitsdienste. Solche Jobs leisten übrigens auch junge Leute, Frauen, Homosexuelle und Migranten. Wieder »nachhaltig« siegen lernen könnten die Sozis, indem sie sich wieder erkennbarer um ihre Stammwählerschaft kümmern, die Mehrheit der hart arbeitenden Menschen. Die SPD muss sich entscheiden, ob sie wieder auf der Seite der Prekären und der sorgenbeladenen und steuerzahlenden unteren Mittelschicht stehen will (darunter selbstverständlich auch Studentinnen ohne Elternzuschuss, Migranten, Homosexuelle, aber auch alte weiße Männer und Frauen, die nicht Karriere machen wollen oder können). Sie müsste sich konzentrieren auf Löhne, Renten und Mieten, um

Aufstiegschancen und soziale Absicherung, für alle Bedrängten, das ist deren gemeinsame Identität, die gemeinsame Identität der Massen. Weil die SPD das aber nicht macht, wenden sich die Unverstandenen und Unbeachteten von ihr ab, sie suchen sich ein Ventil, um gegen deren Arroganz zu protestieren. Am lautesten funktioniert der Widerstand mit einem Kreuz bei den Rechtspopulisten und -extremisten.

Die SPD braucht wieder echte Sozialisten statt Salonsozialisten. Privatisierungen haben sich vielfach bei den Betrieben der Grundversorgung als Irrweg erwiesen. Und in manchen Fällen wird das auch schon korrigiert. Weil die Grundversorgung Wasser, Strom, Krankenhäuser, Schulen und Universitäten keine Profitcenter sein dürfen. Auch der Wohnungsbau gehört dazu, wie Marktlage und Preisentwicklung zeigen. Wieder mehr an Tarifverträge gebundene Jobs. Das sind sozialdemokratische Themen, die das Leben der Mehrheit bestimmen.

Wie hat doch Barack Obama in seiner Autobiografie völlig zu Recht notiert: »Wer Dinge anpackt, muss sich auf Kritik gefasst machen, und die Alternative – auf Nummer sicher gehen, Kontroversen vermeiden, Umfrageergebnissen folgen – ist nicht nur ein Rezept für Mittelmäßigkeit, man begeht damit auch Verrat an den Hoffnungen der Menschen, die einen ins Amt gewählt haben.«[322]

Warum nicht mehr Mut? Die SPD hat den Mindestlohn durchgesetzt, aber sich dann doch wieder dem Zeitgeist hingegeben: gerechtere Besteuerung von Vermögen, Erbschaften, Einkommen? Geht angeblich leider nicht. Auch das allerdings werden ihnen die woken künftigen Erben kaum danken.

Die Kassiererin bei Aldi und der Wachmann dagegen registrieren sehr wohl, dass es bei der Frage nach Karrieren für allerlei Gender nicht um sie geht, sondern um bessere Chancen für ohnehin schon privilegierte Frauen und Minderheiten. Die Ideologie des Wokismus ist ein elitäres Projekt. Es geht darum, einer kleinen Gruppe von Privilegierten den Weg nach oben zu ebnen.

Die SPD könnte wieder Heimat der vielen werden. Was ihr fehlt, ist zweierlei: ein mutiges, im besten Sinn sozialdemokratisches Wahlprogramm. Und dann müssen die Wahlkämpfer lernen, so zu formulieren, dass das »Pack«, die »Deplorables« und die »Arschlöcher« verstehen, was gemeint ist. Falls die Parteien – nicht nur die SPD – und die Medien aber weiter das, was sie für Fortschritt halten, vor das Kümmern um das tägliche Bestehen der Mehrheit stellen, könnten sich auch in Deutschland amerikanische Verhältnisse einstellen.

Sternchenkritiker: Die Welt will nicht gewoket werden

11. Moralexport: Soll am deutschen Wesen die Welt genesen?

Das Problem ist nicht, dass die jungen Woken eine andere Welt möchten. Die Jugend hat stets das Neue gesucht. Das Problem ist, dass eine moralisierende Minderheit alle Menschen auf ihre Regeln verpflichten will, was fatal an einen Spruch aus unseligen Zeiten erinnert: »Am deutschen Wesen soll die Welt genesen.«

Hochmut kommt vor dem Fall. Die deutsche Fußballnationalmannschaft ließ sich trotz der toten Arbeitssklaven auf den Baustellen in Katar nicht verbieten, an der Weltmeisterschaft teilzunehmen. Aber sie wollte doch »ein Zeichen setzen«, den Wüstenbewohnern zeigen, was woke ist, nämlich das Recht, sexuelle Neigungen auszuleben. Deshalb wollten die Kicker eine Armbinde tragen, auf der »One Love« stand, wozu es dann aber nicht kam. Die Spieler hielten sich vor Match-Beginn auf dem Mannschaftsfoto den Mund zu, aber nicht das Tor sauber, weshalb sie nach drei Spielen nach Hause flogen. Die Gastgeber verspotteten das Team und ihr Land und wiesen darauf hin, dass Frauenfußball im Verein und Geschlechtsverkehr zwischen Männern in Deutschland bis vor ein paar Jahrzehnten noch verboten waren.[323]

»Und es mag am deutschen Wesen einmal noch die Welt genesen«, schrieb der Lyriker Emanuel Geibel 1861 in seinem Gedicht »Deutschlands Beruf«. Wenige Jahre später setzten Politiker seinen Traum um – ein geeintes Deutschland, von dem eine Friedenswirkung für den Kontinent ausgehen sollte. Das Gegenteil geschah: Es dauerte viele Jahrzehnte, bis von Deutschen maßgeblich zu verantwortende Kriege endeten und wieder Frieden in Europa war.

Heute marschieren erneut Deutsche beim Zug des vermeintlichen Fortschritts mit, und zwar einmal mehr ganz vorn. Die heutigen Sendungsbewussten sehen ihren Beruf nicht nur darin, im eigenen Land die Retter zu spielen, sondern sie möchten auch anderen Völkern sagen, wie sie zu leben haben. Dafür wollen sie westliche Werte und Regeln in alle Ecken der Welt exportieren: die Demokratie, bewährt im »Westen«, in die arabische Welt, Menschenrechte nach China, Regenbogenrechte nach Katar, Frauenrechte nach Afghanistan. Aus westlicher, aufgeklärter Sicht ist das Anliegen durchaus richtig, aber nicht alle Menschen in anderen Kulturen sind mit unserer Lebensart einverstanden. Nicht nur Autokraten mächtiger Staaten sind nicht mehr bereit, sich westlichen Vorstellungen von Recht zu beugen, auch afrikanische und asiatische Staaten sowie Indien stehen nicht immer wie gewünscht hinter den USA und Europa – zum Beispiel in den Vereinten Nationen bei der Verurteilung des russischen Kriegs gegen die Ukraine. Regenbogenrechte sind in manchen Kulturen noch nicht akzeptabel, werden dort als westlicher Kulturimperialismus verstanden. Sogar Frauenrechte sind offenbar in mancher Gesellschaft – Achtung: Rassismus! – noch nicht durchsetzbar, möglicherweise noch nicht einmal unter – Achtung: Sexismus! – der Mehrheit der afghanischen Frauen. Das ist für liberale, aufgeklärte, längst erwachte Europäer selbstverständlich schwer zu akzeptieren. Nach dem überstürzten Abzug des überwiegend westlichen Militärs schrieb *FAZ*-Korrespondent Jochen Buchsteiner: »Die Taliban, die offen für das Zurückdrehen der Uhren kämpften, konnten der militärischen und finanziellen Übermacht des Westens nur deshalb trotzen, weil ihr Ziel von einer stillen Mehrheit im Land geteilt wurde.«[324]

Auch vom gefeierten »Arabischen Frühling«, den Protesten eines Teils der Bevölkerung gegen autokratische Führer von Tunesien bis Ägypten, ist nicht viel geblieben, um nicht zu sagen, es sieht in Nordafrika bis Irak und Syrien heute schlechter aus als zu Zeiten der Diktatur. Was nicht heißen soll, dass es auf ewig paternalistische Gesellschaften und autokratisch geführte Staaten geben wird, dass man nicht versuchen soll, Einfluss zu nehmen. Aber Weltanschauungen und Werte lassen sich nicht militärisch exportieren, nicht einer Gesellschaft überstülpen; wirkungsvoller wäre vorbildliches Verhalten. Welche Hybris, zu glauben, die noch nicht demokratischen Teile der Welt warteten nur darauf, dass »wir« ihnen »unsere« Werte bringen!

Leider nimmt der Glaube daran im sogenannten Westen stetig zu. Heute heißt die Heilsbotschaft »feministische Außenpolitik«. Kristina Lunz hat die deutsche Sektion des Centre for Feminist Foreign Policy (CFFP) gegründet und 2022 ein Buch veröffentlicht. Darin behauptet sie: »Ohne feministischen Ansatz würden alle Lösungsversuche bestehende Ungerechtigkeiten und Machtgefälle vergrößern. Die Zukunft der Außenpolitik kann daher nur feministisch sein.«[325]

Zu Lunz' Vision gehört es, »den patriarchalen Status quo infrage zu stellen«. Folgendes hat sie als »Wunschzettel für eine zukunftsgerechte Außenpolitik« 2020 auf der Münchner Sicherheitskonferenz vorgetragen: »Lasst uns abrüsten. Den Export von Waffen stoppen. Feministische Zivilgesellschaft finanzieren. Lasst uns Geschlechter-Konflikt-Analysen zum Standard machen. Internationale Beziehungen anders unterrichten. Toxische und gewalttätige Männlichkeit angehen. Tödliche autonome Waffensysteme verbieten. In Außenministerien Macht gerecht aufteilen. Menschenrechtsverteidiger:innen schützen. Den militärisch-industriellen Komplex zerschlagen. Friedensministerien aufbauen. Lasst uns menschliche Sicherheit zur Priorität machen.«[326]

Das sind »Kernelemente einer feministischen Außenpolitik«, die Pazifisten in etwas anderer Sprache schon Jahrzehnte vor ihr vorgetragen haben, als sich die Grünen als Antiatom- und Friedenspartei verstanden und dem Pazifismus verpflichtet fühlten. Nicht nur in Deutschland demonstrierten Hunderttausende gegen Atomwaffen, gegen deren Stationierung in Deutschland, auch Männer übrigens. Der Frieden in Europa, der EU-Frieden, ist wohl eher kein feministischer Frieden; er beruhte auf Abschreckung mittels Militär, auf internationalen Vereinbarungen im klassischen Stil, auf Diplomatie und Interessenausgleich, auf politischer und wirtschaftlicher Macht und – leider auch in Europa wieder – Gewalt.

Ulrike Franke ist Politikberaterin beim European Council on Foreign Relations. Sie ging im Januar 2022 in der Wochenzeitung *Die Zeit* mit ihrer Generation hart ins Gericht: Die Millennials hätten »eine geradezu romantische Idee internationaler Beziehungen entwickelt«. Sie befürchte, »dass hier eine Generation die Macht übernimmt, die trotz guter Absichten auf die Herausforderungen der Außen- und Verteidigungspolitik schlecht vorbereitet ist«. Ihnen sei Geopolitik fremd, die sie ebenso ablehnten wie die Erkenntnis, »dass militärische Macht ein Element geopolitischer Macht ist«. Deutsche Millennials neigten dazu, »internationale Politik aus einer wertebasierten, emotionsgeprägten Perspektive zu betrachten«. Seit 1990 habe sich die Erwartung durchgesetzt, »die ganze Welt würde mit der Zeit so werden wie wir«. Das sei »Teil unserer weltanschaulichen DNA« geworden.

Und dann kamen Machtpolitiker wie Wladimir Putin, die sich nicht einverstanden zeigten mit der behaupteten moralischen Überlegenheit des Westens und dessen Werten und Regeln; diese Männer wollten keine Kompromisse schließen und ließen sich nicht mehr von UN, Internationalen Gerichtshöfen und Sanktionen beeindrucken. Sich dagegen zu behaupten, darauf seien die Millennials schlecht vorbereitet, so Franke. Zwei Jahre nach Lunz' Vortrag in München trat die Realität in die schöne, romantische europäische Welt. Und es trat ein, was Franke prophezeit hatte: ein »Realitätsschock«.[327]

Und doch etablierte Annalena Baerbock als Außenministerin das, was sie mit Lunz »feministische Außenpolitik« nennt. Für Sonja Zekri, *SZ*-Redakteurin im Ressort Außenpolitik, ist das Programm »Geschwafel«. »Der abstrakte, oft bitter verschwafelte Ton voller akademischer Buzzwords – ›gendersensibel‹, ›gendertransformativ‹ – gibt sich schon sprachlich als Veranstaltung für Eingeweihte.« Und in der Praxis sei es so: Auf ein Wort der Ministerin hätten die iranischen Frauen lange warten müssen, schreibt Zekri, und zitiert die deutsch-iranische Ärztin, Politikwissenschaftlerin und Journalistin Gilda Sahebi: »Wenn die Frauenrechtsproteste im Iran kein Fall für eine feministische Außenpolitik sind, dann gibt es keine feministische Außenpolitik.«[328]

Baerbock hat auch andernorts nichts erreicht mit ihrer moralisierenden Gesinnungspolitik, mit der sie, ganz neu im Amt, in Moskau so überaus selbstbewusst aufgetreten war. Ihr russischer Amtskollege Sergei Lawrow mag verdutzt geblickt haben, als sie ihm ein wenig bockig wie ein Kind begegnete, aber dann zuckte er mit den Schultern. Einen Monat später fiel Russland in der Ukraine ein, und Lawrow vermied weitere Treffen. Auch in Peking stampfte Baerbock im April 2023 mit dem Fuß auf, worauf ihr Widerpart in Peking sich trocken und lächelnd Belehrungen verbat. Zu Hause freilich strich man ihr über das Haar und lobte, dass sie das Gedicht so schön aufgesagt hatte. Die Präsidenten von Frankreich und Brasilien sprachen unterdessen mit großen Wirtschaftsdelegationen bei Staatspräsident Xi Jinping vor, und der lobte die »verstärkten chinesisch-russischen Beziehungen«. Interessengeleitete Realpolitik statt moralisierender Gesinnungspolitik? Man mag das opportunistisch nennen – oder vernünftig.

Wenn aber deutsche Ideologen etwas können, dann besonders kalt und kompromisslos auftreten, fanatisch den Finger in die Luft reckend, arrogant und anmaßend, herrschsüchtig und hartherzig, apokalyptisch, moralisch, scheinheilig. Aber »ein ein'ger Wille zückt« heute nicht, wie Geibel damals hoffte. Im »Völkerrath« erschallt zwar »vor allem Deutscher Spruch«, jedenfalls am lautesten, aber nicht alle wollen ihn hören; nicht alle wollen sich »aus starker Mitte« zügeln lassen, nicht alle wollen deutscher werden, weil sie der »Selbstsucht wilden Trieb«[329] nicht bei sich sprießen sehen, sondern im identitär-deutschen Wesen. Die Welt zieht nicht mit, sie mag nicht gewoket werden.

Wir Normalos: Und wer denkt an unsere Gefühle?

Nicht einmal im eigenen Land bemerken die Weltverbesserer, dass die Mehrheit ihre Segnungen nicht will. Die Menschen möchten gleiche Chancen für alle in Ausbildung und Beruf und Aufstieg – bei Leistung; sie möchten Nachrichten in ihrer Sprache, Bücher, die les- und nachvollziehbar sind, sie möchten Anstand und Rücksicht auch auf ihre Grenzen in der Öffentlichkeit. Böllerverbot und Fleischverbot, Tempo 100 und autofreie Innenstädte? Leuchtet zwar ein, aber die Mehrheit will – sagen wir es auf Neudeutsch – mitgenommen werden, will nicht ohne Maß und Blick fürs Realistische belastet werden, nicht gedrängelt, genötigt, verpflichtet. Überzeugt ja, aber nicht durch Staus auf dem Weg zur Arbeit oder ins Krankenhaus, nicht durch aggressive, arrogante Belehrungen.

Der französische Philosoph Bruno Latour und der dänische Soziologe Nikolaj Schultz wünschten sich eine »ökologische

Klasse« herbei, um die »Bewohnbarkeit der Welt« zu retten. Deren Aufgabe wäre, endlich »von simplen Debatten etwa über den Fleischkonsum überzugehen zu wirklichen Klassenkonflikten«.[330] Es müsste also um Verteilungsfragen gehen, um den Kampf gegen die Globalisierung. Da würden vielleicht sogar die Massen mitziehen. Aber ein Angriff auf das kapitalistische Wirtschaftssystem? Bei der Wahl, entweder das System zu verändern oder die Probleme mittels neuer Technik zu beheben, steht die Mehrheit aufseiten der Wirtschaft, die auf Innovation setzt. Die Masse der Menschen glaubt nicht, dass diejenigen, die den Fortschritt so moralisierend und larmoyant ablehnen und »Widerstand« predigen, in eine gute Zukunft führen könnten.

»Wir kommen zusammen und leisten entschlossen gewaltfreien Widerstand gegen den fossilen Wahnsinn unserer Gegenwart«, heißt es selbstgerecht auf der Webseite der sogenannten Letzten Generation: »Wir sind der Überlebenswille der Gesellschaft!« Das klingt nach: Wir tun es doch auch für euch, für uns alle. Aber »uns allen« reicht es nicht zu überleben, gewollt ist ein Land, »in dem wir gut und gerne leben«, wie die CDU 2017 warb.

Auch Katja Diehl will angeblich das Beste für alle. Bekannt geworden war sie wegen ihres provokanten Satzes aus einer Veranstaltung von Fridays for Future Lübeck: »Wir nehmen den Deutschen den Traum vom eigenen Auto und vom Eigenheim.«[331] Schwer belegbar dann ihre Behauptung auf Twitter: »#Autoverkehr hat in Europa mehr zerstört als die Kriege, die es durchlitten hat.«[332] Und sie verspricht: »Ich werde nicht leise, denn ich habe nichts zu verlieren außer der guten Zukunft, die ich für uns alle erschaffen will.«[333]

Das Problem ist nicht, dass junge Menschen sich gegen die Alten und deren Gesellschaftsmodell wenden, dass sie in einer besseren Welt nach ihren Vorstellungen leben wollen und dafür ihre Regeln schaffen. Das gab es immer, und das ist gut so.

Aber es geht zu weit, wenn Aktivistinnen aus ihren Erfahrungen Schlüsse ziehen, die sie auf alle Menschen anwenden wollen. Die Politologin Emilia Roig fordert »das Ende der Ehe«, denn die sei eine »obsolete Institution, die die Ungleichheit und Unterdrückung der Frauen in unserer Gesellschaft produziert und aufrechterhält«.[334] Mag ja sein, dass die Ehe eine Institution ist, die Männer sich ausgedacht haben. (Sicher ist das aber nicht.) Wäre die Ehe deshalb vorbehaltlos schlecht? Offenbar nicht. Denn auch in diesem Jahr werden sich in Deutschland rund 400.000 Frauen freiwillig ins Gefängnis eines Manns begeben, in dem die meisten – sieben von zehn – bleiben bis zum letzten Atemzug. Niemand zwingt Roig, sich scheiden zu lassen, das hat sie bereits selbst entschieden. Niemand hatte sie auch gezwungen zu heiraten. Sie dagegen will eine vertraute, eine bewährte Einrichtung zerstören. Eine merkwürdige Art von Politik, die doch angeblich allen dienen soll. Fast ist man geneigt zu glauben, dass die Roigs und Diehls dem Irrtum unterliegen, Menschen einfangen zu können, indem sie sie prügeln. Klingt nach schwarzer Pädagogik für Erwachsene.

Merkwürdigkeiten auch an der Klimafront. Kein vernünftiger Mensch ist *für* den Klimawandel, wie auch niemand *für* Sexismus und *für* Rassismus ist. Aber FFF-Popstar Luisa Neubauer sagt allen Ernstes: »Die Wurzeln der Klimakrise liegen in Machthierarchien von Männern über Frauen, von weißen Menschen über People of Color, von Männern über die Natur.« Man wundert sich, was diesen jungen Frauen angetan worden ist. Und wenn eine aktivistische Person in Lützerath via Social Media die Botschaft sendet, es sei »Zeit, den fossilen Kapitalismus zu stoppen« und »diese rassistische und sexistische Klimakrise ernst zu nehmen«, dann wenden sich die letzten toleranten Normalos kopfschüttelnd ab. Liebe Klimakrise, wieso bist du nur so rassistisch und sexistisch?

Und dann versuchen kleine Gruppen aus dem großen Problem, das doch alle gemeinsam bekämpfen sollten, Vorrechte und Vorteile zu ziehen: »Durch die Klimakatastrophe leiden die marginalisierten Gruppen am ehesten, weil diese sehr häufig arm sind. Deshalb ist Klimaschutz auch Schutz von trans* Menschen.« Das behauptet @officerLoop@troet.cafe. Wie FFF fordert er: »Climate justice = trans* rights!« In Wahrheit leidet niemand mehr als die Ärmsten der Armen im sogenannten globalen Süden, wo Millionen buchstäblich der Boden unter den Füßen weggerissen zu werden droht. Und wieder zeigt sich: Bei der Frage um Sein und Bewusstsein geht es nicht um Identität oder Geschlecht, sondern um Herkunft und Klasse.

Der zur Occupy-Bewegung gehörende US-amerikanische Kulturphilosoph Charles Eisenstein fühlt sich dazu veranlasst, seine Freunde zu warnen: »Je mehr wir uns mit dem Parfüm der Marke ›Ich lebe korrekt‹ besprenkeln, desto mehr stinken wir nach Scheinheiligkeit.«[335]

Das gilt umso mehr, wenn sich die Weltenretter erlauben, sogar die eigenen moralischen Ansprüche zu verraten: Warum eigentlich sind die Postergirls der deutschen Klimabewegung (Reemtsma, Neubauer, Hinrichs, van Baalen) wie die der neuen Rechten[336] so gar nicht divers?

Wieso fahren Klimaaktivisten mit Autos zur Straßensperre?[337] Und wieso fliegen sie für ein Wochenende nach Tel Aviv oder Riga oder in Urlaub nach Thailand?

Wieso bestellen auch Klimaschützer beim Pizzabringdienst und bei Amazon? Und wieso tragen Klimaschützerinnen in China oder Bangladesch produzierte Markenklamotten?

Der ökologische Fußabdruck der heutigen Zwanziger ist zweifelsfrei größer als der ihrer Großeltern in deren Blüte: Sie flogen damals weniger, lebten in kleineren Wohnungen, fuhren – wenn überhaupt – kleinere Autos, hatten keine stromfressenden, statusschenkenden Handys, gingen weniger essen, trugen keine »fast fashion«. Und so weiter.

Wieso aber muss dem Berliner Weihnachtsbaum die Krone abgesägt, ein Bäumchen vor dem Kanzleramt geknickt werden? Um die Abholzung zu beklagen? Um die »Zerstörung mitten in Berlin sichtbar« zu machen? Jedes Leben zählt? Jeder Baum zählt? Aber was hat das Klima mit Transrechten, Sexismus und Rassismus zu tun? Ginge es eventuell ein paar Nummern kleiner?

Als sogenannte Klimaaktivisten im Herbst 2022 begannen, sich an Straßen und Gemälde zu kleben, wollten sie es nicht wahrhaben, wie sehr sie ihrem Anliegen schaden. Sie registrierten nicht, dass die übergroße Mehrheit der Bevölkerung, die sehr wohl um die Bedeutung und Dringlichkeit des Klimawandels wusste, sie als lästig empfand, als Nervensägen. Und dass die Menschen über die Larmoyanz der »Klima-Kleber« spotten, wenn sie nach einer Gerichtsverhandlung hadern, dass der Richter »voreingenommen« gewesen sei, und sich gewaltig verrennen in ihrem Weltschmerz.

Genau an dieser Stelle beginnt das Problem. Alle Menschen mit Verstand wissen um die Klimakrise, sie wissen, dass Rassismus und Sexismus in einer pluralistischen Gesellschaft bekämpft werden müssen, sie wissen, dass es Veränderung braucht, und sie sind sogar bereit, dafür einen Preis zu zahlen. Aber sie haben ein Problem mit Arroganz und Besserwisserei, mit der Radikalität und der Ichbezogenheit der Woken. Wenn Aktivisten in Hochschulen, Behörden, Parteien und Medien versuchen, den Sexismus abzuschaffen, indem sie die Sprache in einer Waschmaschine schleudern, dann entsteht bei der Mehrheit Entfremdung. Wenn gewisse »Antirassisten« weiße Menschen aus Deutschland als »Menschen mit Nazivergangenheit« bezeichnen (Ist *das* nicht Rassismus?), erzeugt das Abwehr, Wut und Trotz. Und manchmal sagen sie deshalb: Euer arroganter Aktivismus ödet mich an.

Es riecht so sauer, wenn bei Greenpeace »Meldeheld:in«

wird, wer dort Verstöße gegen die Mehrweg-Angebots-Pflicht meldet.[338] Es riecht sehr nach Stasi, wenn die Amadeu Antonio Stiftung, wie im Februar 2023 geschehen, eine »Meldestelle Antifeminismus«[339] für Vorfälle einrichtet, die »sexistisch, frauen- und queerfeindlich motiviert« sind, und diese als »Vergehen« einordnet: Demonstrationen, Kundgebungen, Veranstaltungen »mit antifeministischen Inhalten oder bekannten Antifeminist*innen«, »antifeministische Zwischenrufe« bei einer feministischen Veranstaltung, »Mobilisierung gegen ›Gender-Ideologie‹«. Derartiges soll »die Einordnung von Antifeminismus als Hasskriminalität verbessern«.

Es riecht auch sehr gallig, wenn Dana Mahr, Medizinsoziologin und Wissenschaftshistorikerin an der Universität Genf und trans, die bereits genannte Biologin Marie-Luise Vollbrecht und die »Siff-Twitter-Bubble« (so Mahr) anklagt, »trans* Menschen, Sexarbeiter:innen und Menschen mit Behinderung als ›die Anderen‹, ›die Gefährlichen‹, die ›Degenerierten‹ zu labeln«. Wer sich an den »menschenverachtenden Akteuren um Frau Vollbrecht« störe, den fordert sie im Juli 2022 via Twitter auf: »Bitte sendet mir Screenshots von den Bedrohungen etc. zu. … Eine gelöschte Twitter time-line darf nicht zu einer ›weissen Weste‹ werden.«[340] Auf einer Solidaritäts-Webseite, auf der sie um Spenden bittet, klagt sie: »Durch meine Aufklärungsarbeit zum skandalisierten Protest gegen Marie-Luise Vollbrecht, durch meine aktive Gegenrede gegen Halbwahrheiten und gegen gefährliche rechte Rhetorik … werden meine Familie und ich bedroht.«[341]

Marie Maurer, Transfrau und »100 % Transidentified GIRL«,[342] gehört dem Vorstand der Grünen in Witten an, studiert Biologie an der Ruhr-Universität Bochum und sagt, neben den Themen Umweltschutz und Nachhaltigkeit seien ihr auch »queere Politik und Gleichstellung« wichtig. Das erklärt vermutlich ihre Spekulation, dass Vollbrecht »diese Tweets noch gänzlich im

Wege stehen« werden. Denn: »Ich sitze bei uns an der Fakultät in der FKS (Finanzen, Strukturen, etc.) und wir machen backgroundchecks wenn wir Professuren verteilen (sic!).« Das klingt bereits sehr machtbewusst, und wie Macht zu nutzen ist, weiß Maurer offensichtlich auch schon.

Um es klar zu sagen: Hass und Hetze sind zu verurteilen, von welcher Seite sie auch kommen. Aber bei allem Verständnis dafür, dass Menschen sich wehren, wenn sie sich wegen ihrer Lebensweise angegriffen fühlen: Denunziation bleibt ein bewährtes Instrument diktatorischer Regime. Der Pranger hat in einer Demokratie nichts zu suchen. Die Existenz Andersdenkender, Anderslebender zu zerstören ist von keiner Seite zu tolerieren. Wer immer das versucht, zerstört unsere Freiheit.

Was die Woken vergessen: Die materielle Seite der Wokeness

Natürlich hat die Sache auch eine ökonomische Seite. Sogar zwei. Es geht den Neu-Woken darum, diejenigen, die sich gegen ihren Marsch durch die Institutionen wehren, abzusetzen und auszutauschen. Dabei geht es natürlich auch um Rechte (weniger um Pflichten), Status, Mitsprache, Einfluss und nicht zuletzt Einkommen. Es ist auch ein Verteilungskampf, der Wettbewerb um Aufmerksamkeit und Aufstieg, Knete und Karrieren. Jeder ist sich selbst der oder die Nächste. Und alle sind gegen die Ruheständler und Boomer. Den einen sollen die Renten gekürzt, andere aus den Führungspositionen entfernt werden, denn sie seien verantwortlich für alles Schlechte auf dieser Welt. Als gäbe es eine breite Jungvolksfront ohne Autofahrer und Vielflieger, ohne Rassisten und Sexisten.

Die »Denkfabrik« Republik 21 hat es sich zur Aufgabe gemacht, identitäre Bewegungen von rechts und links zu analysieren. Im November 2022 hat die Gruppe von prominenten Wissenschaftlern um Andreas Rödder, Politikerinnen wie die ehemalige Familienministerin Kristina Schröder, Unternehmern und Unternehmensberatern im Rahmen einer Tagung ein Manifest veröffentlicht, Titel: »Wokes Deutschland – Identitätspolitik als Bedrohung unserer Freiheit?«. Das Anliegen der woken Linken, Benachteiligungen aufgrund von Geschlecht oder Herkunft zu überwinden, habe sich »zu einer demokratiefeindlichen Ideologie entwickelt, die sich gegen die Mehrheit der hier lebenden Menschen richtet«, heißt es darin. »Linke Identitätspolitik ist ein florierendes Geschäftsmodell geworden, das mit Steuergeldern finanziert und zunehmend staatlich institutionalisiert wird. Opfergruppen haben sich vervielfacht, da die Anerkennung eines Diskriminierungsstatus Zugänge zu Jobs, öffentlichen Ämtern und Fördermitteln verschafft.«[343]

Dort diskutieren sie Kolonialismus statt Kapitalismus, Patriarchat statt Prekariat, Sexismus statt Not der Subalternen aus den unteren Klassen. Die sich links verstehende Gesellschaftskritik und -theorie hat ihr Spielfeld verlegt, laut Ulrike Ackermann »weg von der Fokussierung auf ökonomische Ausbeutung und soziale Ungleichheit hin zu den Themen Diskriminierung, Ausgrenzung und Anerkennung auf kulturell-gesellschaftlicher Ebene«.[344]

Was selbsternannte Weltverbesserer mit ADHS-ähnlichen Symptomen seit einigen Jahren angeblich für uns alle unternehmen, ist selbst bei Menschen mit Sympathie und Verständnis für ihre Ziele nicht mehr vermittelbar. Hysterie und Heuchelei führen dazu, dass selbst die Einsichtigen und Sorgenvollen (also die Mehrheit der Bevölkerung) als »fossile Extremisten« diffamiert werden.

Aber wenn diese moralischen und moralisierenden jungen Leute schon glauben, die Alten lebten auf ihre Kosten, dann korrigieren wir das doch: Nicht nur die allseits beklagte hohe

Staatsverschuldung, die an die Jugend vererbt werde, ließe sich ohne Mühe ausgleichen, auch der Kampf gegen den Klimawandel und all die Benachteiligungen von angeblich marginalisierten Gruppen ließe sich mühelos finanzieren – durch Verzicht. Aber haben Sie schon einmal davon gehört, dass ein woker Widerständler zur Rettung des Klimas und zum Wohle der Ärmsten versprochen hätte, auf eine Erbschaft zu verzichten? Konsequent wäre es allemal, das Erbe auszuschlagen, das Mutti und Papi und zuvor schon Oma und Opa in einer ungerechten, klimaschädlichen, sexistischen und rassistischen Welt zusammengerafft haben.

Stattdessen nehmen die deutschen Klimaaktivisten Geld von Menschen, deren Vermögen aus Öl und Kohle gemacht ist, und verteilen Ablassbriefe an jene Familien und Firmen, die sich zum Schaden der Erde bereichert haben und nun eine »moralische Verpflichtung« spüren. Den Straßenkämpfern von Letzte Generation ist diese Heuchelei egal. Pecunia non olet, Geld stinkt nicht.[345]

Ist, wer auf solche Widersprüche verweist, ein Nörgler? Ein Befürworter von Sippenhaftung? Mag sein. Aber fest steht: Verzicht und Prinzipientreue sind der woken Weltenretter Sache nicht. Im Gegenteil: Sie wollen einen größeren Teil vom Kuchen.

Nur eine nicht: Marlene Engelhorn wird einmal einen zweistelligen Millionenbetrag erben – von ihrer Großmutter, deren 1991 gestorbener Mann wiederum Urenkel des BASF-Gründers Friedrich Engelhorn war. Engelhorn will 90 Prozent ihres Erbes verschenken. Denn: »Ich habe für das Geld keinen Tag gearbeitet und zahle für den Erhalt keinen Cent Steuer. Das kann es doch nicht sein. Besteuert mich endlich! Salopp formuliert: Wenn's bis dahin keine Erbschafts- oder Vermögenssteuer gibt, mache ich mir halt selber eine.«

Und dafür hat sie wirklich woke Gründe: »Das reichste Prozent der österreichischen Haushalte besitzt fast 40 Prozent des gesamten Vermögens. Individueller Reichtum ist in unseren Gesellschaften strukturell mit kollektiver Armut verknüpft. Da wollte ich nicht mitmachen.« Mit Bertolt Brecht sagt sie: »Wär ich nicht arm, wärst du nicht reich.« Auch der demokratischen US-Kongressabgeordneten Alexandria Ocasio-Ortez stimmt sie zu: »Jeder Milliardär ist ein politisches Versagen.«

Ihr Erbe, sagt Engelhorn, spiegle nicht wider, was eine Einzelperson geleistet haben möge oder nicht. »Da kann ein Manager in seinem Büro die besten Entscheidungen treffen, auf ihn allein kommt's nicht an. Wenn es niemanden gibt, der die Produkte erfindet, erarbeitet, rumtüftelt, verkauft, dann gibt's keinen Gewinn.« Aber bei den Reichen vermehre sich das Geld von allein, während andere Menschen jeden Tag arbeiten und besteuert würden. Es sei unfair, dass eine Alleinerziehende mit Teilzeitjob auf ihr vergleichsweise geringes Einkommen 20 Prozent Steuern zahlen muss, während sie ein Vermögen geschenkt bekommt.[346] Da hat sie recht. Und Konsequenzen daraus gezogen. Auf eigene Kosten. Aus Überzeugung. Keine Double Standards. Das ist wahrlich woke!

Nur manchmal noch wagt ein älterer Mensch, in den Debattenräumen der Woken darauf hinzuweisen, dass es zentrale Themen gibt, die gegenüber den »Luxusproblemen« der Jüngeren nicht vernachlässigt werden sollten. Anzunehmen ist, dass die Community solche Wortmeldungen als puren »Whataboutism« abtut (frei übersetzt: Was hat das *damit* zu tun?). Aber es lohnte sich, darüber nachzudenken, was ein »Ally«, ein transunterstützender cis-Mensch, auf queer.de anmerkt, wo die meisten Diskutanten sich daran abarbeiten, wie Unternehmen in ihrer Kommunikation alle Gender berücksichtigen sollen. Ein Kommentarschreiber mit dem Pseudonym »aberaber« meldete dort grundsätzliche Bedenken an: »Ich stehe ja schon einige Jahrzehnte im Arbeitsleben, und als ich meine ersten Kröten in den 70er Jahren verdiente, machte man (und auch frau!) sich über solche Sachen keine Gedanken. Dafür wurden die Menschen anständig behandelt und bekamen einigermaßen anständige Löhne und Gehälter. Heute haben wir dank Hartz IV & Co. einen ›Arbeitsmarkt‹, den man eigentlich nur als Sklavenmarkt beschreiben kann. Für immer weniger Geld sollen die Arbeitnehmer unter immer schlechter werdenden Bedingungen immer mehr arbeiten. Da erscheint mir z. Z. eine gender-gerechte Sprache als ein absolutes Luxusproblem. Wir sollten z. B. dafür sorgen, dass Männer und Frauen endlich gleiches Geld für gleiche Arbeit bekommen (und die nicht cis natürlich auch). Wenn u. a. da endlich Gerechtigkeit besteht, können wir uns auch über Sprache unterhalten.«[347]

Leider fruchten solche Hinweise offenbar nicht. Im Gegenteil: Teile der woken Community radikalisieren sich. Wenn Worte nicht genügen, erwägen sie Taten, die bald über Klebeattacken hinausgehen könnten. Aktivisten prophezeien Sabotage und Gewalt bis hin zu einer »grünen RAF« und das Streben nach einem Systemwechsel. Der Rechtsphilosoph Joachim Renzikowski warnt: »Wenn die ganze Menschheit untergeht, dann kann ich auch Leute über die Klinge springen lassen.«[348]

12. Deads not words? Es kann Tote geben – und die Rechten jubeln

Alles geht den Woken zu langsam. Ungeduldig verlangen sie revolutionäre Veränderungen, die nationale Politik allein gar nicht erfüllen kann. Das beschleunigt die Entfremdung und schafft Märtyrer. Was, wenn sie sich moralisch im Recht sehen, ihren Willen gewaltsam durchzusetzen? Ihr Aktionismus könnte eskalieren – und sich auch gegen Menschen richten.

Es war der erste einer Serie von 14 Angriffen gegen Kunstwerke in Museen: Mary Richardson betrat die Londoner Nationalgalerie, ging auf die »Venus vor dem Spiegel« von Diego Velázquez zu, holte eine Axt hervor, die sie unter ihrem Mantel verborgen hatte, zerstörte mit sieben Schlägen das Schutzglas und zerschnitt die Leinwand. Das Gemälde aus dem 17. Jahrhundert schien für immer verloren. Dieser Akt einer Frau, die man heute Aktivistin nennen würde, geschah am 10. März 1914. Richardson und ihre Genossinnen gingen zum radikalen Aktivismus über – aus Frustration wegen der aus ihrer Sicht geringen Erfolge bei ihrem Kampf um die Rechte der Frauen, insbesondere des Wahlrechts. Richardson folgte dem Schlachtruf der Suffragetten der Women's Social and Political Union (WSPU, gegründet 1903 in Manchester): »Deeds not words«. Taten statt Worte.

Schon in den Jahren zuvor hatte der militante Kern der WSPU um Emmeline Pankhurst und ihre Töchter unter diesem Schlachtruf Fenster von Regierungs- und Parteigebäuden und Schaufenster von Kaufhäusern eingeworfen, Wachmänner überwältigt, Brände in Häusern und Kirchen gelegt. Dann begann der Krieg; und die Frauen ordneten sich den Zielen der ganzen Nation unter. Statt der Zeitung *The Suffragette* gaben sie von 1915 an *Britannia* heraus. 1917 wurde die WSPU endgültig aufgelöst.

Kann es auch heute zu Gewalt kommen? Sogar zu: Deads not words?

Eine zunehmende Neigung zu Gewalt ist erkennbar bei Politaktivisten an den Hochschulen (siehe Kapitel 8) und der Transgemeinde beim Abwehren von Kritik (siehe Kapitel 3). Besonders deutlich wird die Neigung zu Gewalt an der Klimafront. Noch schwören die Sprecherinnen der Klimagruppen, Kleber-, Schleicher- und Tomatensuppenaktivisten auf Gewaltfreiheit. Aber im November 2021 waren mehrere Vertreter der Letzten Generation in einen Hungerstreik getreten, um ein Gespräch mit dem Kanzlerkandidaten der SPD, Olaf Scholz, zu erzwingen. Zwei von ihnen hielten wochenlang durch, bis sie ihr Ziel erreicht hatten.[349] Es kann Tote geben, auch unter den Aktivisten.

Die Autorin dieses Buchs ist bei Femen ausgestiegen, als es nach Gewalt zu riechen begann. Als die von den Eltern alimentierten Studentinnen der Gruppe Denkmäler beschmieren und Deutschlandfahnen auf dem Holocaust-Denkmal verbrennen wollten, als sie am Jahrestag des Bombardements auf Dresden im Februar 1945 mit nackter Brust posierten, worauf stand: »Thanks Bomber Harris«. Vermummt war damals Anne Helm beteiligt, inzwischen Fraktionsvorsitzende der Linken im Berliner Abgeordnetenhaus und RBB-Rundfunkrätin. Man sollte seine Grenzen und die anderer kennen, sie beachten und sich daran orientieren.

FFF-Frontfrau Luisa Neubauer kündigte im Sommer 2022 an: »Wir planen, wie man eine Pipeline sprengen könnte.« Es ging um ein »Klimakillerprojekt«, eine 1443 Kilometer lange Rohölleitung zwischen Tansania und Uganda.[350] *How to blow up a pipeline* ist auch der Titel eines 2021 erschienenen Buchs, in dem der Autor Andreas Malm Sabotage als logische Kampfform des Klimaaktivismus pries und Gewaltfreiheit ablehnte.

Je länger sie sich in ihrem angeblich endzeitlichen Kampf gegen den Klimatod missachtet fühlen, desto mehr wird unter den Aktivisten die Neigung zu Gewalt wachsen. Die *FAZ* berichtete über ein Gespräch mit einer Aktivistin von Extinction Rebellion, Manon Gerhardt. Das sei »eine zutiefst demokratisch gesinnte Bewegung«, behauptet sie. »Ich stehe ziemlich unter Druck beim Versuch, die massentauglichen Aktionsformen aufrechtzuerhalten, aber ich weiß nicht, wie lange ich das noch durchhalte. Es muss was passieren.« Ob manche in der Bewegung in den Extremismus abdriften könnten, fragen die Reporter? »Ja, das kann passieren«, antwortet Gerhardt.[351]

Auch der Bonner Geologie-Professor Nikolaus Froitzheim, Mitglied bei Scientist Rebellion, kettet oder klebt sich hin und wieder an. Er sagte der *FAZ*, er wolle eine »Notstandswirtschaft«, in der »ganz dramatische« Maßnahmen ergriffen würden. »Dramatische«? Liegt Extremismus in der Luft, wenn die Lage so bleibt, wie sie ist? »Ja. Das liegt in der Luft.« Die Bewegung stehe »an einer Schwelle«, glaubt die *FAZ* und erwartet Schlimmes. Was? Das sei »nicht ganz klar. Aber es könnte heftig werden«.[352]

Der Politikwissenschaftler Hans Vorländer sieht in den Aktivisten die »Reiterinnen und Reiter der Apokalypse«. Dass der Weltuntergang bevorsteht und man sich in einer ausweglosen Situation befinden und sofort handeln müsse, ähnle der Überzeugung einer Sekte. Dann könne eine Gruppendynamik entstehen, die eine Eskalation für geboten halte und aus der »Sekte« eine »revolutionäre Zelle« mache. »Dann überschreitet die Bewegung ihren Kipppunkt. Bei Nietzsche heißt es: ›Und wenn du lange in einen Abgrund blickst, blickt der Abgrund auch in dich hinein.‹« Und Renzikowski sieht die Anhänger der Letzten Generation »auf einem sehr schmalen Pfad. Wenn durch ihre Aktionen Menschen zu Schaden kommen, dann ist das kein ziviler Ungehorsam mehr.«[353]

Tadzio Müller ist Mitgründer der Anti-Kohle-Kampagne »Ende Gelände«. Er wurde, wie er sagt, »bis Anfang 2021 von der Rosa-Luxemburg-Stiftung finanziert und danach durch die Arbeitsagentur«. Müller schreibt: »Als langjähriger Aktivist für globale und Klimagerechtigkeit, als durchtriebene queere Schlampe und als Politikwissenschaftler versuche ich seit über zwei Jahrzehnten, in diesen Kämpfen die Sache der Befreiung, der Emanzipation, des guten (& geilen) Lebens für Alle voranzutreiben.« An seinem geilen Sexleben lässt er das Publikum hin und wieder in Filmen, Interviews und Reportagen teilhaben. Als »Klimaschutzextremist« glaubt er offenbar nicht mehr an den Erfolg von friedlichen Aktionen: »Wir werden sehr wahrscheinlich eine dreifache Radikalisierung erleben. Eine Radikalisierung der Klimakrise. Eine Radikalisierung der Ignoranz, um die kognitive Dissonanz zu verarbeiten. Und dann, als Reaktion, eine Radikalisierung der Klimaproteste«, sagte er im Interview mit dem Magazin *Der Spiegel.*

Wie diese Radikalisierung sich zeigen könnte? »Zerdepperte Autoshowrooms, zerstörte Autos, Sabotage in Gaskraftwerken oder an Pipelines.« Das höre er aus der Bewegung, sogar von eher moderaten Akteuren. »›Ende Gelände‹ hatte dieses Jahr schon Pläne für Sabotageakte. Natürlich werden alle darauf achten, dass niemand zu Schaden kommt. Die entscheidende Frage ist: Was geschieht nach den ersten Sabotageakten? Wie reagiert die Gesellschaft, wenn nachts regelmäßig Autobahnbaustellen verwüstet werden?« Müller meint: »Politik und Sicherheitsbehörden werden Militanz als Terrorismus brandmarken, militante Aktivisten für mehrere Jahre im Knast landen.« Ein Großteil der Bewegung werde »Angst bekommen und friedlich werden. Ein kleiner Teil wird in den Untergrund gehen.« Davon gehe er aus. Es handle sich um Notwehr. »Wer Klimaschutz verhindert, schafft die grüne RAF.«[354]

Und dann lag eine Radfahrerin in Berlin schwer verletzt unter einem Betonmischer. Die Feuerwehr schickte ein Spezialfahrzeug, um die Frau zu bergen. Doch die Retter steckten in einem Stau, den die »Letzte Generation« mit einer Straßenblockade verursacht hatte. Lange. Zu lange. Schwer verletzt wurde die 44-Jährige schließlich geborgen. Spät. Zu spät. Drei Tage später starb sie. Und ein Klimaaktivist postete auf seiner Webseite: »Shit happens.« Das war Tadzio Müller. Dafür erntete er reichlich Kritik in den sozialen Medien und in der Presse. Also nahm er den Post aus dem Netz. Aber eigentlich habe er, so der Chefredakteur der *NZZ*, Marc Felix Serrao, »die Stimmung gut zusammengefasst«.[355]

Die Szene solidarisierte sich mit Müller. »Was grad mit @MuellerTadzio geschieht, zeigt mir, was auf Twitter möglich ist: Es dürfen unzählige Morddrohungen, Homophobie und ekelhafte Äußerungen getätigt werden, ohne dass Tadzio Schutz erfährt. Volle Soli mein Lieber«, twitterte die selbsternannte Mobilitätsexpertin Katja Diehl am selben Tag.

Also machte Müller weiter: Am 16.2.2023 freute sich @RealTadzioM offenbar darüber, dass Klimaaktivisten den Flughafen BER lahmgelegt hatten. »Das mit dem 1 gekappten #Glasfaser-Kabel und dem komplett lahmgelegten Drehkreuz-#Flughafen ist ne Info, die die Klimabewegung in den, ich sag mal, Themenspeicher legen, aber auf keinen Fall vergessen sollte. #friedlichesabotage.«[356]

Der US-amerikanische Kulturphilosoph Charles Eisenstein sieht das Dilemma der Klimakrieger und aller Menschen, die eine »vollständige Neugestaltung der Zivilisation« wollen: Sind ihre Forderungen zu klein, heiße es, das schaffe keine grundlegenden Änderungen. Sind die Forderungen zu groß – etwa die Abschaffung aller fossilen Brennstoffe – und nicht erfüllbar, dann entfremde man sich von der Gesellschaft und erkläre alle Gegner zu Feinden. Bewegungen, die das täten, neigten langfristig zu Schwund statt Wachstum und schrumpfen »auf selbstgerechte Märtyrerkader zusammen«. Und man diskutiere nur noch, »ob Polizeigewalt gerechtfertigt ist, wer die Guten und die Bösen sind. Die Proteste selbst werden zum Thema anstelle des ursprünglichen Anlasses.«[357]

Was, wenn die Märtyrer deshalb zur Überzeugung gelangen, mit Schulschwänzen und Sitzdemos nichts mehr erreichen zu können? Wird die Bewegung sich tatsächlich radikalisieren, wenigstens ein Teil davon, möglicherweise von Linksextremisten gekapert? Geht ein Teil der Bewegung in den Untergrund? Wird es zu Anschlägen kommen?

Woker Extremismus: »System change« und »Kill all Cops«

Noch glaubt Verfassungsschutzpräsident Thomas Haldenwang nicht daran, dass diese friedlichen Protestierer sich in kriminelle Herausforderer von Staat und Demokratie verwandeln könnten. Dass sie sich gar zu einer »Klima-RAF« zusammenschließen könnten, hält er für »Nonsens«. Er meint, es mache die Anhänger der »Letzten Generation« noch nicht zu Extremisten, wenn sie Straftaten begingen. »Extremistisch ist immer dann, wenn der Staat, die Gesellschaft, die freiheitlich demokratische Grundordnung infrage gestellt wird, und genau das tun die Leute ja eigentlich nicht.« Aber sie wollten die Funktionsträger zum Handeln auffordern und zeigten dadurch, »wie sehr man dieses System eigentlich respektiert«.[358]

Dabei vermeldet der Jahresbericht 2021 seiner Behörde: »Vor dem Hintergrund vermeintlich ausbleibender konkreter klimapolitischer Erfolge versuchen Linksextremisten, ihre

Aktionsformen einschließlich der Begehung von Straf- und Gewalttaten als legitimes Mittel im politischen Meinungskampf zu rechtfertigen, und deuten dazu den Begriff ›ziviler Ungehorsam‹ um.« Gewaltorientierte Linksextremisten versuchten mithilfe von Aktionsbündnissen, Einfluss auf die Proteste zu nehmen. Die »Interventionistischen Linken« (IL) beeinflussten das Bündnis »Ende Gelände« bereits. Des Weiteren heißt es im Bericht: »Der antiimperialistische Zusammenschluss ›Perspektive Kommunismus‹ (PK) initiierte die Kampagne ›SMASH IAA – Autokonzerne enteignen‹.« Gegen die Internationale Automobilausstellung (IAA) wurden Protestaktionen und »die Anwendung von Gewalt« angekündigt: »Wir werden im September die IAA angreifen. (…) Wir werden Bullen angreifen, wir werden Infrastruktur zerstören, wir werden Gewalt gegen alle anwenden, die versuchen, uns daran zu hindern. (…) ›Smash IAA! Kill all Cops!‹«[359] Alles nur Fantasien von Jugendlichen?

Selbst die *SZ*, die nicht unter dem Verdacht steht, den Klimaaktivisten feindselig gegenüberzustehen, wunderte sich über die nachsichtige Haltung des Verfassungsschutzchefs. Stuften doch auch die Verfassungsschutzämter in Berlin, Hamburg, Hessen einzelne Protestgruppen als verfassungsfeindlich ein. Begründung: »Sie würden die heutige Form des Kapitalismus als Ursache der Klimazerstörung bezeichnen und dafür plädieren, nicht bloß Reformpakete zu schnüren, sondern an die Wurzel dieses – aus ihrer Sicht – Problems zu gehen.«[360]

In Hessen, so berichtet Ronen Steinke in der *SZ*, versuchten Klimagruppen laut Landesamt für Verfassungsschutz, »den ursprünglichen Umweltschutzgedanken dahingehend zu erweitern, dass es einen revolutionären Bruch mit den bestehenden staatlichen Strukturen benötigt, um Klimaschutz konsequent zu verwirklichen«. Auch die Sorge der autonomen Szene ums Klima ziele »auf eine Kritik des ›Kapitalismus‹, mit der in der linksextremistischen Ideologie letztlich die Überwindung der freiheitlichen demokratischen Grundordnung angestrebt wird«.[361]

In Hamburg sei »Ende Gelände« unter dem Slogan angetreten: »System change not climate change.« Das, so Steinke, werde als »unzweideutige Parole« gewertet. Außerdem befänden »Ende Gelände« und »Interventionistische Linke«, die mit Blick auf den Klimaschutz für die Enteignung von Unternehmen, Wohnungsbaugesellschaften, privaten Krankenhäusern und sogenannten Superreichen plädieren, sich »in einem nicht aufzulösenden Widerspruch zum Grundgesetz«.[362]

Verständnis zeigte auch Bundeskanzler Olaf Scholz: »Ich glaube, dass wir kritische Haltung, kritischen Protest, akzeptieren müssen«, sagte er, ergänzte aber: »Dass die Aktionen jetzt nicht auf sehr weitreichenden Beifall gestoßen sind, ist auch offensichtlich, meinen auch nicht.« Damit befand er sich im Einklang mit 86 Prozent der Bevölkerung. Bundesjustizminister Marco Buschmann meinte, mit Straßenblockaden oder der Beschädigung von Bildern leisteten Klima-Blockierer dem Klimaschutz »einen Bärendienst«, begingen aber auch Straftaten, für die Gesetze Geldstrafen, in bestimmten Fällen auch Freiheitsstrafen vorsähen. »Wer Kunstwerke bewirft, kann sich einer Sachbeschädigung strafbar machen. Eine Straßenblockade kann als Nötigung bestraft werden. Und wenn Rettungswagen ausgebremst werden, kommt auch eine Strafbarkeit wegen fahrlässiger Körperverletzung in Betracht.«[363]

Spaltung oder Gemeinsinn: Sind wir noch zu retten?

Also sprach der Fußballtrainer José Mourinho: Beim Fußballverein Chelsea London habe er Menschen mit der gleichen Mentalität gefunden: »Sie lieben Fußball wie ich. Sie wollen gewinnen wie ich«, sagte er. Er sei keiner aus der Masse, sondern: »I am the special one«, mithin etwas Besonderes.

Das war 2013. Gut zwei Jahre später wechselte Jürgen Klopp auf die Insel und sagte: »I am the normal one.« In Liverpool, wo viele »normale Menschen« mit Armut und Hunger zu kämpfen haben, lieben sie ihn dafür bis heute. Weil er nicht demonstrativ herausstechen will aus der Masse, sondern dazugehören. In Liverpool fanden die beiden Fußballclubs Liverpool FC und Everton FC zu Hilfsaktionen wie »Fans Supporting Food Banks« zusammen. »Rasse, Religion und Fußball-Loyalitäten sind nur Dinge, um uns auseinanderzubringen«, hieß es. Das Motto der Initiative lautete: »Unity is strength«, Einigkeit ist Stärke.

Unter Woken scheint das Motto hingegen zu lauten: »Identity is strength.« Ein »normal one« will in deren Kreisen niemand sein. Alles »special ones«, die Ansprüche stellen, Rechte fordern, die sie jenen absprechen, die angeblich bisher »gleicher« waren. Nach dem alten weißen Mann wird bereits die nächste »privilegierte« Gruppe markiert, die eingeborenen cis-Frauen. Auch ein Teil der Feministinnen wird bereits ausgeschlossen, die TERFS, auch homosexuelle Männer fühlen sich innerhalb der LGBTQ-Community gemobbt.

Wir sehen: »Exclusionary« (ausschließend) ist ein dehnbarer Begriff. Und offenbar kommt es bei der Bewertung darauf an, wer ausschließt. Und auf welche Weise. Wenn ein »special one«, ein exaltierter Geck in roten Lackstiefeln bis zum Schritt und im kompletten Fetisch-Trimm (Sexshop-Lackkorsage mit Strapsen und blonder, billiger Kurzhaar-Perücke) mit frei schwingendem Penis und einem mächtigen Dildo im Po, über einen Vorhof zur Hölle in Duisburg performt, wippt, stolziert, dann kann das selbst tolerante Menschen überfordern. Gewiss, die Freiheit! Aber die Freiheit hat Grenzen. Der Dildoking aus Duisburg erzeugt Fremdschämen, und gleichzeitig errötet ein aufgeklärter, toleranter Mensch, weil er sich fragt, ob er wegen dieses Exhibitionismus, dieser Provokation und der Erregung öffentlichen Ärgernisses die Polizei bemühen soll. Wäre das etwa »exclusionary«? Nein! Ganz sicher nicht! Wer dazugehören möchte, sollte die Regeln anerkennen, die dort gelten, wo man dabei sein zu dürfen reklamiert.

Umgekehrt gilt für Heteros: Niemand mit empfindlichem Erregungspegel muss beim CSD am Straßenrand stehen, niemand muss Orgien beiwohnen, wie sie sonst nur die römische Kaiserin Valeria Messalina gefeiert hat. So wie Frauen Schutzräume brauchen, die bisher für Penisträger tabu waren und bleiben sollten, so sollten auch Transmenschen unter sich bleiben können. Heteros könnten sich dort leichten Herzens selbst ausschließen. Oder etwa nicht?

Alicia King hieß früher Alexander und ist heute ein Fernsehstar (*Goodbye Deutschland*). Sie sagte der *Bild:* »Ich bin selbst transsexuell, aber diesen Gender-Wahnsinn ertrage ich nicht.« Gendersternchen und Mülleimer für menstruierende Männer sind für sie »echter Diversity-Terror«. Auch ihre Bekannten, darunter zwei Dutzend Transsexuelle, »nervt diese völlig übertriebene Diversity-Diskussion der letzten drei, vier Jahre. Denn: Wir sind nicht diejenigen, die etwas fordern. Wir wollen nur in Ruhe leben.« Den Krakeelern rät sie: »Einfach mal ein paar Gänge runterschalten. Wen interessiert es, ob ich trans bin? Es juckt doch auch niemanden, ob ich katholisch oder evangelisch bin …«[364]

Das nennt man abgeklärt. Und ist es nicht vernünftig? Kann es sein, dass die lauten Woken in den sogenannten sozialen Medien die Spitze eines Eisbergs sind, eine Minderheit der Minderheit? Leute, die gesehen werden wollen, die sich exponieren wollen? Provozieren wollen?

Die Forderungen der linken Identitätspolitik fluten inzwischen alle gesellschaftlichen Bereiche. Abgeklärten Menschen mag es egal sein, wenn in ihrem Haus der Pegel der Wokeness steigt, sie schaffen es mitzuschwimmen, tolerante Menschen ziehen ein Stockwerk höher, gleichgültige Menschen ziehen fort. Aber nicht alle Menschen sind fähig und bereit, dem widerspruchslos zuzusehen. Und sie missbilligen, wenn bereitwillige Vollstrecker in leitenden Positionen in Staat, Wirtschaft, Wissenschaft, Medien und Parteien die Schleusen für woke Regeln aufdrehen. So gelingt es einer kleinen, lauten, ungeduldigen, kompromiss- und skrupellosen Teilgruppe einer Minderheit, ihre Regeln der ganzen Bevölkerung aufzuzwingen – ohne demokratische Legitimation. Wenn Aktivismus mit Wissenschaft und Journalismus verwechselt wird, wenn Parteien sich mutlos dem Druck der Woken unterwerfen, entsteht bei den *normal ones* der Eindruck, in diesem Kulturkampf vergessen zu werden.

Wenn die Eliten in den Institutionen von Staat und Gesellschaft weiter auf die lauten moralisierenden Minderheiten hören, wird das Publikum sich von diesen Institutionen nicht mehr vertreten fühlen und sich abwenden. Das Unverständnis der Menschen wird zu Trotz führen, zu Protestwahlen zugunsten der radikalen Rechten. Unsere Demokratie wird infrage gestellt, wenn der Bogen der Bevormundung überspannt wird, wenn nichts mehr bleibt als schwarz und weiß und die Frage: Bist du mit uns oder gegen uns?

»Tatsächlich ist die Freiheit der Rede, sind mithin Meinungsfreiheit, Freiheit der Wissenschaft, Kunst- und Pressefreiheit gefährdet und in Teilen der Gesellschaft bereits faktisch eingeschränkt«, warnt die Denkfabrik R21. »Es ist höchste Zeit, dass die bürgerliche Mitte grundlegende Werte einer freien und offenen Gesellschaft selbstbewusst verteidigt und schützt. Es ist höchste Zeit, dass die bürgerliche Mitte den Kulturkampf der identitätspolitischen Linken und der identitären Rechten annimmt und die Feinde der liberalen Demokratie zurückdrängt.«[365]

Wohin es führen kann, wenn radikale Kräfte sich über den

Willen der Mehrheit hinwegsetzen wollen, ist in den USA zu besichtigen, wo rechte und linke Identitäre sich seit Jahren ineinander verbissen haben. Der dortige Kulturkampf gipfelte bisher am 6. Januar 2021 im Sturm auf das Kapitol, den Ort, an dem die Vertreter des ganzen Volks beratschlagen – und in diesem Fall den neuen Präsidenten bestätigen wollten.

Heute feiern Donald Trump und andere republikanische Führer Erfolge mit Behauptungen wie der, die Woken lehrten schon den Kindern in der Schule, ihr eigenes Land zu hassen. Leider erleichtern ihnen die Woken derartige Agitation, wenn sie die Mittel der angeblich durchwegs rassistischen Polizei zu kürzen verlangen, wenn sie mehrere biologische Geschlechter behaupten, wenn ein Mann nach Hormongaben in Schwimmwettbewerben für Frauen siegen darf und alle genderkorrekt sprechen sollen. Viele Anhänger der republikanischen Partei kritisieren solche Auswüchse als unfair, und keinesfalls findet jeder Demokrat grundsätzlich lächerlich, was Erzkonservative, Antifeministen und Make-America-Great-Again-Nationalisten diesbezüglich von sich geben.

Wegen der in diesem Buch auch für Deutschland festgestellten woken Drift wird in den USA längst nicht mehr miteinander gesprochen, sondern gezankt, gedroht – und auch geschossen. Wenn die schweigende Mehrheit nicht mehr bereit ist, die zunehmenden Zumutungen der woken Community hinzunehmen, droht ein Bürgerkrieg.

Daran sollten auch die willfährigen Verantwortlichen in Parteien, Medien, im Kultur- und im Wissenschaftsbetrieb in Deutschland denken. Die Massen wenden sich ab von denen, die nicht diskutieren wollen, sondern diktieren, exekutieren. Die äußerste Rechte steht schon bereit. Deshalb sind die Woken neben den Rechtspopulisten, Rechtsradikalen und den selbsternannten Querdenkern eine neue Risikogruppe für die Demokratie.

Die Mehrheit schaut schweigend zu – noch! Die Entwicklung in den USA – eine tiefe politisch-kulturelle Spaltung – kann auch mitten in Europa entstehen, wenn die bevölkerungsstarke Mitte nicht auch ihre Lautstärke einsetzt und sich einer identitären Klientelkoalition widersetzt. Vielleicht wäre es aber noch besser, ein wenig innezuhalten. Vielleicht wäre es gut, sollen die westlichen liberalen und demokratischen Gesellschaften nicht in Stücke brechen, Argumente sprechen zu lassen statt Wut und Hass. Argumente entstehen durch Nachdenken, und Nachdenken verlangt einen Raum, in dem die Gedanken frei sind, unzensiert, in dem es keine Schere im Kopf geben darf. Dem folgt der Austausch der Argumente, daraus kann Fortschritt entstehen, positiver Fortschritt.

»Falls Freiheit überhaupt etwas bedeutet, dann bedeutet sie das Recht, den Leuten das zu sagen, was sie nicht hören wollen«, ist in Orwells *Farm der Tiere* zu lesen. Aber daraus erwächst auch eine Pflicht, die Meinung Andersdenkender zu hören und auszuhalten. Und wenn es eine gemeinsame Zukunft geben soll, dann liegt die Lösung zwischen den Extremen. Der Lyriker und Essayist Durs Grünbein hat es, bezogen auf sein Metier, in der *ZEIT* so formuliert: »Wir müssen wieder lernen, über Texte zu reden, nicht über Haltungen.«

Könnte es sein, dass es dazu schon zu spät ist? Dass das Spiel entschieden ist? Ist der Marsch der Woken durch die Institutionen noch aufzuhalten? Fakt ist: Sie haben schon ein beträchtliches Stück des Weges zurückgelegt. Und je länger sie marschieren, desto mehr Menschen werden ihre Agenda hinnehmen, sich damit abfinden, sich daran gewöhnen. Eine freie Entscheidung ist das aber nicht, eher Resignation. An den Hochschulen, die zunehmend zu Moralanstalten werden, ist das schon zu besichtigen. Auch in den Medien schlägt sich woke Ideologie mehr und mehr nieder. Was aber einmal etabliert ist, wird schwer rückgängig zu machen sein. Deshalb wäre zu schweigen der falsche Weg. Wenn eine sich selbst ermächtigende moralisierende Minderheit Normen setzen will, ist Widerstand Pflicht. Weil manche Wahrheiten wahr bleiben. Es lohnt sich einzugreifen, wenn in eine ARD-Redaktion eingedrungene Aktivistinnen aus Müttern »gebärende« oder »entbindende« Personen machen wollen. Wir alle sollten unseren Widerwillen gegenüber solchen Zumutungen aussprechen. Immer. Bei jeder Gelegenheit, gegenüber jedem.

Ja, der Aktivismus der Woken ist schier unerträglich, ihr Hang zur Rechthaberei, ihre apokalyptische Angstmache und ihre moralisierende Selbstgerechtigkeit trennen. So entsteht keine bessere Welt. Und doch: Statt auch noch selbst den Aggressionspegel anzuheben, hieße guter Liberalismus: leben und leben lassen, Grenzen akzeptieren, auch Rücksichtnahme. Vernunft ist gefragt in dieser aufgeheizten Zeit. Optimismus statt Untergangsrhetorik. Vertrauen in den Lebenswillen der Menschheit und deren – auch technische – Kreativität. Dogmen und Zwang vertiefen den Graben – und helfen nur den rechten Demagogen. Besser wird mit denen nichts. Aber sie könnten am Ende die lachenden Dritten sein.

Anmerkungen

1 https://www.goethe.de/ins/us/de/kul/liv/22691359.html
2 Carolin Amlinger, Oliver Nachtwey: *Gekränkte Freiheit. Aspekte des libertären Autoritarismus*, Suhrkamp, Berlin, 2022, S. 338.
3 Sophie Passmann: *Alte weiße Männer. Ein Schlichtungsversuch*, Kiepenheuer & Witsch, Köln, 2019, S. 22.
4 Gerald Wagner: »Naht das Ende des bürgerlichen Zeitalters?«, FAS, 6.11.2022. https://www.faz.net/aktuell/wissen/soziale-systeme-naht-das-ende-des-buergerlichen-zeitalters-18436826.html
5 Maria-Sibylla Lotter: »Wann wird Sprache zur Gefahr?«, Die Zeit, 14.1.2021.
6 Ulrike Ackermann: *Die neue Schweigespirale. Wie die Politisierung der Wissenschaft unsere Freiheit einschränkt*, Wissenschaftliche Buchgesellschaft, Darmstadt, 2022, S. 10.
7 Christine Dössel: »Harald Schmidt im Interview: ›Ich lach mich krank‹«, SZ, 10.2.2023. https://www.sueddeutsche.de/kultur/harald-schmidt-interview-1.5749129
8 Adrian Daub: *Cancel Culture Transfer. Wie eine moralische Panik die Welt erfasst*, Suhrkamp, Berlin, 2022, S. 44.
9 Emily S. Rueb, Derrick Bryson Taylor: »Obama on Call-Out Culture: ›That's Not Activism‹«, New York Times, 31.10.2019. https://www.nytimes.com/2019/10/31/us/politics/obama-woke-cancel-culture.html. Das ganze Gespräch: https://www.youtube.com/watch?v=Ioz96L5xASk. Zitat: Minute 57 ff.
10 Siehe: Peter Köpf: *Die Burdas*, Europa Verlag, München, 2002.
11 Karin Wenk: »›Divers denken und arbeiten‹«, M – Menschen machen Medien, 1/2021.
12 Jan-Philipp Hein: »Männer sind schuld am Klimawandel«, Der Spiegel, 17.11.2007. https://www.spiegel.de/wissenschaft/natur/erderwaermung-soziologisch-maenner-sind-schuld-am-klimawandel-a-517892.html
13 Elena Matera: »Warum die Klimakrise Frauen deutlich härter trifft«, Berliner Zeitung, 10.8.2021. https://www.berliner-zeitung.de/gesundheit-oekologie/warum-die-klimakrise-frauen-deutlich-haerter-trifft-li.173876
14 Julia Encke: »Bitte nicht oder nur ironisch lesen!«, FAZ, 10.12.2022. https://www.faz.net/aktuell/feuilleton/medien/sophie-passmanns-literatursendung-studio-orange-18522068.html

15 https://jobs.netflix.com/culture?lang=Deutsch

16 https://www.equalpayday.de/

17 Constanze von Bullion: »Das arme Geschlecht«, SZ, 2.1.2015. http://www.sueddeutsche.de/karriere/ungerechte-gehaelter-fuer-frauen-das-arme-geschlecht-1.2288075

18 https://twitter.com/chsommers/status/664172152992722944?lang=de.

19 Nadia Pantel: »Der Mann für die Frauen«, SZ, 1.7.2021. https://www.sueddeutsche.de/politik/frankreich-der-mann-fuer-die-frauen-1.5339656

20 Oskar Niedermayer: »Die soziale Zusammensetzung der Parteimitgliederschaften«, Bundeszentrale für Politische Bildung, 21.10.2022. https://www.bpb.de/themen/parteien/parteien-in-deutschland/zahlen-und-fakten/140358/die-soziale-zusammensetzung-der-parteimitgliederschaften/

21 Sophie Passmann: *Alte weiße Männer*, a. a. O., S. 245.

22 Jetzt: Die Deutschen Staatsbürgerinnen. Zana Ramadani war dort bis vor drei Jahren Berliner Landesvorsitzende.

23 Louise Otto-Peters: *Das Recht der Frauen auf Erwerb*, Leipzig, 1997, S. 99. Zit. in: Mechthilde Vahsen: »Louise Otto-Peters«, Bundeszentrale für politische Bildung, 13.1.2009. https://www.bpb.de/gesellschaft/gender/frauenbewegung/35309/louise-otto-peters?p=1

24 Michael Thumann: *Revanche. Wie Putin das bedrohlichste Regime der Welt geschaffen hat*, C. H. Beck, München, 2023, S. 109.

25 Oeindrila Dube, S. P. Harish: »Queens«, Journal of Political Economy, July 2020, S. 2579–2652. Download Working paper: https://www.nber.org/system/files/working_papers/w23337/w23337.pdf/S. 27. Ein netter YouTube-Clip fasst die Ergebnisse zusammen: https://www.youtube.com/watch?v=KfMdDU80NNo

26 Zit in: Patricia von Hahn: »Das bessere Geschlecht«, der überblick, 02/2006. http://www.der-ueberblick.de/ueberblick.archiv/one.ueberblick.article/ueberblickcfaa.html?entry=page.200602.041

27 Vereinigung Baden-Württembergische Wertpapierbörse e. V. (Hg.): »Female Founders Report 2021: Frauen in der deutschen Start-up Szene: Antiquierte Rollenbilder oder neuer Schwung?« https://www.startbase.de/downloads/female-founder-report/2021/female-founder-report.min.pdf

28 https://www.destatis.de/DE/Themen/Arbeit/Arbeitsmarkt/Erwerbstaetigkeit/Tabellen/erwerbstaetige-erwerbstaetigenquote.html

29 https://www-genesis.destatis.de/genesis/online?operation=previous&levelindex=1&step=1&titel=Ergebnis&levelid=1673276432885&acceptscookies=false#abreadcrumb

30 https://www-genesis.destatis.de/genesis/online?sequenz=tabelleErgebnis&selectionname=12211-9010#abreadcrumb

31 Jeannine Hierländer: »Frauen sind keine Opfer, die man ideologisch retten muss«, Die Presse, 7.3.2023. https://www.diepresse.com/6260356/frauen-sind-keine-opfer-die-man-ideologisch-retten-muss?from=rss

32 Sandra Kostner: »Wie linke Identitätspolitik der Gesellschaft schadet«, FAZ, 10.5.2019. https://www.faz.net/aktuell/politik/inland/wie-linke-identitaetspolitik-der-gesellschaft-schadet-16174760.html

33 Patrick Bernau: »Fortschritt für Frauen«, FAZ, 7.1.2023. https://www.faz.net/aktuell/wirtschaft/unternehmen/frauen-in-vollzeit-gleiche-chancen-auf-fuehrungspositionen-wie-maenner-18583829.html?premium

34 Off G, Charron N and Alexander A: »Who perceives women's rights as threatening to men and boys? Explaining modern sexism among young men in Europe«, Front. Polit. Sci. 4:909811. doi: 10.3389/fpos.2022.909811. https://www.frontiersin.org/articles/10.3389/fpos.2022.909811/full

35 Walter Hollein: »Viele junge Männer stehen der Gleichstellung der Geschlechter kritisch gegenüber. Das zeigt eine neue Studie. Was hat der Befund zu bedeuten?«, NZZ, 12.11.2022. https://www.nzz.ch/feuilleton/junge-maenner-warum-empfinden-sie-frauenrechte-als-bedrohung-ld.1710795

36 Susanne Führer: »Geschlechtsangleichung bei Kindern und Jugendlichen. Transidentität ist Schicksal«, Interview mit Georg Romer, Deutschlandfunk Kultur, 2.1.2021. https://www.deutschlandfunkkultur.de/geschlechtsangleichung-bei-kindern-und-jugendlichen-100.html

37 David Ensikat: »›Wart's ab, bis wir uns im Himmel wiedersehen!‹«, Der Tagesspiegel, 31.12.2022. https://www.tagesspiegel.de/gesellschaft/ein-telefonat-mit-nina-hagen-warts-ab-bis-wir-uns-im-himmel-wiedersehen-9039700.html

38 René Pfister: »Befreit sich der Mensch von den Grenzen der Biologie?«, Der Spiegel, 8/2022. https://www.spiegel.de/kultur/geschlechtsanpassung-befreit-sich-der-mensch-von-den-grenzen-der-biologie-a-5b85af6d-5d10-49c4-a9ab-e111d4a736a6

39 Planet Wissen: https://www.planet-wissen.de/gesellschaft/sexualitaet/intersexualitaet/index.html

40 Chantal Louis: »Viele Geschlechter? Das ist Unfug«, Emma, 22.8.2022. https://www.emma.de/artikel/viele-geschlechter-das-ist-unfug-339689 Siehe auch: Sarah Pines: »Man werde nicht als Frau geboren, sondern zur Frau gemacht, hat Simone de Beauvoir gesagt. Aber das heißt nicht, dass jeder Frau sein kann. Im Gegenteil«, NZZ, 14.11.2022. https://www.nzz.ch/feuilleton/simone-de-beauvoir-warum-eine-frau-fuer-sie-immer-eine-frau-blieb-ld.1711567

41 Olaf Hiort: »Gibt es mehr als zwei Geschlechter?«, Spektrum.de,

22.2.2021. https://www.spektrum.de/frage/geschlechtsidentitaet-gibt-es-mehr-als-zwei-geschlechter/1835662

42 Alica Jung: »Evolutionsbiologe über Gender: Wie viele Geschlechter gibt es?«, ZDF, 7.7.2022. https://www.zdf.de/nachrichten/politik/gender-debatte-biologie-100.html

43 Ipsos: »LGBT+ Pride 2021 Global Survey points to a generation gap around gender identity and sexual attraction«. https://www.ipsos.com/en/lgbt-pride-2021-global-survey-points-generation-gap-around-gender-identity-and-sexual-attraction

44 Peer Briken et al.: »Die GeSiD-Studie ›Gesundheit und Sexualität in Deutschland‹ – eine kurze Einführung«, 12.10.2021. https://link.springer.com/article/10.1007/s00103-021-03433-7

45 https://de.statista.com/statistik/daten/studie/1177268/umfrage/umfrage-in-deutschland-zu-sexueller-orientierung/

46 Benedict Neff: »Wer ich bin, das bestimme ich: Wie der Mensch zur Majestät seiner Existenz wird und der Staat beim Fabulieren hilft«, FAZ, 12.1.2023. https://www.nzz.ch/feuilleton/offenbarungsverbot-wie-der-mensch-zur-majestaet-seiner-existenz-wird-und-der-staat-beim-fabulieren-hilft-ld.1719528

47 Genevieve Gluck: »Norwegian Man Now Identifies as a Disabled Woman, Uses Wheelchair ›Almost All The Time‹«, Reduxx, 1.11.2022. https://reduxx.info/norwegian-man-now-identifies-as-a-disabled-woman-uses-wheelchair-almost-full-time/

48 maedelsabende. terre.des.femmes und mehr als 10.000 »Personen« gefiel das.

49 Tressie McMillan Cottom: »The Enduring, Invisible Power of Blond«, NYT, 19.1.2023. https://www.nytimes.com/2023/01/19/opinion/the-enduring-invisible-power-of-blond.html

50 »Die neuen politischen Schönheitsköniginnen«, SZ, 15.11.2022. https://www.sueddeutsche.de/panorama/miss-universe-trans-verheiratet-schoenheitswettbewerbe-1.5690953

51 Eine ausgewogene Auseinandersetzung mit dem Thema findet sich in: Christof Mandry: »Gibt es ein Recht auf ein Kind?«, Ludwigshafener Ethische Rundschau, 1/2018. https://www.uni-frankfurt.de/84852166.pdf

52 Alba Rueda, Argentiniens Sondergesandte für sexuelle Orientierung und Geschlechtsidentität. https://editorials.voa.gov/a/international-women-of-courage-awards/7025269.html#:~:text=Zakira%20Hekmat.,gain%20refugee%20protection%20and%20asylum

53 https://www.tagesschau.de/wissen/forschung/interview-strahlenphysik-berger-wissen-101.html

54 https://twitter.com/stimmttalk/status/1634132506357166081?s=46&t=WGIB5qSXbMT03-MrdUmz7A

55 Nico Nölken und Filipp Piatov: »Weil sie einen Dieb der Polizei meldeten:

Klima-Aktivisten werfen sich selbst Rassismus vor!«, Bild, 27.9.2022. https://www.bild.de/politik/inland/koeln-regional-politik-und-wirtschaft/fridays-for-future-wirft-sich-rassismus-vor-weil-sie-einen-dieb-der-polizei-meld-81451550.bild.html

56 »Ein neuer Verein im Einsatz exklusiv für schwule Männer«, Schwulissimo, 2.1.2023. https://www.schwulissimo.de/ausgequetscht/just-gay-einfach-nur-schwul-ein-neuer-verein-im-einsatz-exklusiv-fuer-schwule-maenner

57 »Was darf künftig noch gesagt werden? Der Fall einer Feministin aus Norwegen spaltet die LGBTI*-Community«, Schwulissimo, 30.6.2022. https://www.schwulissimo.de/neuigkeiten/streitfall-um-trans-und-frauenrechte-demonstranten-protestieren-heute-berlin

58 Martina Meister: »Marguerite in Paris: Ein Stern stürzt ab«, Emma, 4.5.2021. https://www.emma.de/artikel/ein-stern-stuerzt-ab-338611

59 Jeanne Foyol: »Deux associations LGBT+ poursuivent Dora Moutot pour transphobie«, Le Figaro, 23.2.2023. https://www.lefigaro.fr/actualite-france/deux-associations-lgbt-poursuivent-dora-moutot-pour-transphobie-20230223

60 »Le Manifeste«. https://www.femelliste.com/manifeste-femelliste-feministe

61 https://www.dykemarchcologne.de/

62 Eva Engelken: »#Transqueergewalt: Transaktivisten attackieren friedliche lesbische Demo-Teilnehmerinnen beim Dyke-March in Köln«, 3.7.2022. https://www.evaengelken.de/transqueergewalt-transaktivisten-attackieren-friedliche-lesbische-demo-teilnehmerinnen-beim-dyke-march-in-koeln/

63 https://www.standingforwomen.com/

64 »Posie Parker says ›I will come back‹: Controversial British anti-transgender activist plans return to NZ«, NZ Herald, 1.4.2023. https://www.nzherald.co.nz/nz/posie-parker-says-i-will-come-back-controversial-british-anti-transgender-activist-plans-return-to-nz/PPTIXN72ZBHUHETEI42DOXVUFU/
Bona Hyun: »LGBTQ-Protestierende attackieren Anti-Trans Aktivistin: ›Habe große Angst um diesen Ort‹«, Frankfurter Rundschau, 26.3.2023. https://www.fr.de/politik/lgbtq-transgender-proteste-neuseeland-australien-92172270.html

65 Paul Sugy: »Bruxelles: une conférence sur le transgenrisme perturbée par des jets d'excréments«, Le Figaro, 16.12.2022. https://www.lefigaro.fr/international/bruxelles-une-conference-sur-le-transgenrisme-perturbee-par-des-jets-d-excrements-20221216

66 »Queerfeminismus oder Schlägerei«, Jungle World, 5.1.2023. https://jungle.world/artikel/2023/01/queerfeminismus-oder-schlaege

rei?fbclid=IwAR1Qr41XNTmN5j3FatcwIrWlgDWhAFBtHeQlzxuoy-BeeU_HTZAXV8d2G6ks

67 Benjamin Hindrichs: »Clash der Filter«, Zeit Campus, 9.8.2022. https://www.zeit.de/campus/2022-08/marie-luise-vollbrecht-vortrag-transfeindlichkeit-ns-verbrechen

68 Hildburg Bruns: »142 Berliner sind als divers eingetragen«, B.Z., 13.3.2023. https://www.bz-berlin.de/berlin/142-berliner-als-divers-eingetragen

69 Equality and Human Rights Commission: »Separate and single-sex service providers: a guide on the Equality Act sex and gender reassignment provisions«, April 2022. https://www.equalityhumanrights.com/en/advice-and-guidance/separate-and-single-sex-service-providers-guide-equality-act-sex-and-gender

70 »J.K. Rowling Writes about Her Reasons for Speaking out on Sex and Gender Issues«, 10.6.2020. https://www.jkrowling.com/opinions/j-k-rowling-writes-about-her-reasons-for-speaking-out-on-sex-and-gender-issues/

71 Megan Phelps-Roper: »The Witch Trials of J.K. Rowling«, The Free Press, 16.2.2023. https://www.thefp.com/p/the-witch-trials-of-jk-rowling

72 Debbie Hayton: »Transsexuals support Reem Alsalem on Scottish Gender Recognition Reforms«, 12.12.2022. https://debbiehayton.com/2022/12/14/transsexuals-support-reem-alsalem-on-scottish-gender-recognition-reforms/

73 Rona Duwe: »Halt die Fresse, Frau«. https://ronaduwe.substack.com/p/halt-die-fresse-frau

74 »Grüne trans-Frau rastet aus! Forderung nach Debatte innerhalb der Grünen führt zu Nazi-Vergleichen – 69 Grünen-Mitglieder seien ›Rassisten mit Rechtsdrall‹«, Schwulissimo, 29.8.2022. https://www.schwulissimo.de/neuigkeiten/gruene-trans-frau-rastet-aus-fuck-bei-diskussion-ums-selbstbestimmungsgesetz?fbclid=IwAR15JtVWNKPMy_Zxt3t3L7reG-ykx6XFeXS1Wds0IdaIbXwNtrn3eshehzc

75 Caroline Downey: »Male Inmate Sexually Assaulted Female after Transfer to Washington Women's Prison, Former Guard Says«, National Review, 22.11.2021. https://www.nationalreview.com/news/male-inmate-sexually-assaulted-female-in-washington-womens-prison-former-guard-says/

76 https://www.womenarehuman.com/

77 Diana Shaw: »Male Rapist of 12-Year-Old Girl Groomed Vulnerable Woman While in Women's Prison«, WomenAreHuman.com, 23.11.2021. https://www.womenarehuman.com/male-rapist-of-12-year-old-girl-groomed-vulnerable-woman-while-in-womens-prison/?fbclid=IwAR2GxLUpUe9ZJO63lGMup49kBeJ7Y-1N7gfVQyfO4izH8sj9q1azkyQ-acc Siehe auch: https://www.chronline.com/stories/thurston-county-sex-offender-registers-as-transient,17132

78 Julia Anton: »Ist die bayerische Justiz mit Transmenschen überfordert?« FAZ, 14.4.2023. https://www.faz.net/aktuell/gesellschaft/kriminalitaet/transmenschen-in-haft-betroffene-erhebt-vorwuerfe-gegen-die-justiz-18818412.html

79 »Trans woman jailed for sex with 14-year-old girl«, BBC, 29.11.2022. https://www.bbc.com/news/uk-england-leicestershire-63785679?fbclid=IwAR2sFJU7I3tPGViMkZZjmuq4YS9v4yOlMyUgBLHums4acMxVFkcXkAWQjyc/Nazia Parveen: »Transgender prisoner who sexually assaulted inmates jailed for life«, The Guardian, 11.10.2018. https://www.theguardian.com/uk-news/2018/oct/11/transgender-prisoner-who-sexually-assaulted-inmates-jailed-for-life/Patrick Reilly: »Transgender Rikers inmate sentenced to 7 years for raping female prisoner«, New York Post, 25.4.2022. https://nypost.com/2022/04/25/transgender-rikers-inmate-gets-7-years-for-raping-female-prisoner/

80 »Neue Details: Das steht im geplanten Selbstbestimmungsgesetz«, Die Welt, 28.4.2023. https://www.welt.de/politik/deutschland/article245046678/Selbstbestimmungsgesetz-Nun-ist-ein-Gesetzentwurf-fertig-und-mehr-Details-werden-bekannt.html

81 @_svenlehmann_

82 Andrew Gilligan: »Unisex changing rooms put women in danger«, The Sunday Times, 2.9.2018. https://www.thetimes.co.uk/article/unisex-changing-rooms-put-women-in-danger-8lwbp8kgk

83 Inge Bell: »Für einen klaren Kompass – Aufruf zur Abstimmung«, Brief von Inge Bell an die Mitglieder von TdF vom 9.1.2023.

84 Ebd.

85 Christian Rath: »Ein Mann im Sinne der Statuten«, taz, 7.3.2023. https://taz.de/Gruener-kandidiert-als-Frau/!5919837/

86 »Entscheidung zu Trans-Eltern: Mutter bleibt Mutter und Vater bleibt Vater«, FAZ, 4.4.2023. https://www.faz.net/aktuell/politik/inland/trans-eltern-eu-gerichtshof-fuer-menschenrechte-weist-beschwerde-ab-18800018.html

87 Claudia Schwartz: »Alice Schwarzer: ›Das Schlachtfeld ist wieder der Körper‹«, NZZ, 1.12.2022. https://www.nzz.ch/feuilleton/alice-schwarzer-alice-schwarzer-das-schlachtfeld-ist-wieder-der-koerper-ld.1714473

88 Susan Djahangard, Gabriela Herpell: »›Ich finde die Klischees über Feministinnen zum Kotzen‹«, Süddeutsche Zeitung Magazin, 24.11.2022. https://sz-magazin.sueddeutsche.de/frauen/alice-schwarzer-interview-feminismus-ablehnung-92124?ieditorial=2

89 Aufzeichnung hier: https://www.google.com/search?client=firefox-b-d&q=b%C3%B6hmermann+terfs#fpstate=ive&vld=cid:7d92afa7,vid:rh7hH-ua8oI

90 https://twitter.com/AnkeHassel/status/1604805752631152641

91 »Trans* Mann aus Michigan von Freundin erschossen«, Schwulissimo,

12.5.2022. https://www.schwulissimo.de/neuigkeiten/doppelmord-und-selbstmord-trans-mann-aus-michigan-erschossen

92 Bundesministerium des Innern und für Heimat: »Politisch motivierte Kriminalität im Jahr 2021. Bundesweite Fallzahlen«, 10.5.2022. https://www.bmi.bund.de/SharedDocs/downloads/DE/veroeffentlichungen/nachrichten/2022/pmk2021-factsheets.pdf?__blob=publicationFile&v=2

93 Timm Kühn: »Rest in Power, Ella!«, taz, 19.9.2021. https://taz.de/Oeffentlicher-Suizid-einer-TransFrau/!5802383/
Siehe auch: Kim Maurus: »›Ich könnte nur heulen‹«, FAZ, 14.9.2022. https://www.faz.net/aktuell/gesellschaft/menschen/warum-beginn-die-transfrau-ella-suizid-auf-dem-alexanderplatz-18316358.html?premium

94 https://www.berliner-register.de/documents/1126/Handout_Transfeindlichkeit_dPuGHtI.pdf?fbclid=IwAR1y6eAUi4O9x7lq2NkLV7KyohN-cOMt-tZmy8YEdCNtxGDToMfRpkLTizE

95 Max Fluder: »Hass gegen queere Menschen: ›Für uns gelten von vorneherein andere Spielregeln‹«, SZ, 8.5.2023. https://www.sueddeutsche.de/muenchen/queer-lgbtiq-gewalt-muenchen-1.5846768

96 Ulrike Ackermann: *Die neue Schweigespirale*, a. a. O., S. 108 f.

97 https://www.gaysagainstgroomers.com/about

98 https://pubertaet.lehrer-online.de/unterricht/sexuelle-und-geschlechtliche-vielfalt/unterrichtseinheit/ue/sexuelle-und-geschlechtliche-vielfalt/Die Seite ist inzwischen nicht mehr abrufbar.

99 Meyer G, Boczek U, Bojunga J: »Hormonal gender reassignment treatment for gender dysphoria«, Dtsch Arztebl Int 2020; 117: 725-32. https://www.aerzteblatt.de/archiv/216299/Geschlechtsangleichende-Hormontherapie-bei-Geschlechtsinkongruenz

100 https://de.statista.com/infografik/26187/anzahl-der-geschlechtsangleichenden-operationen-in-deutschland/

101 »Österreich: Rasanter Anstieg bei Transgender-OPs (Teens & Twens)«, Trans Teens Sorge berechtigt, 7.4.2023. https://transteens-sorge-berechtigt.net/338-oesterreich.html

102 »Drag Queens im MyZeil bieten Show für Groß und Klein«, Journal Frankfurt, 14.4.2023. https://www.journal-frankfurt.de/journal_news/Downtown-103/Kinderfreundliche-Drag-Show-Drag-Queens-im-MyZeil-bieten-Show-fuer-Gross-und-Klein-40633.html
»Wir lesen euch die Welt, wie sie euch gefällt« in der Münchner Stadtbibliothek Bogenhausen. https://www.muenchner-stadtbibliothek.de/veranstaltungen/details/wir-lesen-euch-die-welt-wie-sie-euch-gefaellt-20505

103 Littman L (2018): »Rapid-onset gender dysphoria in adolescents and young adults: A study of parental reports.« PloS ONE 13(8): e0202330. https://doi.org/10.1371/journal.pone.0202330

104 Carolin Wiedemann: »Wird man trans geboren – oder dazu gemacht?«, FAZ, 4.4.2019. https://www.faz.net/aktuell/stil/leib-seele/wird-man-trans-geboren-oder-dazu-gemacht-16121982.html

105 Jan Feddersen, Kaija Kutter: »Jugendpsychiater über Transidentität: ›Es ist hip, trans zu sein‹«, taz, 2.5.2022. https://taz.de/Jugendpsychiater-ueber-Transidentitaet/!5845336/

106 Martina Lenzen-Schulte: »Transition bei Genderdysphorie: Wenn die Pubertas gestoppt wird«, Deutsches Ärzteblatt, 2022. https://www.aerzteblatt.de/archiv/228699/Transition-bei-Genderdysphorie-Wenn-die-Pubertas-gestoppt-wird

107 Ebd.

108 Rachel Cooke: »Time to Think by Hannah Barnes review – what went wrong at Gids?«, The Guardian, 19.2.2023. https://www.theguardian.com/books/2023/feb/19/time-to-think-by-hannah-barnes-review-what-went-wrong-at-gids

109 Ebd.

110 Ebd.

111 Ebd.

112 »Chirurg operiert Trans-Personen: ›Man ist sich womöglich erst einmal fremd‹«, Focus, 1.6.2022. https://www.focus.de/wissen/chirurg-im-interview-trans-operationen-bis-ich-helfen-kann-haben-die-menschen-bereits-viel-leisten-muessen_id_107933431.html

113 Ebd. Es gibt neben der von Dietrich angewandten Methode eine andere »Schule«, deren Operateure diesen Prozess in einem Zug absolvieren – inklusive Penisplastik. Siehe: https://www.hivandmore.de/archiv/2012-2/geschlechtsangleichende-operation-von-frau-zu-mann.shtml

114 »Chirurg operiert Trans-Personen«, a. a. O.

115 »Gender Detransition auf dem Weg zur Selbstakzeptanz«. https://files.cargocollective.com/c523136/01_Post-Trans_Booklet_DE.pdf Und: https://post-trans.com/Detransition-Deutsch

116 Jan Feddersen, Kaija Kutter: »›Es ist hip, trans zu sein‹«, taz, 2.5.2022. https://taz.de/Jugendpsychiater-ueber-Transidentitaet/!5845336/

117 Ebd.

118 Martina Lenzen-Schulte: »Transition bei Genderdysphorie«, a. a. O. Weitere Studien dazu: Meyer G, Boczek U, Bojunga J: »Hormonal gender reassignment treatment for gender dysphoria«, Dtsch Arztebl Int 2020; 117: 725-32. https://www.aerzteblatt.de/archiv/216299/Geschlechtsangleichende-Hormontherapie-bei-Geschlechtsinkongruenz
Nicola Zink: »Erhöhte Mortalität bei Transsexuellen«, gynäkologie + geburtshilfe 26, 10 (2021). https://link.springer.com/article/10.1007/s15013-021-4268-x

119 National Board of Health and Welfare: »The Evolution of the Diagnosis

of Gender Dysphoria«, 2020. https://genderchallenge.no/onewebmedia/Swedish_NBHW-2020.pdf

120 Amy Green: »Association of Gender-Affirming Hormone Therapy With Depression, Thoughts of Suicide, and Attempted Suicide Among Transgender and Nonbinary Youth«, Journal of Adolescent Health, April 2022. https://www.jahonline.org/article/S1054-139X(21)00568-1/fulltext

121 Jan Feddersen, Kaija Kutter: »›Es ist hip, trans zu sein‹«, a. a. O.

122 https://intouch.wunderweib.de/angelina-jolie-geschlechtsumwandlung-von-tochter-shilo-steht-bevor-87730.html

123 Susan Djahangard, Gabriela Herpell: »›Ich finde die Klischees über Feministinnen zum Kotzen‹«, a. a. O.

124 Lesben- und Schwulenverband: »9 Kritikpunkte an Alice Schwarzers gefährlichen und falschen Thesen zu ›Transsexualität‹«. https://www.lsvd.de/de/ct/6772-alice-schwarzer-transsexualitaet

125 GLAAD: »From LGBTQ and allied leaders and organizations«. https://www.glaad.org/new-york-times-sign-on-letter-from-lgtbq-allied-leaders-and-organizations
siehe dazu auch: Michael Hanfeld: »Im Genderkrieg was Neues«, FAZ, 23.2.2023. https://www.faz.net/aktuell/feuilleton/new-york-times-transgender-lobby-protestiert-gegen-zeitung-18698545.html

126 GLAAD, a. a. O.

127 Jürgen Schmieder: »An der Grenze zwischen Aktivismus und Journalismus«, SZ, 24.2.2023. https://www.sueddeutsche.de/medien/new-york-times-transgender-protestbrief-1.5757904

128 https://twitter.com/charlottetklein/status/1626325159735951363?lang=de

129 Martina Lenzen-Schulte: »Transition bei Genderdysphorie«, a. a. O.

130 Ebd.

131 Harriet Alexander: »Two leading transgender medics warn children should not be given puberty blockers, that too many are being given gender reassignment surgery and reveal NYT turned down their op-ed on the subject«, Daily Mail, 5.10.2021. https://www.dailymail.co.uk/news/article-10058951/Leading-transgender-medics-warn-children-given-gender-reassignment-surgery.html

132 https://www.gruene.de/themen/gleichberechtigung

133 Bündnis 90/Die Grünen: 39. Bundesdelegiertenkonferenz vom 20. bis 22.11.2015. »Beschluss: Geschlechtergerechte Sprache in Anträgen an die BDK«. https://cms.gruene.de/uploads/documents/BDK15_Geschlechtergerechte_Sprache.pdf

134 »Thüringer CDU und AfD stoppen gendergerechte Kommunikation«, SZ, 11.11.2022

135 Das wiederholte sich im März 2023 in Stralsund, diesmal sogar auf Antrag der AfD. Siehe: https://www.zeit.de/news/2023-03/17/kritik-an-afd-unterstuetzung-in-buergerschaft-stralsund

136 https://geschicktgendern.de/schreibweisen/

137 https://geschicktgendern.de/muss-das-sein/

138 »Riesige Mehrheit gegen Gender-Sprache in den Medien«, B.Z., 19.7.2021

139 »MDR fragt: Deutliche Mehrheit lehnt Gendersprache ab«, 22.7.2021. https://www.mdr.de/nachrichten/deutschland/gesellschaft/mdrfragt-umfrage-ergebnis-deutliche-ablehnung-von-gendersprache-100.html

140 »WDR-Studie: So gendern die Deutschen«, 6.2.2023. https://www1.wdr.de/nachrichten/gender-umfrage-infratest-dimap-100.html

141 https://www.sueddeutsche.de/muenchen/muenchen-bars-kneipen-tipps-studenten-1.5679501

142 »Aufruf: Wissenschaftler kritisieren Genderpraxis des ÖRR«. https://www.linguistik-vs-gendern.de/

143 Ebd.

144 Fabian Payr: »Sprachkritik an ARD und ZDF: Gendersender«, FAZ, 5.12.2022. https://www.faz.net/aktuell/feuilleton/medien/ard-und-zdf-reagieren-nicht-auf-aufruf-gendern-zu-lassen-18511532.html?premium

145 https://www.antidiskriminierungsstelle.de/DE/ueber-diskriminierung/diskriminierungsmerkmale/geschlecht-und-geschlechtsidentitaet/trans/trans-node.html

146 Heide Wegener: »Sichtbar oder gleichwertig?«, FAZ, 2.9.2021. https://www.faz.net/aktuell/karriere-hochschule/hoersaal/ueber-gendern-als-gleichsetzung-von-grammatik-und-biologie-17512275.html

147 Hasso Suliak: »Gendersternchen immerhin ein Anfang«, Legal Tribune Online, 10.4.2022. https://www.lto.de/recht/hintergruende/h/geschlechtergerechte-sprache-gendern-verfassung-genderstern-maenner-frauen-nicht-binaere-person-mangold/

148 Carolin Amlinger, Oliver Nachtwey: *Gekränkte Freiheit*, a. a. O., S. 160.

149 Wolfgang Krischke: »Beim Thema Gendern wird dann doch Politik gemacht«, FAZ, 19.2.2023. https://www.faz.net/aktuell/feuilleton/buecher/rezensionen/sachbuch/was-sagt-die-duden-grammatik-zum-gendern-die-politik-ueberwiegt-18665636.html

150 Alexandra Mankarios: »Gendern in der Schule: ›Wir beobachten einen Sprachwandel im Zeitraffer‹«, Deutsches Schulportal, 8.4.23021. https://deutsches-schulportal.de/unterricht/gendern-michael-becker-mrotzek-wir-beobachten-einen-sprachwandel-im-zeitraffer/

151 Andreas Kopietz: »Schwarze und Genderfluide: Auf Berlins Polizisten lauern jetzt noch mehr Fettnäpfe«, Berliner Zeitung, 28.12.2022. https://www.berliner-zeitung.de/mensch-metropole/schwarze-und-genderfluide-auf-berlins-polizisten-lauern-jetzt-noch-mehr-woke-fettnaepfe--li.301544

152 https://www.rki.de/DE/Content/GesundAZ/M/Migration_Gesundheit/Uebersicht.pdf?__blob=publicationFile

153 Ebd.

154 https://careers.dhl.com/eu/de/werde-eine-von-uns

155 Thomas Thiel: »Bitten und Befehle – über das Gendern an Universitäten«, FAZ, 17.2.2022. https://www.faz.net/aktuell/karriere-hochschule/gender-pflicht-an-deutschen-hochschulen-wacklige-rechtsgrundlage-17805594.html?premium

156 Sophie-Marie Schulz: »Studentenparlament der FU Berlin: Wer nicht gendert, darf nichts beantragen«, Berliner Zeitung, 11.2.2023. https://www.berliner-zeitung.de/politik-gesellschaft/fu-freie-universitaet-berlin-studentenparlament-setzt-gender-pflicht-durch-li.315374

157 https://www.uni-kassel.de/uni/studium/im-studium/pruefungsordnungen/pruefungen-hinweise-rechte-und-pflichten

158 Gunnar Schupelius: »Grüner Senator verlangt Gender-Auskunft von allen Mitarbeitern«, B.Z., 6.2.2023. https://www.bz-berlin.de/meinung/kolumne/kolumne-mein-aerger/gruener-senator-verlangt-gender-auskunft-von-allen-mitarbeitern

159 https://www.uni-saarland.de/fileadmin/upload/verwaltung/gleichstellung/Dateien_zum_Download/FINAL_2017-UdS_Leitfaden_GenderSprache_v8_MFK.pdf

160 Fabian Payr: »Streit ums Gendern: Wie falsche Erzählungen die Karriere des Genderns beförderten«, Berliner Zeitung, 10.12.2022. https://www.berliner-zeitung.de/open-source/streit-ums-gendern-wie-falsche-erzaehlungen-die-karriere-des-genderns-befoerderten-li.294922

161 Ebd.

162 Susanne Kusicke: »Kampf um die Sprache: Gendern diskriminiert«, FAZ, 26.11.2022. https://www.faz.net/aktuell/politik/inland/kampf-um-sprachregelungen-gendern-hilft-den-frauen-nicht-18489029.html?premium

163 Ayad Akhtar: »Identitätspolitik: Die Gedanken sind nicht mehr frei«, FAZ, 3.12.2022. https://www.faz.net/aktuell/feuilleton/debatten/ayad-akhtar-ueber-identitaetspolitik-in-amerika-18506051.html?printPagedArticle=true#pageIndex_2

164 23.2.2023, 11:25 Uhr.

165 Human Progress: »Share of population opposed to racially different neighbors, 1984–2020. https://www.humanprogress.org/dataset/share-of-population-opposed-to-racially-different-neighbors/

166 Glenn Harlan Reynolds: »Campus leaders couldn't care less about racial progress«, USA Today, 28.1.2020. https://eu.usatoday.com/story/opinion/2020/01/28/racial-segregation-college-campuses-ethnic-division-racist-civil-rights-column/4587577002/

167 Ebd. Der Supreme Court, das höchste Gericht der USA, hat Ende Juni 2023 die »affirmative action« (positive Diskriminierung) für verfassungswidrig erklärt. Demnach darf die ethnische Herkunft nicht

mehr als Kriterium bei der Vergabe von Studienplätzen berücksichtigt werden, denn die Verfassung sei farbenblind.

168 Siehe: Tidiane N'Diaye: *Der verschleierte Völkermord. Die Geschichte des muslimischen Sklavenhandels in Afrika*, Rowohlt, Reinbek, 2010.

169 James H. Sweet: »Is History History?«, Perspectives on History, 17.8.2022. https://www.historians.org/research-and-publications/perspectives-on-history/september-2022/is-history-history-identity-politics-and-teleologies-of-the-present

170 Egon Flaig: »Kolonialismusdebatte: Wie hält es die Historie mit der historischen Wahrheit?«, FAZ, 14.11.2022. https://www.faz.net/aktuell/feuilleton/debatten/kolonialismus-egon-flaig-antwortet-auf-rebekka-habermas-18458368.html?premium

171 David Signer: »Wie Wissenschaft leidet, wenn sie ›woke‹ sein soll«, NZZ, 18.12.2022. https://www.nzz.ch/international/ethnologie-kongress-seattle-woker-zeitgeist-und-wissenschaft-ld.1713014

172 Offener Beschwerdebrief: »Wir fordern diskriminierungskritische Afrikawissenschaften an der HU Berlin!«. https://bsuhu.wordpress.com/2021/07/16/offener-beschwerdebrief/

173 Ebd. Das Fach ist inzwischen erweitert worden, das Institut heißt nun Institut für Asien- und Afrikawissenschaften.

174 Ulrike Ackermann: *Die neue Schweigespirale*, a. a. O., S. 78.

175 Ebd., S. 129 ff.

176 Josef Joffe: »Wokeness als Wahn – In San Francisco wächst der Widerstand gegen die neue Gegenaufklärung namens ›Critical Race Theorie‹«, NZZ, 21.3.2022. https://www.nzz.ch/feuilleton/abgruende-der-critical-race-theory-ld.1675061

177 https://www.dezim-institut.de/institut/rassismusmonitor/

178 https://www.rassismusmonitor.de/studie-rassistische-realitaeten/

179 Prof. Dr. Naika Foroutan, Dr. Noa Ha, Prof. Dr. Frank Kalter, Dr. Yasemin Shooman, Dr. Cihan Sinanoglu: »Rassistische Realitäten. Wie setzt sich Deutschland mit Rassismus auseinander?«, Auftaktstudie zum Nationalen Diskriminierungs- und Rassismusmonitor (NaDiRa) des Deutschen Zentrums für Integrations- und Migrationsforschung, 2022, S. 35. Offenbar wurden die Teilnehmer auch nach dem »wichtigsten politischen Problem in Deutschland« (und dem zweitwichtigsten) gefragt. Das Ergebnis scheint indes nicht relevant zu sein, ist im Studienbericht nicht zu finden. Die Studie: https://www.rassismusmonitor.de/fileadmin/user_upload/NaDiRa/CATI_Studie_Rassistische_Realit%C3%A4ten/DeZIM-Rassismusmonitor-Studie_Rassistische-Realit%C3%A4ten_Wie-setzt-sich-Deutschland-mit-Rassismus-auseinander.pdf Der Methodenbericht: https://www.rassismusmonitor.de/fileadmin/user_upload/NaDiRa/CATI_Studie_Rassistische_Realit%C3%A4ten/Methodenbericht_Rassismusmonitor-Studie_Rassistische-Realit%C3%A4ten.pdf

180 Foroutan et al., Rassistische Realitäten, a. a. O., S. 8.

181 Ulrich Reitz: »Beschimpfung von ›alten weißen Männern‹ beweist linke Beschränktheit«, Focus, 20.12.2022. https://www.focus.de/politik/meinung/ein-kommentar-von-ulrich-reitz-beschimpfung-von-alten-weissen-maennern-beweist-linke-beschraenktheit_id_180741294.html?utm_source=newsletter&utm_medium=email&utm_campaign=newsletter_TOP_THEMEN

182 Cihan Sinanoğlu (@devrimX1925), 17.6.2022.

183 Sebastian Wessels: »Ferda Atamans Mitstreiter: Sie wollen alle Weißen des Rassismus überführen«, Berliner Zeitung, 6.7.2022. https://www.berliner-zeitung.de/politik-gesellschaft/rassismus-detektive-im-auftrag-der-regierung-wenn-weisse-immer-die-taeter-sind-li.243542

184 Ebd.

185 Ebd.

186 Zit. in: Payr, Streit ums Gendern, a. a. O.

187 In: Susan Djahangard, Gabriela Herpell: »›Ich finde die Klischees über Feministinnen zum Kotzen‹«, a. a. O.

188 Ebd.

189 »Islam-Konferenz: Warum kein Wort zum Islamismus?«, FAZ, 7.12.2022. https://www.faz.net/aktuell/politik/inland/islamkonferenz-islamistische-ideologie-als-unterschaetzte-gefahr-18514987.html?premium

190 Jürg Altwegg: »Sciences Po de Paris: Keine Zensur für Darwin«, FAZ, 14.12.2022. https://www.faz.net/aktuell/karriere-hochschule/sciences-po-wird-150-jahre-alt-mit-affaeren-und-wokeness-18529881.html?premium

191 »Denkpolizei an den Universitäten«, Klaus Kinzler im Gespräch mit Benedikt Schulz, Deutschlandfunk, 30.3.2021. https://www.deutschlandfunk.de/debatte-ueber-islamophobie-in-frankreich-denkpolizei-an-den-100.html

192 Auf Deutsch online gestellt am 29.3.2022. https://www.amnesty.de/informieren/amnesty-report/israel-und-besetzte-palaestinensische-gebiete-2021#section-23289046

193 Sascha Lobo: »Ihr seid gegen jede Diskriminierung, außer sie betrifft Juden und Israelis?«, Spiegel Online, 2.2.2022. https://www.spiegel.de/netzwelt/netzpolitik/woker-antisemitismus-ihr-seid-gegen-jede-diskriminierung-ausser-sie-betrifft-juden-und-israelis-a-c406beb6-ea99-4560-adf4-9d68e8551abb

194 Jürgen Kaube, Sandra Kegel: »›Steht die Bundeswehr demnächst an der Klagemauer?‹«, FAZ, 3.3.2023. https://www.faz.net/aktuell/feuilleton/debatten/interview-mit-meron-mendel-ueber-israel-und-die-deutschen-18721594.html

195 Mirna Funk: »Verlust der politischen Heimat«, Zeit online, 11.6.2021. https://www.zeit.de/2021/24/antisemitismus-israel-judentum-antizionismus-social-media/komplettansicht

196 Richard Brody: »Steven Spielberg's *The Fabelmans* Is Long on Verve and Short on History, New Yorker, 15.11.2022. https://www.newyorker.com/culture/the-front-row/steven-spielbergs-the-fabelmans-is-long-on-verve-and-short-on-history

197 Sebastian James: »Die Woke Disney Company kehrt den Familienwerten den Rücken zu«, NZZ, 26.9.2022. https://erziehungstrends.info/die-woke-disney-company-kehrt-den-familienwerten-den-ruecken-zu

198 »Amazon Studios Releases Inclusion Policy and Playbook to Strengthen Ongoing Commitment to Diverse and Equitable Representation«, 16.6.2021. https://press.aboutamazon.com/2021/6/amazon-studios-releases-inclusion-policy-and-playbook-to-strengthen-ongoing-commitment-to-diverse-and-equitable-representation

199 Telefonat am 20.3.2023. Der Gesprächspartner will anonym bleiben.

200 Diversity Guidelines des amerikanischen Public Broadcaster PBS: https://www.pbs.org/about/producing-pbs/pbs-dei-criteria/general-audience-programming-digital-studios/

201 Leadseite der Initiative »Creative Diversity«: https://www.channel4.com/commissioning/4producers/creative-diversity

202 Theresa Rauffmann: »Netflix und das Wokeness-Problem«, Wirtschaftswoche, 28.4.2022. https://www.wiwo.de/unternehmen/dienstleister/streaminganbieter-netflix-und-das-wokeness-problem/28286826.html

203 https://jobs.netflix.com/culture?lang=Deutsch

204 »Welche Gesellschaft soll das abbilden? Mangelnde Vielfalt in Rundfunkräten und was dagegen hilft«, 1.8.2022. https://mediendiversitaet.de/fileadmin/user_upload/20220803_Studie_Rundfunkraete_NdM.pdf

205 Fabian Goldmann: »Wen vertreten eigentlich die Rundfunkräte von ARD und ZDF?«, Über Medien, 3.8.2022. https://uebermedien.de/74777/wen-vertreten-eigentlich-die-rundfunkraete-von-ard-und-zdf/

206 Til Schweiger: »Wir wollten keinen Woke-Film machen«, B.Z., 28.3.2023. https://www.bz-berlin.de/unterhaltung/til-schweiger-wir-wollten-keinen-woke-film-machen

207 Elizabeth Prommer, Christine Linke: *Ausgeblendet – Frauen im deutschen Film und Fernsehen*, Herbert von Halem Verlag, Köln, 2019/ Elisabeth Prommer, Julia Strüwe, Juliane Wegner: *Sichtbarkeit und Vielfalt: Fortschrittsstudie zur audiovisuellen Diversität*, Rostock, 2021. Siehe auch: https://malisastiftung.org/wp-content/uploads/Ergebnisse-Medieninhaltsanalyse-Geschlechtsspezifische-Gewalt-im-deutschen-Fernsehen-HS-Wismar.pdf

208 *Zwei Herzen in einer Brust*, ARD, Erstausstrahlung am 19.2.2023.

209 Beatrice Achterberg: »Der Sender RTL führt Menschen vor, die Ziegenhoden und Schlachtabfälle essen. Gleichzeitig wirbt er für

transsensible Sprache«, NZZ, 23.1.2023. https://www.nzz.ch/feuilleton/woke-agenda-bei-rtl-und-prosieben-warum-so-scheinheilig-ld.1722262

210 Gespräch am 10.3.2023. Die Drehbuchautorin will nicht namentlich genannt werden.

211 Udo Jürgens: »Griechischer Wein«, 1974.

212 Andres Bernard: »Paradox über den Schauspieler«, DIE ZEIT, 28.7.2021. https://www.zeit.de/2021/31/amazon-studios-diversity-massnahmen-antidiskriminierungsregeln-schauspielende-denis-diderot

213 https://www.moin-filmfoerderung.de/de/ueber_die_filmfoerderung/diversity-checklist-filmfoerderung.php

214 Franziska Wenzlick: »Von vergessenen Helden«, Weser-Kurier, 13.12.2022. https://www.weser-kurier.de/kultur/film/von-vergessenen-helden-doc7o16fchsbpd3cf5knj2

215 Ähnliche Fälle sind der ARD-Mehrteiler *Bonn. Alte Freunde, neue Feinde*, wo das Fräulein Schmidt auffällt, das von ihrem Vater auf eine gute Stelle in die Organisation Gehlen gehievt wird, Karriere macht und dann das Verbrecherische an einer Organisation voller Nazis entdeckt und zum Verfassungsschutz überläuft. Oder der Abenteuerfilm *The Aeronauts* aus dem Jahr 2019, in dem eine Frau, Amelia Wren, mit dem Ballonfahrtpionier auf über 23.000 Fuß über London aufsteigt. Im wahren Leben war Glaishers Begleiter allerdings keine Frau, so viel man weiß, sondern ein Mann: Sein Name war Henry Tracey Coxwell. Viola Schenz kommentierte das in der *NZZ* so: »Man kann das künstlerische Freiheit des Autors nennen oder auch Irreführung des Publikums. Auf jeden Fall haben wir es zu tun mit einem neuen Auswuchs politischer Korrektheiten.« (NZZ, 27.12.2022. https://www.nzz.ch/meinung/zivilisierung-heisst-aus-fehlern-zu-lernen-aber-woke-westler-betreiben-lieber-geschichtsklitterung-ld.1718440?reduced=true)

216 Andreas Scheiner: »›The Fabelmans‹ ist bravouröses Kino, das auch daran erinnert, was heute falsch läuft beim Film«, NZZ, 9.3.2022. https://www.nzz.ch/feuilleton/bilderstreit-in-norwegen-um-das-gemaelde-von-christian-krohg-ld.1727412

217 https://www.bariweiss.com/resignation-letter

218 Die NYT hat nach Weiss also wegen einer »moralischen Panik« der Wokeness nachgegeben. Adrian Daub dreht den Begriff ins Gegenteil. Er unterstellt denen »moralische Panik«, die sich gegen ausufernde Cancel Culture und Wokeness wenden (siehe Kapitel 8).

219 Benedict Neff, Lucien Scherrer: »Bari Weiss: ›Es geht nur noch darum, dem Publikum eine Art politisches Heroin zu verabreichen‹«, NZZ, 24.2.2022. https://www.nzz.ch/feuilleton/bari-weiss-es-geht-nur-noch-darum-dem-publikum-eine-art-politisches-heroin-zu-verabreichen-ld.1671166

220 https://www.instagram.com/p/CqQc-CdL4wy/?img_index=1

221 Sarah Frühauf und Viktoria Kleber: »Sonderurlaub nach Geburt des Kindes«, 31.3.2023. https://www.tagesschau.de/inland/innenpolitik/familienstartzeitgesetz-paus-sonderurlaub-101.html

222 »Nun kontert das ZDF Friedrich Merz' Kritik am Gendern«, Die Welt, 22.9.2022. https://www.welt.de/vermischtes/article241195563/Nun-kontert-das-ZDF-Friedrich-Merz-Kritik-am-Gendern.html

223 »Aufruf: Schluss mit der Falschberichterstattung des öffentlich-rechtlichen Rundfunks!« https://www.evaengelken.de/aufruf-schluss-mit-der-falschberichterstattung-des-oeffentlich-rechtlichen-rundfunks/

224 »Ein neuer Verein im Einsatz exklusiv für schwule Männer«, Schwulissimo, 2.1.2023. https://www.schwulissimo.de/ausgequetscht/just-gay-einfach-nur-schwul-ein-neuer-verein-im-einsatz-exklusiv-fuer-schwule-maenner

225 Kontaktaufnahme via E-Mail und Telefonat am 13.3.2023.

226 E-Mail-Anfrage am 10.3.2023 an die auf der Webseite genannte Adresse.

227 Interview mit Daniel Anderson am 15.3.2023.

228 Christine Dössel: »Schwundstufen in der Bubble«, SZ, 10.5.2022. https://www.sueddeutsche.de/kultur/berliner-theatertreffen-besucherschwund-schauspielhaus-bochum-christopher-rueping-claudia-roth-1.5582166

229 Christine Dössel: »›Da geh ich nicht mehr hin‹«, SZ, 7.4.2023. https://www.sueddeutsche.de/kultur/muenchner-kammerspiele-krise-barbara-mundel-1.5782500

230 Simon Stauss: »Das Warten auf Godot ist vorbei«, FAZ, 7.2.2023. https://www.faz.net/aktuell/feuilleton/debatten/warten-auf-godot-abgesagt-wegen-zu-vieler-maennerrollen-gecancelt-18657962.html

231 Thomas Ribi: »Eklat am Zürcher Schauspielhaus«, NZZ, 3.2.2023. https://www.nzz.ch/feuilleton/schauspielhaus-zuerich-gehen-sie-oder-bleiben-sie-herr-stemann-ld.1724444

232 Peter Laudenbach: »Schauspielhaus Zürich: Im Stellvertreterkrieg«, SZ, 6.2.2023. https://www.sueddeutsche.de/kultur/zuerich-schauspielhaus-intendantenwechsel-1.5745989

233 Christine Dössel: »Harald Schmidt im Interview: ›Ich lach mich krank‹«, SZ, 10.2.2023. https://www.sueddeutsche.de/kultur/harald-schmidt-interview-1.5749129?reduced=true

234 Peter Laudenbach: »Ein Stück aus dem Tollhaus«, SZ, 10.10.2022. https://www.sueddeutsche.de/kultur/theater-kammerspiele-nora-leer-publikum-weg-krise-intendant-1.5664159

235 https://www.tagesspiegel.de/kultur/am-ende-bleibt-fur-die-berliner-philharmoniker-weniger-als-gedacht-5273521.html

236 Nina Bub: »›Ich weiß nicht, was ich Schlimmes gemacht haben sollte‹«, FAZ, 18.4.2023. https://www.faz.net/aktuell/gesellschaft/menschen/buga-23-streit-um-kostueme-beigelegt-18830263.html

237 Peter Oestmann: »Folgen des Identitätsdenkens: Die Personalisierung des Rechts«, FAZ, 18.1.2023. https://www.faz.net/aktuell/karriere-hochschule/die-auswirkungen-des-identitaetsdenkens-auf-das-recht-18590407.html?premium

238 Marc: »Streit um kulturelle Aneignung trifft auf Peter Fox«, testpiel.de, 3.1.2023. https://www.testspiel.de/streit-um-kulturelle-aneignung-trifft-auf-peter-fox/380788/?amp

239 Jakob Biazza: »Helge Schneider bei ›Maischberger‹: ›Das ist eine Uniformierung. Eigentlich ist es Dreck‹«, SZ, 9.2.2023. https://www.sueddeutsche.de/medien/helge-schneider-maischberger-tv-kritik-1.5747055

240 Christoph Wagner: »Wie das schwarze Original B.B. King von weißen Epigonen wie den Rolling Stones profitierte«, NZZ, 3.4.2023. https://www.nzz.ch/feuilleton/bb-king-in-einer-neuen-biografie-ld.1732498

241 William Melville Kelley: »If You're Woke You Dig It«, NYT, 20.5.1962. https://timesmachine.nytimes.com/timesmachine/1962/05/20/140720532.pdf?pdf_redirect=true&ip=0

242 Ayad Akhtar: »Identitätspolitik: Die Gedanken sind nicht mehr frei«, FAZ, 3.12.2022. https://www.faz.net/aktuell/feuilleton/debatten/ayad-akhtar-ueber-identitaetspolitik-in-amerika-18506051.html?printPagedArticle=true#pageIndex_2

243 Jonathan Fischer: »Debatte über den Film *Black Panther*: Wem gehört die schwarze Kultur?«, SZ, 6.4.2018. https://www.sueddeutsche.de/kultur/debatte-ueber-den-film-black-panther-wem-gehoert-die-schwarze-kultur-1.3932515

244 Siehe: https://www.skeptic.com/reading_room/conceptual-penis-social-contruct-sokal-style-hoax-on-gender-studies/ Auf der Webseite seiner Hochschule ist bis heute ein Abstract zu lesen: https://pdxscholar.library.pdx.edu/phl_fac/29/

245 The Conceptual Penis, a. a. O.

246 Vojin Saša Vukadinović: »›Einer Minderheit anzugehören, gibt dir noch keine Erlaubnis, Stuss zu erfinden‹ – der Philosoph Peter Boghossian über die neue Orthodoxie an US-Universitäten«, NZZ, 6.11.2019. https://www.nzz.ch/feuilleton/us-universitaeten-und-opferdiskurs-interview-mit-peter-boghossian-ld.1519028

247 Ebd.

248 »Als die Nazis die Kommunisten holten,/habe ich geschwiegen,/ich war ja kein Kommunist. // Als sie die Sozialdemokraten einsperrten, habe ich geschwiegen, ich war ja kein Sozialdemokrat. // Als sie die Gewerkschafter holten,/habe ich geschwiegen,/ich war ja kein

Gewerkschafter. // Als sie mich holten,/gab es keinen mehr,/der protestieren konnte.«

249 Peter Boghossians Resignation Letter: »My University Sacrificed Ideas for Ideology. So Today I Quit«, 8.9.2021. https://peterboghossian.com/my-resignation-letter

250 Ebd.

251 Adrian Daub: *Cancel Culture Transfer*, a. a. O., S. 341.

252 https://www.netzwerk-wissenschaftsfreiheit.de/ueber-uns/manifest/

253 Luise Mosig: »Transphobie-Vorwürfe am Institut für Philosophie der Uni Leipzig«, Leipzigs Unabhängige Hochschulzeitung, 12.10.2022. https://www.luhze.de/2022/10/12/transphobie-vorwuerfe-am-institut-fuer-philosophie-der-uni-leipzig/Auch: »Neuer Eklat an Universität: Die Bitte der Universität um sachliche Diskussion wird abgelehnt«, Schwulissimo, 13.10.2022. https://www.schwulissimo.de/neuigkeiten/neuer-eklat-universitaet-studenten-definieren-seminar-vorab-als-transphob

254 Thomas Thiel: »Rufmordkampagne gegen ein philosophisches Seminar«, FAZ, 2.11.2022. https://www.faz.net/aktuell/karriere-hochschule/leipzig-rufmordkampagne-gegen-philosophisches-seminar-18427924.html?premium

255 Alessandra Asteriti: »A Personal Story«, Substack, 10.8.2020. https://alessandraasteriti.substack.com/p/a-personal-story

256 Ebd.

257 Thomas Thiel: »Ende einer Treibjagd«, FAZ, 28.9.2022. https://www.faz.net/aktuell/karriere-hochschule/hoersaal/cancel-culture-rufmord-kampagne-an-der-universitaet-lueneburg-18328668.html

258 Tatjana Smudzinski: »Uni wehrt sich gegen Cancel-Vorwurf«, taz, 25.10.2022. https://taz.de/Transfeindliche-Aeusserungen/!5886931/

259 Ulrike Ackermann: *Die neue Schweigespirale*, a. a. O., S. 13.

260 Ebd., S. 135.

261 Ebd., S. 138.

262 Josef Pfeilschifter und Helmut Wicht: »Die Deutsche Forschungsgemeinschaft springt auf den Diversity-Zug auf«, FAZ, 17.11.2022. https://www.faz.net/aktuell/karriere-hochschule/deutsche-forschungsgemeinschaft-springt-auf-den-diversity-zug-auf-18461609.html?premium

263 Thomas Thiel: »Gleichstellung in Hochschulen: Bei der Meinungsvielfalt stößt die Diversität an ihre Grenzen«, FAZ, 2.12.2022. https://www.faz.net/aktuell/feuilleton/debatten/wissenschaftsorganisationen-fordern-gleichstellung-der-frauen-18502938.html?premium

264 Ackermann, a. a. O, S. 110.

265 »Die ›Forschungsorientierten Gleichstellungs- und Diversitätsstandards‹ der DFG«, 29.6.2022.

[266] Pfeilschifter, Wicht: Die Deutsche Forschungsgemeinschaft springt auf den Diversity-Zug auf, a. a. O.

[267] Ebd.

[268] »DFG-Präsidentin Katja Becker: Unsere Diversitätsstandards sind angemessen«, FAZ, 29.11.2022. https://www.faz.net/aktuell/karriere-hochschule/dfg-praesidentin-katja-becker-unsere-diversitaetsstandards-sind-angemessen-18478067.html?premium

[269] Ebd.

[270] Ebd.

[271] Ebd.

[272] Thomas Thiel: Gleichstellung in Hochschulen, a. a. O.

[273] »Nature Editorial: Research must do no harm: new guidance addresses all studies relating to people«, Nature, Vol 606, 16.6.2022.

[274] David Signer: »Die neue Opferkultur versteht den Menschen als zutiefst fragil«, NZZ, 14.3.2023. https://www.nzz.ch/international/wokeness-und-wissenschaft-interview-mit-dem-soziologen-langlitz-ld.1721805

[275] Ackermann, a. a. O., S. 108 f.

[276] Barbara Holland-Cunz: »Affiziert von den aktivistischen Anfängen. Zum Verhältnis von Wissenschaft und Politik in der Konstitutionsphase der Gender Studies«, in: Sandra Costner (Hrsg.): *Wissenschaftsfreiheit: Warum dieses Grundrecht zunehmend umkämpft ist*, Nomos, Baden-Baden, 2022, S. 164.

[277] Yascha Mounk: »Gefährliche Selbstzensur«, Die Zeit, 24.11.2022.

[278] College Free Speak Ranking 2022. What Is the State of Free Speech on America's College Campuses? https://www.thefire.org/sites/default/files/2022/09/CFSR-2022-09-07-a.pdf

[279] Matthias Revers, Richard Traunmüller: »Is Free Speech in Danger on University Campus? Some Preliminary Evidence from a Most Likely Case«, Kölner Zeitschrift für Soziologie und Sozialpsychologie, 26.10.2020. https://link.springer.com/content/pdf/10.1007/s11577-020-00713-z.pdf?pdf=button%20sticky

[280] Slavoj Zizek: »Slavoj Zizek: Ob Russland, China oder Europa, die Debattenkultur wird barbarischer«, Berliner Zeitung online, 30.10.2022. https://www.berliner-zeitung.de/kultur-vergnuegen/slavoj-zizek-ob-russland-china-oder-europa-die-debattenkultur-wird-barbarischer-li.281805

[281] Max Weber: »Wissenschaft als Beruf«, in: Ders.: *Schriften 1894–1922*, Kröner, Stuttgart, 2002, S. 496 ff.

[282] Ebd., S. 479.

[283] Ebd., S. 486.

[284] Ebd., S. 511.

[285] Ebd., S. 511

[286] »Wissenschaftler sehen Political Correctness kritisch«, Forschung &

Lehre, 18.11.2021. https://www.forschung-und-lehre.de/zeitfragen/wissenschaftler-meiden-umstrittene-themen-4192

287 Deutscher Hochschulverband: »Zur Verteidigung der freien Debattenkultur an Universitäten«, 2019. https://www.hochschulverband.de/fileadmin/redaktion/download/pdf/resolutionen/Resolution_Verteidigung_der_Debattenkultur-final.pdf

288 Ebd.

289 Bernhard Kempen: »Universität als Risikozone«, FAZ, 23.7.2022. https://www.faz.net/aktuell/karriere-hochschule/hoersaal/zensur-in-der-wissenschaft-universitaet-als-risikozone-17447817.html?premium

290 Ebd.

291 Vortrag auf der Tagung »Wokes Deutschland – Identitätspolitik als Bedrohung unserer Freiheit?« der Denkfabrik »Republik 21« am 7.11.2022 in Berlin.

292 https://die-deutsche-wirtschaft.de/wirtschaftswort-des-jahres-2021/

293 Rebecca Clarke: »Warum LGBTQ zur Unternehmenskultur gehört«, Computerwoche, 10.11.2022. https://www.computerwoche.de/a/warum-lgbtq-zur-unternehmenskultur-gehoert,3553818

294 https://www.berlin.de/karriereportal/arbeitgeber-land-berlin/bewerbung/bewerbungstipps/

295 https://www.charta-der-vielfalt.de/diversity-verstehen-leben/diversity-management/chancen-und-vorteile/

296 Petra Arenberg: »Mythos Diversity: Welche Risiken oft verkannt werden«, Haufe, 31.1.2018. https://www.haufe.de/personal/hr-management/chancen-und-risiken-beim-diversity-management_80_440198.html

297 Robin J. Ely und David A. Thomas: »Warum Diversity oft nichts bringt (und wie es besser geht)«, Manager Magazin, 28.5.2021. https://www.manager-magazin.de/harvard/strategie/warum-diversity-oft-nichts-bringt-und-wie-es-besser-geht-a-d7b4d41d-0002-0001-0000-000177421316

298 Gespräch am 21.10.22. Der Name des Gesprächspartners soll nicht genannt werden.

299 »Schwarzes Transgender-Model im Rollstuhl bekommt Vertrag bei großer Modelagentur«, Stern, 29.5.2019. https://www.stern.de/panorama/schwarzes-transgender-model-im-rollstuhl-erhaelt-modelvertrag-8731580.html

300 Chris Bullick: »Is your brand too woke?« https://www.thepullagency.com/blog/is-your-brand-too-woke

301 Julian Schmelmer: »Pinkwashing im Pride Month: ›Die Mehrheit der Unternehmen macht nichts für LGBTQ+-Diversity‹«, Stern, 30.6.2022. https://www.stern.de/wirtschaft/pinkwashing---mehrheit-der-unternehmen-macht-nichts-fuer-lgbtiq--diversity--31922070.html

302 https://www.charta-der-vielfalt.de

303 https://www.ig.com/de

304 Michael Sainato: »›I'm still in pain‹: Amazon employees say climate of fear has led to high rates of injuries«, The Guardian, 30.12.2021. https://www.theguardian.com/technology/2021/dec/30/amazon-employees-climate-fear-high-rates-injuries

305 https://www.uhlala.com/

306 »›Wir gewinnen Pitches gegen PwC und andere‹ – Diversity-Beratung von Tijen Onaran findet Investor«, Handelsblatt, 6.12.2022. https://app.handelsblatt.com/karriere/vielfalt-wir-gewinnen-pitches-gegen-pwc-und-andere-diversity-beratung-von-tijen-onaran-findet-investor/28848702.html

307 Winand von Petersdorff, Roland Lindner: »Ethisch anlegen: Kampf dem ›Woke‹-Kapitalismus«, FAZ, 26.2.2023. https://www.faz.net/aktuell/finanzen/esg-ron-desantis-profiliert-sich-mit-wokeness-kritik-18698460.html

308 »Wolfgang Thierse fühlt sich als Heterosexueller in öffentlicher Debatte diskriminiert«, Queer.de, 26.2.2021. https://www.queer.de/detail.php?article_id=38234

309 Tweet von @pantisano vom 22.1.2022, mittlerweile gelöscht.

310 Johann Osel: »Söder hisst die Regenbogenfahne«, SZ, 23.3.2023. Anfang Juli 2023 stimmte der Berliner Senat dem Vorschlag der von der SPD geführten Senatsverwaltung für Integration zu, Pantisano zu Deutschlands erstem Queerbeauftragten zu ernennen. https://www.sueddeutsche.de/bayern/markus-soeder-queer-aids-freddy-mercury-schwule-homosexualitaet-bayern-csu-1.5774491

311 Telefonat am 23.2.2023.

312 Caroline Bosbach, Christoph Ploß, Andreas Rödder und Kristina Schröder: »Wie Identitätspolitik die Demokratie verändert«, FAZ, 11.1.2023. https://www.faz.net/aktuell/politik/inland/wokeness-in-der-cdu-wie-identitaetspolitik-die-demokratie-veraendert-18592044.html?premium

313 »Ganserer: Die Quotenfrau«, Emma, 19.1.2022. https://www.emma.de/artikel/markus-ganserer-die-quotenfrau-339185

314 Oliver Maksan: »Gefangen im urbanen Akademikermilieu: Für die Grünen rückt das Kanzleramt in immer weitere Ferne«, NZZ, 24.3.2023. https://www.nzz.ch/international/afd-in-umfrage-vor-gruenen-doch-nie-volkspartei-ld.1731532

315 Eva Engelken: »#Transqueergewalt: Transaktivisten attackieren friedliche lesbische Demo-Teilnehmerinnen beim Dyke-March in Köln«, 3.7.2022. https://www.evaengelken.de/transqueergewalt-transaktivisten-attackieren-friedliche-lesbische-demo-teilnehmerinnen-beim-dyke-march-in-koeln/

316 Brief von Zana Ramadani an Ferda Ataman, 2.8.2022.

317 Michael Hanfeld: »92 Prozent für Rot-Rot-Grün«, FAZ, 6.11.2020. https://www.faz.net/aktuell/feuilleton/medien/ard-volontaere-wie-divers-ist-die-ausbildungs-generation-17038169.html

318 Sahra Wagenknecht: *Die Selbstgerechten. Mein Gegenprogramm – für Gemeinsinn und Zusammenhalt*, Campus, Frankfurt, 2021, S. 28.

319 Eva Menasse: »Der Querulant im neuen Gewand«, SZ Magazin, 6.5.2021. https://sz-magazin.sueddeutsche.de/leben-und-gesellschaft/querdenker-begriff-erklaerung-90163

320 Barack Obama: *Ein verheißenes Land*, München, 2020, S. 176.

321 Sahra Wagenknecht: *Die Selbstgerechten*, a. a. O., S. 11.

322 Obama: *Ein verheißenes Land*, a.a.O., S. 688.

323 Stephanie Sippel: »›Die Qatarer lachen über uns‹«, FAZ, 18.12.2022. https://www.faz.net/aktuell/sport/fussball-wm/fussball-wm-2022-deutscher-fan-bernd-hofmann-im-qatar-interview-18536512.html?premium

324 Jochen Buchsteiner: »Es hätte niemals gelingen können«, FAZ 1.9.2021. https://www.faz.net/aktuell/feuilleton/debatten/afghanistan-und-der-westen-eine-entgegnung-auf-navid-kermani-17510528.html

325 Kristina Lunz: *Die Zukunft der Außenpolitik ist feministisch*, Econ, Berlin, 2022, S. 32.

326 Noch einmal wiederholt in: ebd., S. 360.

327 Ulrike Franke: »Die Härten der Welt sind nichts für Softies«, Die Zeit, 17.1.2022

328 Sonja Zekri: »Feministische Außenpolitik: Feminismus und Geschwafel«, SZ, 10.3.2023. https://www.sueddeutsche.de/kultur/annalena-baerbock-feministische-aussenpolitik-1.5766677?ieditorial=0

329 Zitate aus Emanuel Geibels Gedicht: »Deutschlands Beruf«, 1861.

330 Bruno Latour, Nikolaj Schultz: *Zur Entstehung einer ökologischen Klasse*, Suhrkamp, Berlin, 2022.

331 Das Stormarner Tageblatt berichtete zuerst. Bild fragte nach: Nadja Aswad, Luisa Volkhausen: »Verkehrsaktivistin erklärt ihren krassen Autosatz«, Bild, 19.2.2023. https://www.bild.de/politik/inland/politik-inland/aufregung-um-verkehrs-aktivistin-nehmen-den-deutschen-traum-vom-auto-82927518.bild.html

332 Via Twitter am 30.8.2021 als @kkklawitter mit dem Motto »She Drives Mobility«, inzwischen gelöscht. Bestätigt allerdings mit der Erklärung »Ich stehe weiterhin zu diesem Satz« unter: https://katja-diehl.de/wie-ein-journalist-mich-bei-twitter-vermisste-katja-diehl-wird-durch-kampf-fuer-verkehrswende-zum-hassobjekt/

333 https://katja-diehl.de/nach-anne-will-ist-im-misogynen-shitstorm-ohne-hilfe-von-plattformen-wie-linkedin-oder-twitter/

334 »Autorin Emilia Roig fordert ›Das Ende der Ehe‹«, NDR 19.3.2023. https://www.ndr.de/kultur/buch/Autorin-Emilia-Roig-fordert-Das-Ende-der-Ehe-,roig104.html

335 Charles Eisenstein: *Wut Mut Liebe. Politischer Aktivismus und die echte Rebellion*, Europa Verlag, Berlin, 2022, S. 16.

336 Anna Giulia Fink, Katharina Mittelstaedt: »Die Postergirls der neuen Rechten«, Der Standard, 15.4.2018. https://www.derstandard.de/story/2000077899548/die-postergirls-der-neuen-rechten

337 Sylvia Jost: »Klima-Extremisten fahren mit dem Mietwagen zur Blockade«, Bild, 18.11.2022. https://www.bild.de/regional/berlin/berlin-aktuell/a113-in-berlin-klima-kleber-zufahrt-zum-flughafen-ber-81982320.bild.html

338 https://campaigns.greenpeace.de/mehrweg-verstoss-melden

339 https://www.amadeu-antonio-stiftung.de/projekte/meldestelle-antifeminismus/

340 https://twitter.com/Cis_for_Trans/status/1545041685763092481

341 https://www.betterplace.me/hashtag-solidaritaetmitdana-bitte-helft-mir-und-anderen
Um Spenden bat auch Katja Diehl auf ko-fi.com mit den Worten: »Wenn dir gefällt, wie ich meine Hater beschäftige, die sich an mir abarbeiten, weil sie hassen, was ich tue.«

342 https://twitter.com/mariema2000?lang=de

343 https://denkfabrik-r21.de/wp-content/uploads/2022/11/Denkfabrik-R21_Manifest_7.11.2022.pdf

344 Ulrike Ackermann: *Die neue Schweigespirale*, S. 126.

345 Jürgen Schmieder: »Woher deutsche Klimaaktivisten Geld bekommen«, SZ, 4.1.2023. https://www.sueddeutsche.de/wirtschaft/deutschland-klimaaktivisten-geldgeber-usa-rockefeller-kennedy-1.5726636/»Ausgerechnet eine Öl-Erbin steckt den Klima-Klebern haufenweise Geld zu«, Focus, 5.1.2023. https://www.focus.de/panorama/letzte-generation-ausgerechnet-oel-erbin-steckt-den-klima-klebern-geld-zu_id_182037211.html

346 Lisa Nimmervoll: »Erben mit Verantwortung. Millionenerbin Marlene Engelhorn: ›Besteuert mich endlich!‹«, Der Standard, 23.5.2021. https://www.derstandard.at/story/2000126792517/millionenerbin-marlene-engelhorn-besteuert-mich-endlich

347 Elena Burbach (dpa): »›Liebes Team‹: Inklusive Sprache im Job ist gar nicht schwer«, queer.de, 20.7.2020. https://www.queer.de/detail.php?article_id=36625#kommentare

348 Siehe weiter unten: Jonas Schaible: »Wer Klimaschutz verhindert, schafft die grüne RAF«, Der Spiegel, 21.11.2021. https://www.spiegel.de/politik/deutschland/tadzio-mueller-wer-klimaschutz-verhindert-schafft-die-gruene-raf-a-5e42de95-eaf2-4bc1-ab23-45dfb0d2db89

349 »›Wie kommen Sie auf diese größenwahnsinnige Selbsteinschätzung?‹«, FAZ, 12.11.2021. https://www.faz.net/aktuell/politik/inland/olaf-scholz-trifft-klimaaktivisten-gespraech-nach-hungerstreik-17632472.html

350 Christian Gehrke, Kathrin Merz: »Luisa Neubauer: ›Wir planen, eine Pipeline in die Luft zu jagen‹«, Berliner Zeitung, 14.6.2022. https://www.berliner-zeitung.de/news/luisa-neubauer-wir-planen-eine-pipeline-in-die-luft-zu-jagen-li.236037

351 Justus Bender, Morten Freidel: »Klimabewegung am Abgrund«, FAZ, 12.11.2022. https://www.faz.net/aktuell/politik/inland/radikale-aktivisten-klimabewegung-am-abgrund-18454416.html?premium

352 Ebd.

353 Ebd.

354 Jonas Schaible: »Wer Klimaschutz verhindert, schafft die grüne RAF«, Der Spiegel, 21.11.2021. https://www.spiegel.de/politik/deutschland/tadzio-mueller-wer-klimaschutz-verhindert-schafft-die-gruene-raf-a-5e42de95-eaf2-4bc1-ab23-45dfb0d2db89

355 Marc Felix Serrao: »›Shit happens‹: Wer behauptet, für den Klimaschutz zu kämpfen, kann im Ampel-Deutschland auch Menschenleben gefährden«, NZZ, 1.11.2022. https://www.nzz.ch/meinung/der-andere-blick/letzte-generation-extremisten-die-menschenleben-gefaehrden-ld.1710114 Später ergaben Analysen, dass die Radfahrerin vermutlich auch bei rechtzeitiger Hilfe gestorben wäre. Darum geht es aber nicht. Es geht um die offensichtliche Gefühllosigkeit, die sich in der Aussage offenbart.

356 https://twitter.com/realtadziom/status/1626102690299125760?s=12&t=Aa7MDwF4E5M3ddUzy8EWkQ

357 Charles Eisenstein: *Wut Mut Liebe*, S. 9 ff.

358 Marc Felix Serrao: »Letzte Generation: ›Da besteht natürlich die Gefahr, dass linksextremistische Kräfte die Gruppe unterwandern‹«, NZZ, 18.11.2022, S. 143 ff. https://www.nzz.ch/international/letzte-generation-wie-harmlos-ist-die-klima-bewegung-ld.1712904

359 Verfassungsschutzbericht 2021, S. 144 ff. https://www.verfassungsschutz.de/SharedDocs/publikationen/DE/verfassungsschutzberichte/2022-06-07-verfassungsschutzbericht-2021.pdf;jsessionid=4C2EB6DC2A7BFAF79F31F2CEBECFFC4f.intranet251?__blob=publicationFile&v=4

360 Ronen Steinke: »Verfassungsschutz: Klimaaktivisten im Visier des Geheimdienstes«, SZ, 22.11.2022. https://www.sueddeutsche.de/politik/klimaaktivisten-verfassungsschutz-extremismus-1.5700070

361 Ebd.

362 Ebd.

363 Thomas Thiel: »Wie viel Gefahr steckt in Wokeness?«, FAZ, 8.11.2022. https://www.faz.net/aktuell/feuilleton/debatten/konferenz-der-

denkfabrik-republik-21-in-berlin-warnung-vor-wokeness-18445637.html

364 Anja Tischendorf: »Stoppt den Gender-Wahnsinn«, Bild, 13.3.2023.

365 Manifest der Denkfabrik R21: »Wokes Deutschland – Identitätspolitik als Bedrohung unserer Freiheit?«, 7.11.2022. https://denkfabrik-r21.de/wp-content/uploads/2022/11/Denkfabrik-R21_Manifest_7.11.2022.pdf